Tras la justicia

Manuel Atienza

Tras la justicia

Una introducción al Derecho
y al razonamiento jurídico

DERECHO

1.ª edición en esta presentación: mayo de 2012
Edición anterior: 1993, 2003

© 1993: Manuel Atienza

Derechos exclusivos de edición en español
reservados para todo el mundo:
© 1993, 2003 y 2012: Editorial Planeta, S. A.
Avda. Diagonal, 662-664 - 08034 Barcelona
Editorial Ariel es un sello editorial de Planeta, S. A.
www.ariel.es
www.espacioculturalyacademico.com

ISBN: 978-84-344-0077-1

Depósito legal: B. 9.781 - 2012

Impreso en España por
Book Print Digital, S. A.

El papel utilizado para la impresión de este libro
es cien por cien libre de cloro y está calificado como papel ecológico.

No se permite la reproducción total o parcial de este libro, ni su incorporación a un sistema informático, ni su transmisión en cualquier forma o por cualquier medio, sea éste electrónico, mecánico, por fotocopia, por grabación u otros métodos, sin el permiso previo y por escrito del editor. La infracción de los derechos mencionados puede ser constitutiva de delito contra la propiedad intelectual (Art. 270 y siguientes del Código Penal). Diríjase a CEDRO (Centro Español de Derechos Reprográficos) si necesita fotocopiar o escanear algún fragmento de esta obra.
Puede contactar con CEDRO a través de la web www.conlicencia.com o por teléfono en el 91 702 19 70 / 93 272 04 47

Para Ernesto Garzón Valdés

PRESENTACIÓN

La justicia no es un ideal irracional. Es simplemente un ideal o, si se quiere, una idea regulativa; no una noción de algo, sino una noción para algo: para orientar la producción y la aplicación del Derecho. Para el jurista, el Derecho positivo —las normas y los criterios establecidos por las autoridades— es la senda que ha de recorrer en pos de la justicia. Lo que ocurre es que ese camino está con cierta frecuencia sembrado de dificultades: o es excesivamente angosto, o ha sido invadido en alguno de sus tramos por la selva, o es sencillamente equivocado (no conduce a donde prometía). Es cierto que el jurista no carece en su travesía de puntos de referencia, pero tampoco cuenta con ninguna estrella polar que le indique inequívocamente el camino a seguir; pues no todas las señales apuntan en la misma dirección o, si se quiere, las mismas señales son entendidas de maneras distintas, quizás también porque no todos los caminantes buscan llegar al mismo sitio.

En todo caso —y puesto que la empresa del Derecho es ciertamente una empresa racional— el problema con que tiene que enfrentarse el jurista de cualquier condición es, en términos generales, siempre el mismo: cómo utilizar un instrumento cada vez más complejo —el Derecho positivo— para alcanzar ciertos objetivos que se consideran —o que él considera— valiosos, esto es, justos. Y esto es así incluso para quienes sostienen que, a diferencia de los legisladores, los jueces —en general los aplicadores del Derecho, y sobre todo en un Estado democrático— han de limitarse a obedecer lo establecido por los primeros; para quienes piensan de esta manera, el fin a lograr —lo que ellos entienden como justo— es precisamente la correcta aplicación del ordenamiento vigente. Pero de la misma manera que el barón de Münchhausen no podía salir del cenagal tirándose de sus propios pelos, el jurista no puede resolver ningún problema sirviéndose *sólo* del Derecho positivo, esto es, sin recurrir a juicios de valor, a juicios sobre lo justo y lo injusto que, por tanto, trascienden el Derecho positivo.

Este libro trata de alguna forma de contestar a la pregunta de cómo —o hasta qué punto— es posible alcanzar la justicia por medio del Derecho. Va dirigido fundamentalmente a estudiantes de los últimos cursos del bachillerato que estén pensando en cursar Derecho o que hayan comenzado ya sus estudios en la Facultad. Y pretende introducirles en el Derecho de una manera que pueda resultarles interesante, natural y, si cabe, entretenida.

Ahora bien, puesto que la cualidad que mejor define a un jurista es su capacidad para argumentar en una determinada forma, me ha parecido que la mejor manera de iniciarse en el Derecho es sumergirse en la práctica —y en la teoría— de la argumentación jurídica. Por ello, cada uno de los seis capítulos[1] de que consta el libro se estructura en torno a un caso jurídico y a las diversas soluciones y argumentos propuestos en el curso de su desarrollo judicial o legislativo. Los problemas de fondo abordados en cada uno de ellos —la punición del tráfico de drogas, los límites de la libertad de expresión, el alcance del principio de igualdad de oportunidades, el significado del derecho a la vida, el problema de la insumisión y el trato a dispensar a los extranjeros—, junto con la manera de abordarlos, deberían permitir que el lector —el futuro jurista— comprenda desde el principio lo más importante:

---

1. Los trabajos correspondientes a los capítulos cuarto y quinto se publicaron —aunque en versiones que difieren de la actual— en las revistas *Jueces para la Democracia* (n.º 9 y 14) y *Claves de Razón Práctica* (n.º 14 y 25).

que el Derecho es una técnica para resolver —o, al menos, paliar— cierto tipo de problemas; que para ello han de utilizarse —además de las normas vigentes— una serie de procedimientos conceptuales y de técnicas de argumentación características; que en el fondo de cada caso jurídico que no sea puramente rutinario suele esconderse una cuestión moral y/o política de envergadura; y que los problemas podrían —y, en ocasiones, deberían— ser resueltos de manera distinta a como lo han sido por las autoridades judiciales o legislativas.

Abordar el Derecho desde el punto de vista argumentativo tiene, sin embargo, un inconveniente que no debe pasarse por alto. Pues el lector podría ser llevado a pensar que el Derecho es básicamente una actividad intelectual consistente en dar razones en favor o en contra de determinadas tesis, olvidando consiguientemente las otras caras del Derecho: el lado burocrático y el lado coactivo. Estos tres elementos —argumentación, burocracia y coacción— juegan en el Derecho un papel parecido al de los filósofos, los artesanos y los guerreros en la república platónica. Y al igual que en ella los filósofos debían regir la actividad de los artesanos y de los guerreros, podría decirse también que la parte más racional del Derecho —la argumentación— debería regir (y limitar al máximo) el funcionamiento de los aparatos burocráticos y coactivos. Pero, naturalmente, los ideales no pueden confundirse con la realidad.

Estoy por lo demás convencido de que el estudio del Derecho no es sólo una tarea socialmente relevante, sino que puede ser también intelectualmente estimulante, de manera que difundir la cultura jurídica más allá del círculo estricto (pero no tan estrecho) de los profesionales y estudiantes de Derecho es algo que merece la pena intentar. Me gustaría por ello pensar que este libro pueda ser de alguna utilidad para quienes desde fuera del Derecho tienen un interés no puramente pragmático (del tipo de *El abogado en casa* o cosas por el estilo) por las cuestiones jurídicas. Y, ¡quien sabe!, quizás algún jurista teórico o práctico pueda encontrar aquí o allá alguna sugerencia de utilidad.

La finalidad eminentemente didáctica perseguida me ha llevado a extremar la claridad en la exposición. Confío también en que no me haya hecho tratar en forma demasiado simplificada cuestiones que, en realidad, son enormemente complejas. En cualquier caso, y para facilitarle las cosas al lector, he recurrido a diversos procedimientos que paso sintéticamente a señalar. Por un lado, he ido indicando en el texto, en negrita, cuáles son las expresiones que designan conceptos jurídicos básicos y en los que, por tanto, el lector debe fijar su atención; esos conceptos están o bien explicados en el curso de la propia discusión del caso —aunque no necesariamente en la primera ocasión en que aparecen— o bien en una serie de notas intercaladas que figuran en una tipografía distinta; todos esos conceptos están además organizados en un índice de materias al final del libro, de manera que el lector puede ir consultándolos a medida que lo vaya necesitando o que juzgue oportuno hacerlo. Por otro lado, al final de cada capítulo incluyo una serie de cuestiones que pueden servir de ayuda al profesor de cara a una discusión orientada en la clase. Finalmente, el texto ha sido leído —en una versión previa— por varios estudiantes de primer año de Derecho, y en los primeros meses del curso, lo que me ha permitido detectar —y rehacer— los pasajes que resultaron de más difícil comprensión. Aprovecho ahora la ocasión para agradecerles —en forma anónima, pero sincera— su ayuda.

Quiero también expresar mi agradecimiento a muchas otras personas que han leído todo el texto o parte del mismo y me han hecho sugerencias valiosas y que he procurado incorporar. Incluyo aquí a Juan Ruiz Manero, Josep Aguiló, Juan Antonio Perez Lledó, Daniel González Lagier, Ángeles Ródenas, Carmen Juanatey, Coral Lamarca, Perfecto Andrés Ibáñez y Alberto Jorge Barreiro. El haber dedicado el libro a Ernesto Garzón Valdés se debe a lo mucho que he aprendido de él —y desde hace ya bastantes años— tanto en el plano intelectual como en el personal. Quizás sea esa una manera, aunque minúscula, de hacer justicia.

Capítulo primero

UNA VISITA A LA ADMINISTRACIÓN DE JUSTICIA

1. Cómo se resuelven los casos rutinarios

En la mañana del 13 de mayo de 1987, los tres magistrados que componían la sala segunda de la Audiencia Provincial de A. se encontraban, como de costumbre, dispuestos a celebrar las cinco o seis vistas orales que constituían su cotidiano trabajo. Para ese día tenían un caso de tráfico de drogas, tres de robo, uno de violación y otro más de falsedad y estafa. Esa mañana —como era habitual— los juicios previstos no se celebraron en su totalidad: el presunto autor de uno de los robos estaba cumpliendo condena —por otro robo— y por algún error de no se sabe quién, no se había hecho lo preciso para contar, a la ocasión, con su presencia; en el supuesto de falsedad y estafa, faltaba uno de los testigos considerados esenciales por el fiscal para sostener la acusación; y en otro de los casos de robo, quien no se había presentado era el abogado defensor —de oficio—, que esa misma mañana había sido citado por otro tribunal para actuar en un caso de malversación de fondos.

Las vistas correspondientes a los otros tres casos —que sí se celebraron— no duraron mucho: los testigos y los acusados eran pocos, y el interrogatorio por parte del fiscal y de los abogados defensores fue breve y, aparentemente, satisfactorio para ambas partes. Tampoco duró mucho el interrogatorio al médico forense que actuaba como perito en el supuesto de violación. Tras el desarrollo de la **vista oral**,

> En nuestro sistema jurídico, en el **proceso penal** se han distinguido, básicamente, dos fases: **sumario** y **juicio oral** (Ley de Enjuiciamiento Criminal de 1882). Esta denominación se conserva hoy para el proceso por delitos graves, pues en el llamado abreviado, posteriormente introducido para los delitos de menor gravedad, la primera fase recibe el nombre de **diligencias previas**. En todo caso, el sumario y las diligencias previas —competencia del juez de instrucción— están integrados por actos de investigación, que se realizan sólo con presencia de las partes, salvo que sean expresamente declarados secretos para ellas (el secreto nunca afecta al Fiscal). Tales actos se documentan a medida que tienen lugar, para su posterior traslado al órgano encargado de juzgar. En el juicio, generalmente público, el tribunal (unipersonal o colegiado) presencia la práctica de las pruebas propuestas por la acusación y la defensa (declaración del acusado, testigos, peritos), recibe documentos y oye los informes verbales de las partes. Después, tomando en consideración el resultado del juicio y el **derecho vigente** (esto es, las normas aplicables al caso), delibera hasta llegar a una decisión. En la fase de investigación, prevalece el **principio inquisitivo**, es decir, el juez actúa sobre todo por propia iniciativa *(inquirire)*, aunque también las partes pueden pedirle la práctica de diligencias que les interesen. En el juicio oral predomina el **principio acusatorio**: el tribunal adopta una posición esencialmente pasiva mientras las partes —acusación (normalmente el Ministerio Fiscal) y defensa— contienden en pie de igualdad ante él, que dirige el debate y, después, dicta sentencia.

la deliberación por parte de los magistrados fue, en dos de los casos, prácticamente inexistente. En el supuesto de robo, la prueba era sencillamente abrumadora; tanto, que el acusado —bien aconsejado por su abogado defensor— había optado por reconocer los hechos y «conformarse» con la pena que le impusiera la sala; como «premio» a esa actitud (y teniendo en cuenta que el acusado era menor de 18 años en el momento de cometer el delito —dos años antes— y que el valor de lo robado no llegaba a 30.000 ptas.), el ponente del caso propuso una pena de cuatro meses y un día, la cual fue aceptada sin discusión por los otros dos magistrados.

> El artículo 9.3 del Código penal establece como una circunstancia atenuante de la responsabilidad criminal «la de ser el culpable menor de dieciocho años». Por otro lado, el artículo 505 establece para el robo una pena de prisión menor (de 6 meses y 1 día a 6 años) o de arresto mayor (de 1 mes y 1 día a 6 meses), según que el valor de lo robado exceda o no de 30.000 pesetas.

En el supuesto de violación, por el contrario, la prueba, a juicio de los tres, resultaba insuficiente para justificar una condena que en ningún caso podía ser inferior a doce años y un día, pues ése es el mínimo de la pena de reclusión menor con que el Código penal español condena la violación. Los tres pensaban que muy probablemente los procesados habían cometido el delito de que se les acusaba, pero el único testigo con que se contaba —como es habitual en las violaciones— era la propia víctima. Por otro lado, los hechos habían tenido lugar el día 19 de julio (del año anterior), pero la denuncia no se había formulado hasta el 25 y el reconocimiento forense se había efectuado el 29; seguramente como consecuencia de ello, el informe escrito del forense, ratificado en todos sus extremos en la vista oral, era poco concluyente: la víctima presentaba rastros de lesiones (básicamente, erosiones en la espalda) que podían ser indicio de que se hubiese ejercido sobre ella violencia sexual, pero esto no podía asegurarse. La sentencia de absolución, por otro lado, lo era sólo relativamente: los dos acusados llevaban nueve meses en prisión provisional, de manera que, si habían cometido la violación, no podía decirse que su acción hubiese quedado impune.

El último caso, el del delito contra la salud pública (este es el título bajo el que el Código penal español incluye el tráfico de drogas), parecía también, en principio, carente de complicación. Pero ya se sabe que, a veces, las apariencias —incluidas las apariencias jurídicas— engañan. Aunque se intentó el acuerdo, no fue posible alcanzarlo: dos de los magistrados eran partidarios de condenar al acusado, aunque fuera a una pena mínima, pero el tercero insistía en la absolución. El resultado de la deliberación —en realidad, tampoco aquí demasiado larga— fue una sentencia condenatoria acompañada de un voto particular —del tercer magistrado— que disentía de la misma. Examinemos ahora ambas decisiones con algún detalle.

2. Sentencias y jueces

En nuestro sistema jurídico, las **sentencias** tienen que estar redactadas de una determinada forma. Se comienzan con un *encabezamiento* en donde se indica la fecha de la resolución, el órgano judicial que la dicta y otra serie de datos que permiten, por así decirlo, identificar el caso. En el que nos ocupa, se señalaba que se trataba de una causa procedente del Juzgado de Instrucción n.º 2 de E., seguida de oficio contra el acusado M.R.C., insolvente y en libertad provisional por esa causa; estaba representado por el **procurador** J.A.S. y defendido por el **letrado** E.M.P.; en la causa había sido parte acusadora el **Ministerio Fiscal** y como ponente de la sentencia se designaba al magistrado S.A.D.

> En el proceso penal no son normalmente los ciudadanos, sino un órgano estatal, el **Ministerio Fiscal**, quien promueve la actividad jurisdiccional y desarrolla la función

de parte acusadora. De todas formas, aunque el fiscal juega un papel especialmente destacado en el proceso penal, también interviene en ocasiones, por razones de interés público o social, en el proceso civil, laboral o constitucional.

El asesoramiento y defensa de los «justiciables» en cualquier tipo de proceso lo llevan a cabo los **abogados**, o letrados, mientras que los **procuradores** se ocupan de representarles procesalmente.

El lector ya habrá reparado sin duda en que el ponente de la sentencia —cuando quien decide es un órgano colegiado, esto es, un **tribunal** y no un **juzgado**—

> Los **juzgados** y los **tribunales** son los órganos que ejercen la llamada **función jurisdiccional**, la función de juzgar y hacer ejecutar lo juzgado. En España existen las siguientes clase de juzgados, esto es, de órganos judiciales unipersonales: Juzgados de paz, de primera instancia e instrucción, de lo penal, de lo contencioso-administrativo, de lo social, de menores y de vigilancia penitenciaria. Los órganos jurisdiccionales colegiados (los tribunales) son las Audiencias provinciales, los Tribunales superiores de justicia, la Audiencia Nacional y el Tribunal Supremo.
>
> El **Tribunal Constitucional** no forma parte de la jurisdicción ordinaria. La Constitución le atribuye las funciones de conocer del recurso de inconstitucionalidad contra leyes y disposiciones normativas con fuerza de ley, del recurso de amparo y de los conflictos de competencia entre el Estado y las Comunidades Autónomas o de las de éstas entre sí.

es el juez encargado de redactar la decisión que, sin embargo, aparece firmada por todos los miembros, incluidos los posibles disidentes. En otros sistemas jurídicos —por ejemplo, en el *common law* de Inglaterra— se procede de manera diferente: no hay un ponente, sino que —tras la deliberación— cada miembro del tribunal escribe y fundamenta su parecer.

> Los ordenamientos jurídicos vigentes en la actualidad obedecen básicamente a dos modelos: uno lo constituye el llamado **Derecho continental** o **romano-germánico** y

otro el modelo de ***common law***. Estos dos tipos de Derecho se originaron en Europa y luego se extendieron por otras partes del mundo. El primero, por ejemplo, está vigente —además de en los países del continente europeo— en toda Latinoamérica. Y el segundo, no sólo en Inglaterra —en donde surgió a lo largo de la Edad Media: el *common law* empezó siendo el «Derecho común» a todo el reino tras la conquista normanda— sino también en los Estados Unidos de Norteamérica —con alguna excepción—, en Canadá, Australia o la India. La diferencia fundamental entre ambos sistemas es que en el primero el Derecho se configura básicamente como un conjunto de normas generales y abstractas que los jueces han de aplicar para resolver los casos concretos; mientras que en el segundo —en el *common law*— el Derecho aparece más bien como una creación de los jueces, esto es, como el conjunto de las resoluciones que los jueces van dando a los casos que se les presentan. En los sistemas de Derecho continental —como el español— prima, pues, la idea de legislación o de **codificación**: el Derecho tiende a presentarse en forma sintética y sistemática; mientras que el *common law* es un Derecho casuístico, en que lo fundamental es el **precedente**: las decisiones establecidas anteriormente para casos semejantes y a las que se otorga valor vinculante.

Suele decirse que ambos sistemas están evolucionando en un sentido convergente. Así, en los países de Derecho continental el Derecho codificado cubre un área cada vez más pequeña del conjunto del ordenamiento, al tiempo que el precedente —especialmente en los países que disponen de un tribunal constitucional— es cada vez más importante. Y en los países de *common law*, el fenómeno es justamente el inverso: la legislación (lo que ahí se llama *statute law* y que se contrapone al *common law*, esto es, al Derecho de creación judicial) es dominante en sectores enteros del Derecho (especialmente, en las ramas más características de las sociedades contemporáneas: Derecho del trabajo, de sociedades, de seguros, etc.). Con todo, la diferencia entre uno y otro modelo sigue siendo muy notable y se advierte en numerosos aspectos: organización de tribunales, diseño de las instituciones jurídicas básicas, formación del jurista, etc. Por ejemplo —y en relación con este último aspecto— el jurista del *common law* tiende a interpretar las leyes en una forma mucho más restrictiva que el de formación de tipo continental lo que, naturalmente, ocasiona muchos problemas a la hora de desarrollar un Derecho aplicable a países de una u otra tradición, como es el caso del Derecho comunitario europeo.

Al encabezamiento le sigue la narración de los hechos. Algunos jueces dividen esta parte de la sentencia en dos apartados. En uno —los *antecedentes de hecho*— exponen lo que puede llamarse «hechos procesales» o «hechos institucionales»: cuál fue la petición del fiscal o de la defensa, qué resolvieron anteriormente otros órganos judiciales —si se trata de un recurso—, etc. En el otro apartado —*hechos probados*— se fijan los hechos —digamos, los hechos del mundo exterior que conforman el caso jurídico a resolver— tal y como se acepta que ocurrieron tras la práctica de las pruebas oportunas. Pero otras veces no se hace esta distinción y ambos tipos de hechos se contienen en un mismo apartado.

> Artículo 248.3 de la Ley Orgánica 6/1985, de 1 de julio, del Poder Judicial: «Las sentencias se formularán expresando, tras un encabezamiento, en párrafos separados y numerados, los antecedentes de hecho, hechos probados, en su caso, los fundamentos de derecho y, por último, el fallo. Serán firmadas por el Juez, Magistrado o Magistrados que las dicten.»

En la sentencia que ahora nos interesa, como **antecedentes de hecho** aparecen los tres siguientes:

> PRIMERO. Probado, y así se declara, que el procesado M.R.C., nacido el 15 de noviembre de 1963, el día 6 de junio de 1984 acudió al Depósito Municipal Carcelario de E., en el cual se encontraba privado de libertad su amigo E.P.B. y, con el fin de que lo hicieran llegar a éste, a los agentes de la autoridad que en dicho centro estaban de servicio, les entregó un paquete de cigarrillos que en su interior contenía 1,166 gramos de hachís, producto que no llegó a su destinatario en cuanto

que fue descubierto por dichos agentes cuando procedieron a verificar lo que dicho paquete tenía en su interior. Se desprenden dichos hechos de la existencia real de dicho producto que fue analizado y de la declaración de los agentes referidos en fase sumarial y en el acto del juicio oral de uno de ellos, ya que el otro en este acto no pudo efectuarlo por su fallecimiento en época anterior.

SEGUNDO. Que el fiscal en sus conclusiones definitivas calificó los hechos procesales como constitutivos de un delito contra la salud pública del artículo 344, párrafos 1 y 2 (difusión en establecimiento penitenciario) del Código penal,

El primer y segundo párrafo del artículo 344 del Código penal, de acuerdo con el texto vigente en el momento de comisión de los hechos juzgados por la sentencia, establecía lo siguiente:

> Los que promovieren, favorecieren o facilitaren el consumo ilegal de drogas tóxicas, estupefacientes y sustancias psicotrópicas mediante actos de cultivo, fabricación o tráfico, o las poseyeran con este último fin, serán castigados con la pena de prisión menor o multa de 30.000 a 1.500.000 pesetas, si se tratare de sustancias que causen grave daño a la salud, y de arresto mayor en centros docentes o establecimientos penitenciarios, cuando el culpable perteneciere a una organización que tuviera como finalidad difundirlas, así como cuando la cantidad poseída para traficar fuere de notoria importancia.

Con posterioridad a esta fecha, la regulación del delito de tráfico de drogas ha sido modificada, pero en aspectos que no afectan al caso que nos ocupa.

de cuyo delito consideró autor responsable al procesado; no apreció circunstancias modificativas de la responsabilidad criminal, y pidió se le impusiera la pena de 1 año de prisión menor, accesorias y costas.

TERCERO. Que la defensa en sus conclusiones definitivas disintió del relato de los hechos del Ministerio Fiscal, y al entender que el procesado no había realizado delito alguno solicitó su libre absolución.

La parte tercera de la sentencia la constituyen los **fundamentos de Derecho**; ahí se indica cuáles son las normas vigentes bajo las que se subsumen los hechos del anterior apartado. He aquí como se formulan en el caso que estamos analizando:

PRIMERO. Que los hechos declarados probados en esta sentencia son constitutivos de un delito contra la salud pública definido y penado en el artículo 344, párrafos 1 y 2 del Código penal en cuanto el procesado atentó de forma genérica contra el bien protegido de la salud pública de la comunidad con un acto de distribución de un producto tóxico —hachís— en un centro penitenciario, lo cual supone la concurrencia de los requisitos que integran dicha figura penal que merece una sanción agravada por la concurrencia de la especialidad del lugar en que se encontraba el destinatario de dicho producto.

SEGUNDO. Que del expresado delito es criminalmente responsable en concepto de autor el procesado M.R.C. por haber tomado parte directa y voluntaria en la ejecución.

TERCERO. Que en la ejecución del mencionado delito no han concurrido circunstancias genéricas modificativas de la responsabilidad criminal.

CUARTO. Que la responsabilidad penal lleva consigo la civil y las costas se imponen por ministerio de la Ley.

VISTOS además los artículos 1, 3, 12, 14, 23, 24, 27, 30, 33, 38, 39, 47, 49, 59, 61, 78, 101, 104 y 109 del Código penal y los 141, 142, 239, 240, 741 y 742 de la Ley de Enjuiciamiento Criminal.

Finalmente, la sentencia termina con una *parte dispositiva* que contiene el **fallo**: la solución del caso. Esa decisión es un acto normativo (que, según los casos, prohíbe, obliga o permite hacer ciertas cosas), cuyo contenido vendría a ser la conclusión de un razonamiento lógico —de un silogismo— que tiene como premisa mayor los fundamentos de Derecho y como premisa menor los antecedentes de hecho. ¡Hela aquí!:

> FALLAMOS: Que debemos condenar y condenamos al procesado en esta causa M.R.C. como autor **responsable**

«**Responsable**» significa aquí que a la persona se le pueden imputar sus acciones, es decir, que podía dirigir sus actos y comprender el valor o disvalor de los mismos. Precisamente por ello se le impone una **sanción**. En Derecho penal, el individuo a quien se debe aplicar la sanción es siempre aquel que ha cometido el **acto ilícito**; por eso se dice que el Derecho penal (moderno) sólo conoce la responsabilidad directa. Sin embargo, en otras ramas del Derecho existen supuestos de responsabilidad indirecta, en que uno y otro sujeto no coinciden; por ejemplo, los padres son responsables por los daños causados por sus hijos, pero lo son civilmente, no penalmente: no se les puede imponer una pena de cárcel, pero en determinados supuestos deberán indemnizar a terceros. La distinción entre **responsabilidad directa** e **indirecta** no coincide con otra importante distinción que suele trazarse entre **responsabilidad subjetiva** y **objetiva**. Se habla de responsabilidad subjetiva cuando al sujeto se le impone una sanción (en sentido amplio, incluyendo la obligación de indemnizar) como consecuencia de haber realizado un acto ilícito en forma dolosa o negligente; la responsabilidad penal —en el Derecho penal del Estado de Derecho— es también exclusivamente responsabilidad subjetiva o por culpa (en sentido amplio, la culpa abarca tanto las conductas dolosas como las culposas o negligentes). La responsabilidad objetiva (o por resultado) tiene lugar cuando el acto ilícito se ha realizado sin **dolo** ni **culpa**. No todos los casos de responsabilidad indirecta lo son de responsabilidad objetiva y hay casos de responsabilidad directa, pero objetiva: por ejemplo, cuando existe obligación de indemnizar por daños producidos por una acción contaminante sin que haya mediado dolo ni culpa. En el Derecho actual se tiende a ampliar cada vez más los supuestos de responsabilidad objetiva (piénsese, por ejemplo, en el Derecho del consumo).

> de un delito contra la salud pública, ya definido, sin la concurrencia de circunstancias modificativas de la

responsabilidad criminal, a la pena de SIETE MESES DE PRISIÓN MENOR, a la accesoria de suspensión de todo cargo público y del derecho de sufragio durante todo el tiempo de la condena y al pago de las costas del juicio.

Aprobamos por sus mismos fundamentos el auto de insolvencia del procesado que dictó el Juzgado Instructor.

Así por nuestra Sentencia definitiva, contra la que no cabe recurso ordinario, lo pronunciamos, mandamos y firmamos.

3. **De la jurisdicción a la legislación. El sistema jurídico**

Aunque hay sistemas en que los jueces no están obligados a redactar las sentencias de la forma que hemos visto (sino que se permite la utilización de un estilo más libre), de hecho, cualquier decisión jurisdiccional que no sea arbitraria, es decir, que aspire a estar racionalmente justificada, obedece a una misma estructura que es, precisamente, la que antes se ha indicado. Pues **justificar** —esto es, dar razón de— una decisión consistente en condenar a A a una determinada pena de prisión (o en obligar a B a indemnizar a C con una determinada cantidad de dinero; o en atribuir a D —y no a E que también lo pretendía— la propiedad del bien F; o en obligar a G a derribar un edificio construido sin la debida licencia; o en declarar improcedente el despido de H; o en anular un reglamento por ilegal o una ley por inconstitucional, etc.) sólo parece que pueda hacerse mostrando que, en efecto, han tenido lugar una serie de hechos, y que existía previamente a la decisión —o bien se ha creado en la resolución del caso— una **norma jurídica válida** —es decir, dictada de acuerdo con los procedimientos establecidos, y no derogada— que establece que ese tipo de hechos debe tener esas consecuencias jurídicas: por ejemplo, el tráfico de drogas en un establecimiento penitenciario debe castigarse con prisión menor.

Naturalmente, en un **sistema jurídico**

> Se habla de **sistema jurídico** en un sentido amplio o de **ordenamiento jurídico** (que vienen a ser prácticamente términos sinónimos) para indicar que el conjunto de normas de que se compone un determinado Derecho es un conjunto ordenado. La relación de orden más importante es la de **jerarquía normativa**; así, la constitución es de jerarquía superior a la ley ordinaria, lo que quiere decir que ésta no puede prevalecer frente a la primera; la ley tiene una jerarquía superior a los reglamentos que la desarrollan, etc.
> En sentido estricto, en sentido lógico, las normas jurídicas sólo forman un sistema cuando no generan **lagunas** —no hay casos sin resolver—, ni **contradicciones** —no hay ningún caso resuelto por más de una norma en forma incompatible—, ni **redundancias** —no hay casos resueltos por más de una norma en forma coincidente. Un sistema normativo tiene, por tanto, las propiedades de **plenitud** (ausencia de lagunas), **consistencia** (ausencia de contradicciones) y **economía** (ausencia de redundancias). Un Derecho positivo —o un sector del mismo— puede o no ser un sistema en este sentido estricto o, mejor, puede serlo en mayor o menor grado.
> Por otro lado, los sistemas normativos constan no sólo de **normas**, sino también de otros enunciados, como las *definiciones*, que en sí no tienen carácter normativo, esto es, no obligan, prohíben o permiten realizar alguna acción, pero que tienen consecuencias normativas. Por ejemplo, el artículo 315 del Código civil, cuando dice que «la mayor edad empieza a los dieciocho años cumplidos» contiene simplemente una definición de lo que es, a efectos jurídicos, la mayoría de edad. Pero esa definición tiene consecuencias normativas en relación, por ejemplo, con el derecho de voto que sólo se reconoce con la mayoría de edad.

no existen únicamente normas como la anterior que establecen una **sanción** para el caso de que se realice un determinado tipo de acto (un **ilícito**).

> «**Sanción**» se emplea aquí en el sentido restringido de sanción penal. En un sentido más amplio, serían sanciones todas aquellas consecuencias jurídicas desfavorables que se conectan con el incumplimiento de un deber (por

ejemplo, no sólo la pena de prisión, sino también una multa por aparcar en lugar prohibido, etc.). Y en un sentido amplísimo, se habla de sanción para referirse a las consecuencias jurídicas de las acciones: es decir, el establecimiento de sanciones es un mecanismo para lograr que se cumpla el contenido de las normas; en este último contexto cabe hablar tanto de sanciones negativas (prisión, multa, etc.) como positivas (quedar exento del pago de matrícula, obtener una bonificación fiscal, etc.).

En forma correlativa, puede decirse que el acto contrario al ordenamiento jurídico que origina la sanción en el primero de los sentidos indicados es un **ilícito** penal. En el segundo caso, cabría hablar no sólo de ilícitos penales, sino también civiles, administrativos, etc. Obviamente, las sanciones positivas no son consecuencia de actos ilícitos, sino de actos lícitos, esto es, conformes con el ordenamiento jurídico.

Muchas otras normas ordenan realizar ciertas acciones, prohíben que se hagan otras o autorizan unas terceras sin establecer propiamente sanciones, aunque sí algún tipo de consecuencia jurídica (por ejemplo, la nulidad de un determinado acto, un cambio de estatus jurídico, una indemnización, etc.).

Alguna de esas consecuencias sólo serían **sanciones** si esta expresión se emplea en sentido amplísimo. Y esto último es incluso discutible en el caso de la nulidad.

Básicamente, los sistemas jurídicos desarrollados están integrados por dos tipos de normas: unas se dirigen a los individuos en general y establecen que ciertos comportamientos son obligatorios, prohibidos o permitidos; otras, por el contrario, se dirigen a los órganos jurídicos y establecen poderes para modificar o aplicar las anteriores normas. Unas y otras poseen, en general, estas dos características: son **generales** (esto es, tienen como destinatarios —como destinatarios potenciales— clases de individuos y no un individuo en particular) y **abstractas** (no regulan una acción concreta y determinada, sino clases de acciones). Esas dos características permiten que las normas jurídicas —o, mejor dicho, las normas jurídicas de los tipos antes indicados— puedan usarse como la premisa mayor del esquema justificativo de una decisión jurídica; el fallo de una sentencia (por ejemplo, «debemos condenar a M.R.C. a la pena de siete meses de prisión menor») es también una norma, pero **particular** y **concreta**, de manera que ella no puede servir para justificar decisiones en otros casos: su virtualidad se agota en resolver un caso individual que, naturalmente, es irrepetible.

La existencia de esos dos tipos de normas y el lugar prominente que ocupan en nuestros Derechos se conecta de manera muy estrecha con la exigencia de **seguridad jurídica**, que es uno de los valores básicos que debe realizar el Derecho: hacer que se puedan prever las consecuencias de las conductas, es decir, que cada cual pueda saber —por lo menos hasta cierto punto— a qué atenerse. Ahora bien, es importante darse cuenta de que no podría existir un orden social (por lo menos en sociedades con un cierto grado de complejidad) si solamente existieran normas del primero de los tipos indicados, esto es, normas que se dirigen a la gente en general y que prohíben, obligan o permiten hacer determinadas acciones. Un defecto importante es que un sistema jurídico que contuviera sólo esas normas sería sumamente estático y no podría adaptarse a los cambios que se fueran produciendo en la sociedad. Por eso, nuestros Derechos contienen normas que regulan la actuación de los órganos —los **legisladores** en sentido amplio— encargados precisamente de introducir nuevas normas y de eliminar otras hasta entonces vigentes. Pero este recurso resulta todavía insuficiente para lograr que un sistema jurídico pueda servir, en efecto, como un sistema de control social. Hay al menos estas dos razones que lo harían imposible: una es que no todos estarían dispuestos —o no lo estarían siempre— a cumplir voluntariamente con lo dispuesto en las otras normas. Y la otra es que, en ocasiones, podrían surgir dudas sobre cómo deben interpretarse las normas o sobre si efectivamente ocurrieron o no los hechos a que las mismas se refieren. Las normas del segundo tipo que hemos visto —o una parte de ellas— permiten también hacer frente a esos dos defectos, al establecer y regular la actuación de órganos —**jueces**— que toman decisiones que pueden imponerse incluso frente a quien no acepta las normas y que evitan que un determinado problema quede sin resolver debido a las dificultades antes señaladas.

A las normas del primer tipo, esto es, las que se dirigen a la gente en general y que prohíben, obligan o permiten hacer determinadas acciones se las llama, en la terminología de Hart (1963) **normas primarias**. Las otras son **normas secundarias**, es decir, normas que se refieren a las normas primarias. Hemos visto dos subtipos de normas secundarias: las **normas de cambio** y las **normas de adjudicación** o de aplicación. Además, Hart distingue una tercera modalidad, la **regla de reconocimiento** (en singular) que es aquella que contiene los criterios para saber —para reconocer— cuándo alguna de las otras normas pertenece o no al sistema jurídico de que se trate. La tesis fundamental de Hart es que los Derechos de las sociedades desarrolladas deben verse como una combinación de normas de estos dos tipos.

En la teoría de Hans Kelsen [1979; 1987] (él y Hart pueden considerarse como los dos teóricos del Derecho más importantes del siglo; en buena medida, la teoría del Derecho de Hart viene a ser una corrección de la de Kelsen) el concepto equivalente al de regla de reconocimiento es el de **norma fundamental**. La norma fundamental de un ordenamiento jurídico no es la constitución, sino la norma que establece que se debe obedecer a la constitución; como, según Kelsen, una norma es válida si ha sido dictada de acuerdo con los procedimientos establecidos en una norma superior, tenemos que remontarnos a un último criterio de validez (que permita explicar también por qué es válida la constitución) y ese criterio es la norma fundamental. Cual sea su naturaleza (o la de la regla de reconocimiento) es uno de los problemas más intrincados y discutidos de la teoría del Derecho.

Los jueces, en suma, parecen tener la misión de que cada caso jurídico —por complejo que sea— se resuelva de una única manera y que esa resolución se imponga sin contar con el consentimiento de los afectados. En resumen, el Derecho no podría operar como un sistema de seguridad (o por lo menos, lo haría de una manera muy deficiente; más o menos, como lo hace la moralidad social) si no existieran ambos tipos de órganos: legisladores y jueces.

Ahora bien, si es necesario que en una sociedad existan **órganos** (o sea, individuos) dotados de tan extraordinario poder, entonces parece también razonable pretender que ese poder esté, al menos en alguna medida, controlado. En el caso de los legisladores, el procedimiento más adecuado parece ser un sistema de elección democrática para designar al menos a quienes hayan de elaborar las normas jurídicas de mayor importancia (esto es, los legisladores en sentido estricto); y como el Derecho no es sólo un conjunto de normas, sino un conjunto ordenado y jerarquizado, ese control se transmite también al resto de los órganos productores de normas (es decir, a los órganos administrativos en general). Pero el sistema democrático no parece que pueda ser el sistema a utilizar para designar quiénes deban ser jueces en sociedades tan complejas como las nuestras. Por un lado, porque para ello se necesita un especial tipo de conocimiento —de conocimiento jurídico— que sólo poseen algunos miembros de la sociedad. Por otro lado, porque un sistema de elección democrática (como el que permite elegir a los parlamentarios) introduciría elementos de inestabilidad sumamente disfuncionales en el caso de los jueces. ¿Pero cómo se puede entonces limitar su poder? El mecanismo más importante —y más obvio— consiste en que los jueces —en los sistemas evolucionados— tienen la obligación de resolver los casos que se les presenten no de cualquier manera, sino de acuerdo con el **Derecho vigente**; su sometimiento al Derecho —que es la otra cara de la independencia judicial— implica que ellos están libres —al menos lo están institucionalmente— de influencias políticas o de otro tipo, ajenas al ordenamiento jurídico. Además, al igual que las normas, los jueces están jerarquizados y existe un sistema de recursos, de manera que sus decisiones pueden ser revisadas —y, llegado el caso, corregidas— hasta llegar, como es lógico, al órgano de **última instancia**; por ejemplo, en el caso antes descrito lo sería la propia Audiencia provincial, como se señala en su *parte dispositiva*. En algunos sistemas jurídicos —no en el nuestro, a pesar de que existe un mandato constitucional en este sentido— existe la institución del **jurado** que contribuye a que en la aplicación del Derecho penetren las opiniones sociales dominantes. En otros, en fin, existe un **tribunal constitucional** que al ser el intérprete máximo de la **constitución** —de las normas dotadas de máxima jerarquía y que no pueden ser contradichas por las otras, de rango inferior— encauza hasta un cierto punto el desarrollo judicial y legislativo del Derecho. El nombramiento de los miembros de ese tribunal está a su vez controlado —total o parcialmente— por los otros poderes del Estado: el legislativo y el ejecutivo.

En todo caso, el deseo —o la necesidad— de garantizar la *autoridad* de las decisiones judiciales explica que históricamente —y aún hoy en muchos países de nuestro entorno cultural, como Francia, Italia o los Países Bajos— no se admita la discrepancia judicial; o, mejor dicho, no se admite que la misma pueda exteriorizarse. Así, en el caso de España, antes de la promulgación de la Constitución de 1978 no existía la institución del **voto particular**; el juez que tuviese una opinión diferente a la de la mayoría del tribunal —como ocurre en el caso que se está comentando— sólo podía plantear un voto *reservado*: su opinión no se publicaba y únicamente servía a efectos de recurso y de salvar su posible responsabilidad. Hoy, sin embargo, se suele aceptar que la existencia de discrepancias —mientras permanezcan dentro de límites razonables—

> Por ejemplo, la práctica del Tribunal Constitucional español (en donde se ha planteado, aproximadamente, un voto particular cada doce decisiones) estaría claramente dentro de ese límite de razonabilidad (véase Ezquiaga, 1990, p. 108).

no sólo no erosiona la autoridad de los tribunales, sino que en ocasiones permite incluso salvar su prestigio. Unos días antes de escribir estas líneas, la Corte Suprema de los Estados Unidos, que es sin duda el tribunal más poderoso de la tierra, dictó una resolución [el 16 de junio de 1992] justificando el *secuestro* de sospechosos en el extranjero por parte de la policía norteamericana, con el peregrino argumento de que «el secuestro del acusado no violó el tratado de extradición de 1978 [se trataba del secuestro de un mexicano prófugo de la justicia estadounidense] porque no hay ningún artículo que expresamente prohíba secuestros internacionales». El hecho de que tres magistrados (de los nueve que componen el Tribunal) se opusieran a la sentencia y manifestasen abiertamente su discrepancia permitirá seguramente a muchos seguir sintiendo respeto por esa institución. Por lo demás, la manifestación de las discrepancias contribuye a que los argumentos de la mayoría se formulen de una manera más clara y cuidadosa, lo que facilita también su crítica racional. Y los votos discrepantes de la minoría, en fin, han sido en muchos casos el anuncio de un cambio jurídico en estado de gestación.

Antes de transcribir el voto particular del magistrado discrepante de la opinión reflejada en la sentencia sobre tráfico de drogas, quisiera corregir un posible malentendido en el que quizás haya caído más de un lector y no por su culpa. Pues tal y como se acaban de presentar las cosas, podría parecer que los jueces son algo así como órganos secundarios, en el sentido de que su existencia depende —o es una consecuencia— de la de los órganos legislativos: el momento de la producción del Derecho antecede al de su aplicación a los casos concretos; la **legislación** —en sentido amplio— es previa a la **jurisdicción**.

Las cosas, sin embargo, no han sido históricamente así, y por algo. En la evolución del Derecho, la existencia de órganos judiciales ha precedido a las legislaturas. Si por legislación —en sentido amplio— se entiende la producción deliberada de normas jurídicas que luego deben ser aplicadas por los jueces, entonces puede decirse que ha habido muchos Derechos carentes de órganos legisladores (en los sistemas jurídicos más primitivos las normas jurídicas son básicamente **consuetudinarias**), mientras que la existencia de jueces es seguramente consustancial al Derecho. Lo esencial de la jurisdicción —de la función judicial— no es resolver casos —conflictos sociales— de acuerdo con normas preestablecidas —esto sólo caracteriza al Derecho cuando se ha llegado a un cierto grado de desarrollo y, por cierto, no deja de tener excepciones—, sino hacerlo tomando decisiones que cuentan con un respaldo coactivo y que son imparciales, en el sentido de que el juez es un tercero que se sitúa por encima de las partes en litigio. Por este motivo la resolución judicial de conflictos se distingue de otras formas de solventarlos, como la mediación, la negociación, el arbitraje o la venganza privada. Por lo demás, todos los sistemas jurídicos —en mayor o en menor medida— admiten que los jueces —o algunos jueces—, al resolver casos concretos crean normas generales y abstractas (**precedentes**) que, en lo sucesivo, son obligatorias para los otros órganos judiciales —y, hasta cierto punto, también para ellos mismos. En definitiva, la diferencia entre los jueces y los legisladores —como se irá viendo en capítulos sucesivos— no tiene perfiles completamente nítidos pero, naturalmente, ello no debe llevar tampoco a pensar que no exista ninguna diferencia.

4. Un voto particular

Y ahora sí que parece llegado el momento de transcribir, por fin, el voto particular que, como la sentencia de la que disiente, está estructurado de acuerdo con las cuatro partes antes distinguidas. Veámoslo:

> Voto particular formulado por el magistrado R.A.M. disintiendo de la sentencia n.º... y en aplicación del artículo 260 de la Ley Orgánica del Poder judicial.
>
> ENCABEZAMIENTO
>
> Por reproducido.
>
> ANTECEDENTES DE HECHO
>
> PRIMERO. Que el procesado M.R.C., nacido el 15 de noviembre de 1963, el día 6 de junio de 1984 acudió al Depósito Municipal Carcelario de E. portando un paquete de cigarrillos en cuyo interior los agentes de la autoridad que estaban de servicio en dicho Centro encontraron un «papelito» que contenía 1,166 gramos de hachís.
> SEGUNDO. Por reproducido.
> TERCERO. Por reproducido.
>
> FUNDAMENTOS DE DERECHO
>
> PRIMERO. Que aun considerando ser cierto el hecho de que el procesado introdujo en el Depósito Mu-

nicipal de E. 1,166 gramos de hachís, sin embargo no ha resultado probado que lo hiciera con la finalidad de hacérselo llegar a su presunto amigo E.P.B., quien entonces se encontraba privado de libertad en dicho Centro. Como es obvio, sin este requisito (finalidad de tráfico) no puede entenderse realizado el tipo penal del artículo 344, apartados 1 y 2. En efecto, las declaraciones efectuadas por los dos agentes de la autoridad en fase sumarial no puede considerarse que hayan sido ni siquiera ratificadas en el acto del juicio oral. El primero de ellos, V.G.A., no pudo testificar por haber fallecido en fecha anterior a la de la celebración del juicio oral. Y el segundo, G.R.P., manifestó, como consta en el acta del juicio oral, que él no fue «el que registró al procesado», que «lo sabe (lo declarado en el juicio y ante el juez) por lo que dijo su compañero» y que «él estaba atento a la centralita de teléfonos». Además, la escasa cantidad de droga intervenida (1,166 gramos de hachís) debe llevarnos a presumir que la misma estaba destinada al autoconsumo del procesado, según doctrina reiterada del Tribunal Supremo, por ejemplo, en las sentencias de 26-IX-1983, R.A. 4.579 (2,350 gramos de hachís), 14-XI-1983, R.A. 5.489 (12 gramos de hachís) y 3-VII-1984, R.A. 3.777 (27 gramos de hachís). Esta presunción no puede entenderse destruida por el hecho de que el hachís estuviera oculto en el interior de un paquete de cigarrillos, pues tal circunstancia lo único que probaría sería el deseo del procesado de que la droga en cuestión pasase inadvertida.

SEGUNDO. Que aunque careciera de validez el anterior fundamento, es decir, aunque se considerara probado (y no es el caso) que el procesado introdujo la droga con la finalidad de hacérsela llegar al entonces detenido en el Depósito Municipal Carcelario de E., E.P.B., sin embargo, no por ello habría que considerar que los hechos constituirían un delito tipificado en el artículo 344, párrafos 1 y 2 del Código penal. En particular, no podría estimarse realizado el tipo básico y genérico del apartado 1 de dicho precepto si se consideran, conjuntamente, las siguientes circunstancias: A) La escasa cantidad de hachís intervenida, que apenas alcanzaría, según información de la Dirección General de la Policía, que consta en el sumario, las 1.000 pesetas y tan sólo permitiría, según información que este magistrado ha podido recabar por otros medios, la confección de dos o tres «canutos». B) El hecho de que, en todo caso, se trataría de una donación que tan sólo repercutiría en el consumo de E.P.B., a quien hay que considerar iniciado con anterioridad a estos hechos en el consumo de hachís. C) El hecho de que aunque el hachís se considere en efecto una sustancia nociva para la salud, no parece claro que lo sea en mayor medida que otras drogas «legales» como el alcohol y el tabaco, sobre todo teniendo en cuenta que aquí se trata de poco más de un gramo de una de las drogas denominadas habitualmente «blandas», mientras que el tabaco y el alcohol pueden consumirse en nuestro país legalmente sin ninguna limitación. Naturalmente, faltando el tipo básico, genérico, del párrafo 1 del artículo 344 del Código penal, no cabe pensar que pueda realizarse el tipo agravado del párrafo 2 de dicho artículo.

TERCERO. Que aunque también el anterior fundamento careciera de validez, es decir, aun cuando se considerara que los hechos juzgados caen dentro del ámbito de conductas tipificadas genéricamente en el párrafo 1 del artículo 344 del Código penal (lo que no es el caso), sin embargo, no por ello habría que considerar como realizado el tipo agravado, más específico, del párrafo 2 de dicho artículo. Prescindiendo de consideraciones de política legislativa referentes a la defectuosa, criticable y criticada en general por la doctrina penal, redacción del artículo 344 párrafo 2 del vigente Código penal, que ha llevado a los autores de la propuesta del anteproyecto del nuevo Código penal de 1983 a modificar drásticamente el tenor de dicho párrafo (art. 332.2 de dicho anteproyecto), el argumento que permite justificar la anterior afirmación sería, en esencia, el siguiente. Si se considerara que hechos tales como los aquí supuestos satisfacen el tipo penal del párrafo 2 del artículo 344, entonces nos encontraríamos con una situación paradójica y manifiestamente injusta, en cuanto que cabría considerar como constitutivas de un tipo penal «agravado» conductas que cualquier persona razonable estimaría como de mucha menor gravedad que otras constitutivas tan sólo del tipo básico del párrafo 1, penadas, por tanto, con una pena inferior. Y ciertamente no resulta inevitable presuponer una tal «voluntad» en el legislador que llevó a cabo la reforma del Código penal en 1983.

PARTE DISPOSITIVA

Que debo absolver y absuelvo al procesado M.R.C. del delito contra la salud pública de que era acusado en esta causa.

5. **Pero, ¿hay casos rutinarios? Primera aproximación al razonamiento jurídico**

El caso de M.R.C. nos ha permitido hasta ahora —o, al menos, ésa ha sido la intención del autor de este libro— presentar algunos rasgos importantes de la experiencia jurídica —básicamente de la experiencia judicial—, así como una serie de conceptos básicos del Derecho. Sin embargo, no puede decirse que nos haya servido para aprender mucho acerca del **razonamiento jurídico**: tan sólo que las resoluciones judiciales están estructuradas de acuerdo con un esquema justificatorio que es, además, un esquema de tipo lógico o silogístico. Como ahora disponemos del texto de la sentencia y del voto particular, podemos proceder a un análisis comparativo para tratar así de dar cuenta de algunos rasgos interesantes del razonamiento jurídico.

5.1. ¿Cuándo es difícil un caso?

Algo que probablemente no haya pasado inadvertido al lector es esto: en ambos casos, el fallo que contienen las resoluciones es una consecuencia lógica de lo establecido en las premisas: en los antecedentes de hecho y en los fundamentos de Derecho. Si hay alguna diferencia —y es obvio que la hay— entre la opinión mayoritaria y la minoritaria, no parece estar en el paso de las premisas a la conclusión, sino en la formulación de las premisas. Los problemas argumentativos con que nos enfrentamos aquí no son, pues, estrictamente lógicos, sino de otro tipo.

En concreto, parece que las posibles discrepancias que pueden tenerse a la hora de resolver un **caso** jurídico han de deberse a una valoración diferente de los elementos probatorios —lo que lleva a establecer de una manera diferente la premisa menor o premisa fáctica—, o a una interpretación diferente de las normas —de la premisa mayor—, o bien a la existencia de una discrepancia en cuanto a cuáles sean las normas aplicables al caso. Dejemos de lado este último problema y centrémonos en los dos primeros.

5.2. Problemas de prueba

La narración de los **hechos** del caso difiere en realidad en un único aspecto. En las dos versiones —y dejando de lado los hechos institucionales en los que parece difícil discrepar— se parte de que M.R.C. cuando fue a visitar a la cárcel a su amigo E.P.B. introdujo un paquete de cigarrillos en cuyo interior ocultaba 1,166 gramos de hachís. Y la diferencia está en que dos de los magistrados entendieron que con su acción M.R.C. había intentado que la droga llegase a su amigo, mientras que el otro magistrado negó esa intención; o, mejor dicho, entendió que tal intención no podía darse por probada.

El que la discrepancia afecte únicamente a la intención (adviértase que en los antecedentes de hecho del voto particular la diferencia que existe con la sentencia es precisamente que se evita afirmar que existió esa intención) se debe a que el delito de tráfico de drogas sólo puede cometerse de manera intencional o dolosa; a diferencia de **delitos** como el homicidio que pueden ser **dolosos** o **culposos**, esto es, que se pueden cometer también por imprudencia, el de tráfico de drogas —como el de estafa— no se puede realizar sin intención.

> La doctrina penal define tradicionalmente el **delito** como: «**Acción típica, antijurídica, culpable y punible.**» Se dice que es una concepción *estructurada* del delito porque cada uno de esos elementos es condición necesaria para que pueda darse el siguiente. Por **acción** se entiende un movimiento corporal (o la ausencia de un movimiento corporal) de carácter voluntario (un acto reflejo, por ejemplo, no sería un caso de acción). Para que la acción sea **típica**, tiene que estar descrita con anterioridad a su comisión en una norma penal. La **antijuridicidad** hace referencia a que esa conducta debe ser objetivamente contraria a la ley penal (por ejemplo, matar a otro en legítima defensa o en estado de necesidad serían ejemplos de acciones típicas, pero no antijurídicas). La **culpabilidad** es el juicio de reproche dirigido al sujeto infractor (un menor o un demente no cometen un delito, aunque hayan realizado una acción típica y antijurídica, porque su actuar no les es reprochable). Finalmente, la **punibilidad** significa que la acción debe estar penada por la ley.
>
> Ese juicio de reprochabilidad en que consiste la culpabilidad admite dos modalidades: el **dolo** y la **culpa** o **imprudencia**. Una acción (u omisión) es dolosa si se ha realizado en forma consciente y voluntaria (el sujeto sabe lo que hace y quiere hacerlo). Es culposa o imprudente, cuando falta la intención (la conciencia puede darse o no) y el sujeto ha infringido un deber de cuidado que le es exigible personalmente (si no media ni siquiera imprudencia, podría tratarse simplemente de un caso fortuito). El dolo y la culpa admiten grados diversos, y existen ca-

sos límites en que no es fácil determinar si una acción se ha cometido dolosa o imprudentemente.

La doctrina dominante hoy en España —la doctrina *finalista*— no incluye el dolo y la culpa en la culpabilidad, sino en la antijuridicidad: para que una acción sea antijurídica no basta con la lesión objetiva de **bienes jurídicos**, sino que es necesario que esa acción sea querida (dolo) o se haya causado negligentemente (culpa).

Este dato apunta también a algo sumamente importante: los antecedentes de hecho y los fundamentos de Derecho no pueden en realidad separarse de una manera tajante. En el Derecho —como por lo demás en la ciencia— no hay propiamente hechos brutos, sino hechos interpretados a través de las normas (de la misma manera que los hechos de la ciencia son hechos interpretados a través de las teorías científicas). Pero además, en el Derecho (a diferencia de lo que pasa en la ciencia, en el periodismo y en muchas otras empresas racionales) sólo cuentan como hechos los que pueden pasar tanto el filtro de las reglas de presunción racional como el de las reglas procesales de valoración de la **prueba**. Algo puede valer como un hecho de nuestra experiencia, pero sin embargo no servir como un hecho jurídico. Pondré un ejemplo de ello.

Recientemente, el Tribunal Supremo español dictó un **auto**

> Las **resoluciones judiciales** pueden ser de tres tipos: **sentencias, autos** y **providencias**. Las sentencias se reservan para las resoluciones más importantes y, en particular, para las que deciden sobre el fondo del asunto. Los autos suelen dictarse para resolver cuestiones incidentales, relativas a presupuestos procesales, recursos contra providencias, etc., y deben estar motivados, al igual que las sentencias. Las providencias tienen por objeto la tramitación y ordenación material del proceso y no necesitan estar motivadas.

desechando como prueba (en un caso famoso de presunto cohecho)

Cohecho significa la corrupción de un funcionario público (entendiendo por tal, quien desempeña una función pública) realizada mediante precio y/o con el fin de ejecutar un hecho opuesto al cumplimiento de los deberes oficiales inherentes al ejercicio de su cargo.

una serie de cintas magnetofónicas que reproducían las conversaciones telefónicas mantenidas entre una serie de personajes políticos que se vieron implicados en el caso. La razón para ello fue que las cintas se habían obtenido de manera ilegal. En realidad, no parece que nadie tuviera muchas dudas de que las conversaciones que se reproducían eran reales, pero esos datos —después del auto— no pudieron utilizarse ya como prueba, lo que, prácticamente, significó decretar la absolución de los implicados: se les absolvía de unos hechos que muy probablemente habían cometido, porque de esa manera se garantizaban otros valores jurídicos (por ejemplo, el derecho fundamental al secreto de las comunicaciones).

En nuestro caso, lo que lleva al magistrado discrepante a no dar como probada la intención es la serie de razones que expone en el primero de los fundamentos de Derecho (lo que pone de manifiesto, de nuevo, la interrelación entre los hechos y el Derecho) y probablemente también —aunque no lo haya explicitado— un **principio**

Las normas de que se compone un ordenamiento jurídico pueden clasificarse en **reglas** y **principios** (Atienza/Ruiz Manero, 1991). Las reglas son normas que establecen pautas más o menos específicas de comportamiento. Los principios son normas de carácter muy general que señalan la deseabilidad de alcanzar ciertos objetivos o fines de carácter económico, social, político, etc. (por ejemplo: un medio ambiente adecuado, una situación de pleno empleo, etc.) y a las que cabe denominar ***directrices***; o bien exigencias de tipo moral, como el principio de igualdad ante la ley, de respeto a la dignidad humana, etc. —éstos serían los ***principios en sentido es-***

> *tricto*. Algunos de estos principios —de cualquiera de las dos categorías— están formulados explícitamente en enunciados jurídicos, pero otros están simplemente implícitos, esto es, deben ser extraídos por el intérprete a partir de otros enunciados (de principios y reglas) explícitos. Los principios, a su vez, pueden formar parte de las normas primarias o de las normas secundarias de un sistema. Los que indican cómo deben ser aplicadas las normas por los jueces —forman parte, pues, de una de las tres categorías de normas secundarias distinguidas antes: las de adjudicación o aplicación— son los *principios procesales*; la presunción de inocencia sería uno de esos principios procesales.

procesal que tiene una importancia máxima en nuestro sistema jurídico y en cualquier sistema jurídico evolucionado: el de presunción de inocencia. Es más que probable que éste haya servido para no condenar a muchos culpables, pero ése es un riesgo menor que el de condenar a inocentes.

En general, la posibilidad de recurrir una decisión suele estar limitada a los problemas estrictamente jurídicos, esto es, a las cuestiones de interpretación normativa, lo que hace que los estudiosos del Derecho —que en general están interesados en los casos que llegan a los tribunales superiores— descuiden los problemas de prueba, la argumentación a propósito de los hechos. Pero ésta es una gran equivocación o algo peor. En la praxis jurídica —y en particular en la práctica judicial— lo más frecuente es que los problemas a resolver sean cuestiones fácticas: si efectivamente ocurrieron tales y cuales hechos. Por lo demás, la falta de límites claros entre **cuestiones fácticas** y **normativas** hace que la prohibición de volver a considerar los hechos no prive de sentido a instituciones como la **casación** o el **amparo**.

> A diferencia del **recurso de apelación**, en el que el tribunal superior (de segunda instancia) puede volver a examinar tanto las cuestiones de hecho como las de Dere-

cho juzgadas previamente por el tribunal inferior o «de instancia», lo típico de la **casación** es que, en principio, se circunscribe únicamente (o se circunscribía) a problemas de tipo normativo. El **recurso de amparo** lo pueden interponer los particulares para recabar la tutela de determinados derechos o libertades fundamentales que entienden han sido vulnerados por los poderes públicos. Cuando se interpone ante el Tribunal Constitucional contra supuestas violaciones derivadas de resoluciones de órganos judiciales, el Tribunal Constitucional no entra a revisar los hechos declarados probados (ni tampoco el Derecho —en general— aplicado en la resolución impugnada), sino que se limita a concretar si se han violado derechos o libertades del demandante.

5.3. Problemas de interpretación

En relación con los **fundamentos de Derecho**, un análisis comparativo de las dos decisiones lleva a considerar que la interpretación que se hace de una misma norma (el art. 344 del Código penal) es diferente en uno y otro caso. O, más exactamente, se interpretan de manera distinta tanto el párrafo 1 como el párrafo 2 de ese artículo. Veámoslo por separado.

En relación con el párrafo 1, la diferencia interpretativa parece consistir en lo siguiente. Para el magistrado discrepante (recuérdese el segundo de los fundamentos de Derecho), el Código penal castiga como tráfico de drogas no cualquier «acto de distribución de un producto tóxico —hachís—» (como se dice en el primero de los fundamentos de Derecho de la decisión mayoritaria), sino solamente aquellos supuestos que impliquen algo más: en particular, no castigaría el supuesto en que la cantidad de droga fuera insignificante, o bien se tratara de una donación, o bien no supusiera un riesgo para la salud de alguna entidad (al menos de entidad parecida a la que significa consumir drogas consideradas «legales»).

En relación con el párrafo 2 del artículo 344, la diferencia estaría en que el magistrado disidente considera (en el tercero de los fundamentos de Derecho) que la agravación prevista aquí exige algo más que el puro hecho de que el tráfico tenga lugar en un centro penitenciario.

De manera paralela a lo que ocurría en relación con los hechos, el ordenamiento jurídico establece también una serie de reglas sobre cómo se deben **interpretar** las normas jurídicas. Pero esas reglas están formuladas en general de una manera considerablemente abierta

> Por ejemplo, en el caso español, el artículo 3.1 del Código civil establece lo siguiente: «Las normas se interpretarán según el sentido propio de sus palabras, en relación con el contexto, los antecedentes históricos y legislativos y la realidad social del tiempo en que han de ser aplicadas, atendiendo fundamentalmente al espíritu y finalidad de aquéllas.»

de manera que, muchas veces, se pueden justificar interpretaciones distintas de una misma norma, sin que pueda decirse con claridad que una de ellas —o las dos— ha infringido una regla interpretativa; podría decirse que las reglas interpretativas necesitan a su vez ser interpretadas, pero los criterios últimos de interpretación no pueden encontrarse ya en el ordenamiento jurídico. Si nos fijamos en las opiniones manifestadas por la mayoría y por la minoría de nuestro caso, cabría decir que los primeros efectúan una interpretación más bien literal del texto, mientras que el autor del voto particular propende a una interpretación más libre que tiene en cuenta el contexto, la realidad social que pretende regular la norma y su finalidad (esto es, parte de que la norma obedece a un propósito racional).

La pregunta crucial ahora es la de qué razones hay para preferir una interpretación a otra. Responder a ello es enormemente complejo y, hasta un cierto punto, se hará en los capítulos sucesivos de este libro. De todas formas, el lector que simpatice con la opinión del magistrado discrepante se habrá dado cuenta de que para optar —racionalmente— por esa decisión no hace falta abordar el anterior problema (no necesita, pues, esperar a leer todo el libro): basta con aceptar la argumentació sobre los hechos expuesta en el voto particular.

5.4. Algunas distinciones útiles

Antes de pasar al próximo capítulo, conviene que el lector repare en otras tres cuestiones que volverán a plantearse, también, en otros capítulos y que ciertamente son de una importancia fundamental.

La primera es que **fundamentar** una decisión —que es lo que se requiere de los jueces— es algo diferente a **explicarla**. Para fundamentar es necesario dar **razones** que justifiquen un curso de acción; mientras que la explicación requiere indicar los **motivos**, esto es, los antecedentes causales de una acción. Y es obvio que una acción puede estar motivada, pero no justificada; por ejemplo, un juez puede tener como motivo para absolver a un acusado la compasión que siente por su situación —o para condenarle, la animadversión que le suscita—, pero eso no sirve como justificación. Quizás no sea inútil añadir aquí que cuando, en contextos jurídicos, se habla de la necesidad de «motivar» las sentencias, lo que normalmente se quiere decir es que éstas deben ser fundamentadas: la palabra «motivar» es, pues, una palabra **ambigua** pero, afortunadamente, la anterior distinción no es una distinción terminológica, sino conceptual; es decir, no importa que se hable de «motivar» con dos significados diferentes, pero sí que importa —y mucho— ser conscientes de cuándo se utiliza uno u otro.

La segunda de las cuestiones es que los casos jurídicos suelen clasificarse habitualmente en **casos fáciles** o rutinarios y en **casos difíciles**. La distinción es, por supuesto, útil, pero no siempre fácil de trazar; el caso que hemos analizado en este capítulo habría sido resuelto por la mayoría de los jueces como un caso rutinario. ¿Pero entonces qué es lo que hace que un caso sea fácil o difícil?

Finalmente, la última consideración tiene que ver con el título de este libro. Seguramente sea sencillamente falso decir que el Derecho es «un punto de vista sobre la justicia» o «la resolución justa de los conflictos de intereses», y hay buenas razones para pensar que expresiones tales como «administración de justicia» son cuando menos engañosas. Pero, de todas formas, aunque se piense que los jueces al aplicar el Derecho no siempre hacen justicia, lo que sí parece es que procurar hacer justicia *debe ser* el objetivo a perseguir. El problema, claro está, es que no siempre parece posible *hacer justicia por medio del Derecho*. Por ejemplo, y a propósito del caso que acabamos de ver, más de un lector habrá pensado que lo que ocurre con él —lo que lo vuelve difícil— es sencillamente que no se justifica que el tráfico de drogas —especialmente cuando se trata de drogas «blandas»— esté tipificado como delito. De hecho, una buena porción de los penalistas españoles —si no la mayoría— y muchos prácticos del Derecho están propugnando en los últimos tiempos la despenalización del tráfico de drogas. ¿Pero qué hacer entonces? ¿Cómo deben hacer los jueces para resolver los posibles conflictos que se les plantea entre sus deberes jurídicos y sus deberes morales? ¿Qué papel juegan las cuestiones morales en la argumentación jurídica?

Cuestiones

1. Vuelva a leer con cuidado la resolución judicial reproducida en el texto y busque en un diccionario jurídico los términos que no comprenda. Compruebe también —a través del índice de materias que figura al final— si alguno de ellos está explicado en alguna de las notas intercaladas de este libro.

2. El Derecho, naturalmente, no es sólo lenguaje, pero el lenguaje —tanto el escrito como el oral o incluso el informático— es un aspecto fundamental de lo jurídico. ¿Le parece que está «bien escrita» la sentencia recogida en el capítulo? ¿Y el voto particular? ¿Qué es lo que diferencia al lenguaje jurídico del lenguaje literario? ¿Qué consecuencias tiene el que las sentencias —cuando son sobre asuntos de alguna importancia— revistan forma escrita? Y, por cierto: ¿por qué el Derecho no es sólo lenguaje? Consulte sobre el tema, Carrió, 1976.

3. En nuestro país —y en muchos otros— se discute desde hace tiempo sobre la conveniencia o no de despenalizar el tráfico de drogas (en España sólo se pena el tráfico, no el consumo). Considere —y discuta sobre— los siguientes aspectos de la cuestión: ¿Qué efectos sociales tendría la despenalización del tráfico? ¿Qué ocurriría si se produjera sólo en un país —por ejemplo, en España? Aunque la medida tuviera buenos efectos sociales, ¿es ésa una razón suficiente para no castigar conductas inmorales? ¿Debe el Derecho prohibir todas aquellas conductas consideradas inmorales? ¿Es inmoral traficar con drogas? ¿Por qué? ¿Y consumirlas? ¿Qué debería estar castigado: *a*) el tráfico; *b*) el consumo; *c*) ambas conductas; *d*) ninguna de las dos? ¿Debería hacerse alguna distinción entre drogas duras y blandas? ¿Qué diferencia habría entre prohibir penalmente y reglamentar administrativamente el tráfico (o el consumo) de drogas? A la vista de lo que establece el Derecho español vigente sobre la materia, ¿cómo habría decidido el caso examinado en el capítulo? ¿Por qué es distinta la perspectiva del juez de la del abogado defensor o del fiscal?

4. Las normas jurídicas que integran la legislación son, salvo excepciones, **generales** y **abstractas**. Por ejemplo, el artículo 407 del Código penal establece que «el que matare a otro será castigado como homicida con la pena de reclusión menor» (de 12 años y 1 día a 20 años): ese delito lo puede cometer pues,

en principio, cualquiera (por eso, la norma es general) y la acción consistente en matar a otra persona puede revestir múltiples formas (por eso, la norma es **abstracta**). ¿Cuál es la razón de que esto sea así? ¿Tiene algo que ver con la llamada seguridad jurídica? ¿Y con el principio de igualdad? ¿Por qué la norma contenida en el fallo de la sentencia no es general ni abstracta, sino individual y concreta? ¿Tiene lo anterior algo que ver con la distinción entre casos genéricos y casos individuales? Sobre la seguridad jurídica, véase Pérez Luño, 1991.

5.   ¿Le parece acertado el voto particular? ¿No hay una confusión entre argumentos fácticos y normativos? ¿No hubiese sido mejor no haber dado por acreditado el hecho base de la imputación para evitar así entrar en el análisis del precepto penal? ¿No le parece que hay una contradicción entre los hechos probados del voto particular y el primer fundamento de Derecho (la entrega del paquete para su traslado a un tercero y la presunción de una finalidad de autoconsumo)? ¿Cabe atribuir algún valor jurídico a argumentos como los que se emplean en los fundamentos de Derecho que suponen una crítica del Derecho vigente?

6.   En el apartado 5.2 se hizo referencia a determinados límites que pone el Derecho (mejor: el Derecho moderno) a la hora de determinar los hechos acaecidos: por ejemplo, la prohibición de utilizar pruebas obtenidas de forma ilícita y el principio de presunción de inocencia. ¿Le parece que están justificados esos límites? ¿Por qué?

7.   Al final del apartado 5.3, se señaló que para considerar que la decisión del magistrado discrepante estaba justificada bastaría con aceptar su argumentación sobre los hechos (tenga en cuenta que el primero de los fundamentos de Derecho contiene en buena medida una argumentación sobre hechos); o, dicho de otra manera, ¿se puede rechazar en bloque su argumentación sobre la interpretación del Derecho y, sin embargo, estar de acuerdo con su decisión? ¿Cómo es esto posible? ¿No sería más lógico pensar que su decisión sólo estaría justificada si tanto sus argumentos sobre los hechos como sus argumentos sobre el Derecho fueran correctos? Y lo que vale para el caso del voto discrepante, ¿valdría también para la sentencia?; es decir, ¿bastaría con que sus antecedentes de hecho fueran correctos para que también lo fuera el fallo, con independencia de lo que ocurra con los fundamentos

de Derecho? Si responde afirmativamente a este último interrogante, entonces ¿para qué valen los fundamentos de Derecho? (Trate de utilizar sus conocimientos de lógica para resolver todo este enredo.) Consúltese Guibourg, 1980.

8. En el primero de los fundamentos de Derecho del voto particular se citan una serie de sentencias a las que se acompañan las siglas «R. A.» y un número. «R. A.» es la abreviatura para «Repertorio Aranzadi» y el número se refiere a la página del mismo que recoge la sentencia. El estudio del Derecho —y la resolución de casos— exige normalmente utilizar documentos —fuentes— de tres tipos: jurisprudenciales (en una de sus acepciones, «jurisprudencia» significa conjunto de decisiones de los tribunales), legales y doctrinales. Si tiene oportunidad, visite una biblioteca jurídica y trate de aprender a servirse de ella: cómo encontrar una ley, una sentencia o las opiniones de los teóricos del Derecho sobre un determinado problema.

Uno de los indicios más claros de que la enseñanza del Derecho en España no va por buen camino es que las bibliotecas de las Facultades no suelen estar bien organizadas y los estudiantes no hacen prácticamente uso de las mismas (sus únicas fuentes de conocimiento suelen ser los «libros de texto», cuando no simplemente los «apuntes»). Por supuesto, los culpables de la situación no son tanto (o sólo) los estudiantes (o los bibliotecarios) cuanto (o también) los profesores. En nuestras Facultades no es infrecuente encontrarse con profesores que promueven un aprendizaje puramente repetitivo y parcelado del Derecho y que se oponen a una organización racional de las bibliotecas (lo que exigiría, no una biblioteca de cada una de las ramas del Derecho —que los profesores del área tienden a privatizar—, sino bibliotecas «de Derecho»: es raro que un problema algo complejo pueda resolverse manejando únicamente materiales de una determinada rama —fiscal, laboral, civil, etc.). En cualquier caso, si va a estudiar Derecho —o si ya es estudiante de Derecho—, procure aprender cuanto antes a usar la biblioteca y no espere a que alguien le instruya en su manejo. No vaya a ocurrirle como a un estudiante a quien un conocido le pidió asesoramiento sobre la legislación en materia de ruidos molestos causados por los vecinos, y no se le ocurrió otra cosa mejor que empezar a ojear al azar el B.O.E. para ver si encontraba alguna norma aplicable.

Capítulo segundo

SOBRE LOS LÍMITES DE LA LIBERTAD DE EXPRESIÓN

1. El caso y las soluciones judiciales

En el número 168 de la revista *Tiempo*, correspondiente a la semana del 29 de julio al 4 de agosto de 1985, se publicó un reportaje titulado «Cazadores de nazis vendrán a España para capturar a Degrelle», en el que se recogían unas declaraciones realizadas a la revista por Léon Degrelle, sobre la actuación nazi en relación con los judíos y con los campos de concentración. Entre otras cosas, este ex jefe de las SS afirmaba lo siguiente:

—¿Los judíos? Mire usted, los alemanes no se llevaron judíos belgas, sino extranjeros. Yo no tuve nada que ver con eso. Y evidentemente, si hay tantos ahora, resulta difícil creer que hayan salido tan vivos de los hornos crematorios.

—El problema con los judíos es que quieren ser siempre las víctimas, los eternos perseguidos; si no tienen enemigos, los inventan.

—Falta un líder; ojalá que viniera un día el hombre idóneo, aquel que podría salvar a Europa... Pero ya no surgen hombres como el Führer...

—Han sacado los huesos y hasta los dientes de Mengele... ¡Hasta dónde llega el odio! A mi juicio, el doctor Mengele era un médico normal y dudo mucho

LÍMITES DE LA LIBERTAD DE EXPRESIÓN

que las cámaras de gas existieran alguna vez, porque hace dos años que hay una recompensa en los EE.UU. para aquel que aporte pruebas de las cámaras de gas. Son 50 millones de dólares y todavía no ha ido nadie a recogerlos.

A raíz de estas declaraciones, Violeta Friedman, quien había estado internada en el campo de exterminio de Auschwitz, donde murió gaseada toda su familia por orden del doctor Mengele, formuló, ante el Juzgado de primera instancia número 6 de Madrid, **demanda** de protección civil del derecho al honor contra Léon Degrelle, el periodista autor del reportaje citado y el director de la revista. Alegaba que, con sus afirmaciones, el **demandado** —el señor Degrelle— «no sólo tergiversaba la Historia, sino que, además, llamaba mentirosos a quienes, como la **demandante**, padecieron los horrores de los campos de concentración nazis».

> El proceso civil se inicia con una **demanda** que es un documento en que el actor —el demandante— somete su pretensión al juez y le pide una sentencia favorable a su interés. El proceso civil se rige por principios distintos al penal. En el primero rige, en términos generales, el **principio dispositivo**, lo que quiere decir que incumbe a las partes la iniciativa, impulso y renuncia de los actos procesales. En el segundo —como se indicó en el anterior capítulo— el principio dispositivo sólo caracteriza a una de las fases del proceso y por eso se habla de «sistema mixto» (dispositivo e inquisitivo). Esto, sin embargo, no vale para todos los sistemas jurídicos. Así, en los países de *common law* se dice que el proceso penal es de tipo **acusatorio**, pues el juez o tribunal tiene muy poca iniciativa en la dirección del proceso.

El juzgado que conoció del caso falló en contra de la parte demandante —de la señora Friedman—, al igual que lo hizo después la **Audiencia Territorial** de Madrid y el **Tribunal Supremo**, ante los correspondientes recursos de **apelación** y de **casación por infracción de ley**,

> El recurso de **casación por infracción de ley** es el que se interpone cuando se entiende que la sentencia recurrida ha violado una o más normas jurídicas materiales; se contrapone al recurso por **infracción de doctrina legal** (esto es, de la jurisprudencia establecida por el Tribunal Supremo) y por **quebrantamiento de forma** (de normas de carácter procesal o no material). Estos motivos clásicos de impugnación fueron ampliados recientemente, en 1984, lo que ha significado, sobre todo, hacer posible también la casación por «error en la apreciación de la prueba». El recurso de casación se interpone ante el Tribunal Supremo o ante los Tribunales superiores de justicia.
> Las **Audiencias territoriales** fueron suprimidas (o más bien, sustituidas) por los Tribunales superiores de justicia de cada comunidad autónoma, mediante la ley 34/1984, de 6 de agosto, a la que se acaba de hacer referencia. El **Tribunal Supremo** es el órgano jurisdiccional superior en todos los órdenes (lo que no quiere decir que sea siempre el **tribunal de última instancia**: la mayor parte de los casos judiciales no llegan obviamente al Supremo), salvo en materia de garantías constitucionales, en que lo es el **Tribunal Constitucional**. Tiene jurisdicción en toda España, y está integrado por diferentes salas: de lo civil, de lo penal, de lo contencioso-administrativo, de lo social y de lo militar; las salas, a su vez, están organizadas en secciones.

interpuestos por la señora Friedman. En esas tres resoluciones judiciales, se venía a decir, esencialmente, que las declaraciones del señor Degrelle estaban amparadas por el derecho a la libertad de expresión consagrado en el artículo 20.1 de la Constitución.

> 3. Artículo 20 de la Constitución española:
>
> 1. Se reconocen y protegen los derechos :
> *a)* A expresar y difundir libremente los pensamientos, ideas y opiniones mediante la palabra, el escrito o cualquier otro medio de la reproducción [...].
> ....
> [...]

4. Estas libertades tienen su límite en el respeto a los derechos reconocidos en este Título, en los preceptos de las leyes que lo desarrollen y, especialmente, en el derecho al honor, a la intimidad, a la propia imagen y a la protección de la juventud y de la infancia.

Se reconocía que la libertad de expresión no es un derecho absoluto y que uno de sus límites es, precisamente, el derecho al honor. Pero el honor tiene un carácter estrictamente *personal*: ninguna de las expresiones aparecidas en el reportaje se refería a la señora Friedman o a algún miembro de su familia y, en consecuencia, aquélla carecía de **legitimación**

> «**Legitimación**» quiere decir aquí capacidad para ser parte de un proceso determinado: civil, penal, contencioso-administrativo, laboral, etc. Es un aspecto del concepto más amplio de **capacidad de obrar** que se explica después. En el ámbito del proceso civil, se refiere a la capacidad para ser demandante —legitimación activa— o demandado —legitimación pasiva. Las cuestiones de legitimación, si es que se plantean, deben, pues, resolverse antes de poder entrar en la cuestión de fondo del asunto.

activa para litigar; no podía solicitar la protección de su honor pues, según lo dicho, las manifestaciones en cuestión no implicaban un ataque al concepto jurídico de «honor», aun cuando —como reconocía la sentencia del Tribunal Supremo en uno de sus fundamentos de Derecho— pudieran originar «aflicción e incluso sufrimiento a personas naturales e incluso a colectivos o a grupos sociales».

Contra la sentencia del Tribunal Supremo, de 5 de diciembre de 1989 —¡más de cuatro años después de ocurridos los hechos!— y las dos resoluciones anteriores, la señora Friedman promovió recurso de amparo, esencialmente por entender que, en su caso, se había vulnerado el artículo 18.1 CE (derecho al honor), el 24.1 CE (tutela judicial efectiva) y el 14 CE (igualdad ante la ley). En su escrito de impugnación de la sentencia, el abogado de la señora Friedman entendía, básicamente: 1) que esta última sí que poseía legitimación activa para exigir responsabilidades por las declaraciones del demandado, ya que, de acuerdo con la doctrina del **Tribunal Europeo de Derechos Humanos,**

> Este órgano fue creado para garantizar los derechos humanos y las libertades fundamentales reconocidas en la Convención europea para la salvaguarda de los Derechos del Hombre. Se compone de un número de magistrados igual al de miembros del Consejo de Europa (del que forma parte España desde 1979), elegidos por la Asamblea consultiva. Los nacionales de los países del Consejo que se consideren lesionados en alguno de sus derechos deben presentar demandas individuales ante la Comisión de Derechos Humanos, la cual presentará en su caso demanda ante el Tribunal.

aquélla poseía la condición de «víctima indirecta»; y 2) que, en el caso en cuestión, se había producido una lesión al honor, pues las manifestaciones de Léon Degrelle iban más allá de los límites que la Constitución fija para el ejercicio del derecho a la libertad de expresión (establecidos en el art. 20.1a CE). En el curso del proceso de amparo, el fiscal sostuvo que debía denegarse el recurso en lo que se refería a la posible infracción del derecho al honor (pues las sentencias impugnadas no entraban en el fondo del asunto, sino que se limitaban a admitir la **excepción**

> **Excepción** significa aquí un medio de defensa que el demandado esgrime frente a la demanda.

de falta de legitimación activa de la parte actora), pero que debía concederse en relación con la vulneración del artículo 24.1 CE (tutela judicial efectiva). Finalmente, la parte demandada —el señor Degrelle— alegó que la señora Friedman carecía de legitimación activa para pleitear (por lo que no podía existir vulneración alguna del art. 24.1 CE) y que las manifestaciones en cuestión estaban, en todo caso, amparadas por el derecho a la libertad de expresión: por un lado, porque esas declaraciones no podían entenderse como un ataque personal hacia la señora Friedman, «a la que ni siquiera se cita pues, obviamente, era desconocida por el demandado»; y, por otro lado, porque el señor Degrelle se había limitado a emitir una opinión sobre hechos históricos: «podrá gustar o no, suscitará en muchos indignación, provocará en otros irritación, se tratará de un tema más o menos politizado, pero nadie puede privar a nadie del derecho a opinar sobre acontecimientos acaecidos, lejanos o próximos en el tiempo».

2. La respuesta del Tribunal Constitucional

La Sala primera del Tribunal Constitucional, en su sentencia 101/1990, resolvió —con el voto discrepante de uno de sus miembros— estimar el recurso de amparo, anulando las resoluciones anteriores y reconociendo el derecho de la recurrente al honor. La argumentación utilizada por el Tribunal para justificar esa decisión puede sintetizarse como sigue:

2.1. Problemas a resolver

En el primero de los fundamentos jurídicos, el Tribunal comenzó por precisar cuál (o cuáles) era(n) la(s) cuestión(es) a resolver en el caso. En su opinión, se trataba de tres problemas que debían discutirse y solventarse en forma sucesiva: 1) en primer lugar, había que determinar si la recurrente ostentaba o no legitimación activa; 2) en segundo lugar, estaba la cuestión de si en la resolución impugnada (la sentencia del Tribunal Supremo) se había vulnerado o no el derecho a la tutela judicial efectiva; 3) y, por último, había que resolver si las manifestaciones del demandado habían sobrepasado o no los límites constitucionales del derecho a la libertad de expresión.

2.2. Legitimación activa

Respecto al primer problema, el Tribunal entendió que la norma aplicable al caso no era el artículo 12.1 de la Ley 62/1978 de protección jurisdiccional de los derechos fundamentales de la persona, que atribuye dicha legitimación a las «personas naturales o jurídicas titulares de un **derecho subjetivo**», sino el artículo 162.1b de la Constitución que señala que «están legitimados para interponer el recurso de amparo, toda persona natural o jurídica que invoque un **interés**

> Los **intereses**, en sentido amplio, pueden entenderse como el conjunto de deseos y preferencias que los individuos (o los grupos) tienen de hecho o se supone que normalmente han de tener para la configuración de sus planes de vida. El **derecho subjetivo** es precisamente un mecanismo para asegurar la tutela de esos intereses, y de ahí que un famoso jurista del siglo XIX, Ihering, lo definiera como «un interés jurídicamente protegido»; con ello venía a oponerse a la teoría hasta entonces predominante (la de Savigny), que entendía el derecho subjetivo como un señorío o poder de la voluntad mediante el cual el individuo goza de una esfera de autonomía que queda así protegida de las agresiones externas (de los otros individuos o del Estado). Ambas teorías han sido criticadas por diversas razones. A la primera se le reprocha que el concepto de interés dista de ser claro y que, en todo caso, el interés sería más bien el sustrato, pero no el derecho subjetivo en cuanto tal. A la segunda, que se puede tener un derecho con independencia de la voluntad de su titular (por ejemplo, se atribuyen derechos a seres carentes de voluntad y se tienen derechos aunque se ignore que se tienen). Por otro lado, se ha dicho también que ésa (la contraposición entre interés y autonomía) es una falsa contraposición,

pues el disponer de la posibilidad de optar entre diversos cursos de acción puede considerarse como uno de nuestros intereses; es decir, los intereses no consisten únicamente en bienes o estados de cosas (Nino, 1989, p. 34).

En cualquier caso —más adelante se dará una noción más clara de derecho subjetivo—, no todos los intereses de los sujetos, como es obvio, gozan de protección jurídica, y no todos los que están protegidos tienen un mismo tipo de protección. El Derecho trata de oponerse a algunos de esos intereses estableciendo prohibiciones (es decir, calificando ciertos comportamientos como **ilícitos**) y **sanciones**, o atribuyendo a determinados sujetos la posibilidad (el derecho subjetivo) de afectar intereses de los otros o, si se quiere, de perseguir el propio interés prescindiendo del de los demás. A otros intereses no les presta sencillamente atención. Y hay una tercera categoría de intereses —de **intereses «legítimos»**, esto es, que no se oponen a las normas jurídicas— a los que les concede una protección limitada. Tener un interés en este último sentido significa, pues, algo menos que tener un derecho subjetivo, y de ahí que en ocasiones se haya llegado a atribuir intereses a seres —como los animales— a los que no se reconoce como **sujetos de Derecho**, esto es, como titulares de derechos subjetivos.

legítimo». Ahora bien, la señora Friedman sí que poseía un interés legítimo en la defensa del derecho al honor, por su doble condición de «ciudadana de un pueblo como el judío, que sufrió un auténtico genocidio por parte del nacionalsocialismo», y de «descendiente de sus padres, abuelos maternos y bisabuela» —fundamento 4—, personas todas ellas que fueron asesinadas en Auschwitz. En particular, el Tribunal aclara que el derecho al honor es, efectivamente, un derecho personalísimo, y de ahí que la **legitimación activa** pertenezca, en principio, tan sólo al titular de ese derecho. Sin embargo, cuando la ofensa se dirige contra grupos étnicos, sociales o religiosos, debe entenderse que todos y cada uno de sus miembros residentes en España tienen legitimación para actuar jurisdiccionalmente pues, en otro caso, como se trata de entes sin **personalidad jurídica** y que carecen de **órganos**

> La **personalidad jurídica** es la capacidad para ser titular de derechos y obligaciones. Esa capacidad no se le reconoce sólo a las **personas naturales** o físicas (a los individuos), sino también a otras entidades, llamadas **personas jurídicas**, como son las asociaciones, las fundaciones, el Estado o los organismos internacionales. La **capacidad jurídica**, capacidad para ser titular de derechos y obligaciones, se diferencia de la **capacidad de obrar**, esto es, capacidad para ejercitar los derechos y asumir las obligaciones; por ejemplo, los menores y los incapacitados son titulares de derechos, aunque no puedan ejercitarlos: quienes lo hacen por ellos son sus representantes legales. El procedimiento técnico para resolver el problema de la capacidad de obrar en el caso de las personas jurídicas consiste en dotarlas de **órganos**, a través de los cuales se entiende que actúan esas entidades.

de representación, las lesiones al derecho al honor quedarían indemnes, al igual que el ataque al principio de igualdad (art. 1.1 CE), pues de esa forma se permitiría «el surgimiento de campañas discriminatorias racistas o de carácter xenófobo» —fundamento 3.

2.3. Tutela judicial efectiva

Con respecto al segundo de los problemas, el Tribunal Constitucional consideró que no había existido infracción alguna del derecho a la tutela judicial efectiva,

> Artículo 24.1 de la Constitución española: «Todas las personas tienen derecho a obtener la tutela efectiva de los jueces y tribunales en el ejercicio de sus derechos e intereses legítimos, sin que, en ningún caso, pueda producirse indefensión.»

porque tanto la sentencia del Tribunal Supremo como las dos anteriores, del Juzgado de primera instancia y de la Audiencia, aparecían ampliamente motivadas y entraban a conocer de la cuestión de fondo (el conflicto entre el derecho a la libertad de expresión y al honor). Sin embargo, ésa fue la opinión de la mayoría, pero no la de todos los miembros del Tribunal. En el voto discrepante a que antes se aludió, uno de los magistrados defendió la tesis —que anteriormente había sostenido ya el fiscal— de que el Tribunal Constitucional debía reconocer el amparo precisamente —y sólo— por este motivo, esto es, por infracción del derecho a la tutela judicial efectiva; en consecuencia, debían haberse remitido las actuaciones al Tribunal Supremo para que éste pudiese decidir sobre el fondo del problema. Al no haberse hecho así —se argumentaba en el voto particular—, las pretensiones de la parte actora (que no se limitaban a pedir el reconocimiento de su derecho al honor, sino también —entre otras cosas— una **indemnización** por el daño moral causado) habían quedado sin el debido enjuiciamiento.

2.4. Derecho al honor

Y, finalmente —resueltas en el sentido indicado las dos anteriores cuestiones—, el último y fundamental problema que se plantea el Tribunal es el de si las manifestaciones del señor Degrelle significaban o no un ataque al derecho al honor (art. 18 CE)

> Artículo 18.1 de la Constitución española: «Se garantiza el derecho al honor, a la intimidad personal y familiar y a la propia imagen.»

y, por tanto, si estaban o no amparadas por el derecho a la libertad de expresión (art. 20.1 CE).

El Tribunal comienza recordando los criterios establecidos por la propia **jurisprudencia** constitucional cuando se tiene que efectuar un juicio ponderativo a propósito de los dos **derechos fundamentales**

Tener un **derecho** significa, en términos generales, ocupar una posición favorable en el marco de una **relación jurídica**, es decir, una relación que se establece entre **sujetos de Derecho**. Pero esa posición favorable puede ser de diversos tipos —tampoco hay, como veremos, un tipo único de relación jurídica— lo que hace que la noción de **derecho subjetivo** sea inevitablemente ambigua. Así, podemos tener derecho (**derecho subjetivo en sentido estricto**) a que el Estado nos pague una pensión, porque el Estado ha contraído esa **obligación** para con nosotros. Pero también tenemos derecho a (tenemos la **libertad** de) escribir a favor o en contra de la legalización del tráfico de drogas, porque los demás y el Estado **no** tienen **derecho** a impedírnoslo. Los jueces tienen derecho (tienen la **potestad**) de dictar sentencias condenando a penas de prisión o a pagar una cierta cantidad de dinero, porque los individuos (y las personas jurídicas, incluida la Administración) están **sujetos** a esa potestad. Pero los jueces no tienen derecho (son **incompetentes**) para decretar la prisión por deudas o para establecer leyes, porque los individuos gozamos del derecho a (tenemos la **inmunidad** de) no sufrir una sanción penal por ese motivo y quien es competente para dictar leyes son las Cortes. En consecuencia, cabe distinguir —como lo hiciera Hohfeld (1968)— cuatro tipos de relación jurídica, caracterizados por los siguientes conceptos correlativos: **derecho subjetivo / deber jurídico**; **libertad / no derecho**; **potestad / sujeción**; **inmunidad / incompetencia** (o no potestad).

Los **derechos humanos** son aquellos derechos subjetivos (de alguno de los cuatro tipos indicados) cuya titularidad se atribuye a las personas (es una cuestión discutida si los únicos titulares de derechos humanos son los individuos, no los grupos) por el simple hecho de serlo. Esos derechos (con minúscula, puesto que se trata de **derechos subjetivos**) son simplemente derechos morales cuando no están reconocidos por el Derecho positivo (ahora con mayúscula, porque nos estamos refiriendo al **Derecho objetivo**, el Derecho como conjunto de normas). Cuando están incorporados al Derecho positivo, es decir, forman parte de la Constitución, se les suele llamar **derechos fundamentales**.

aquí en juego. Y señala la importancia de los dos siguientes. El primero es que debe distinguirse entre *li-*

bertad de expresión en sentido estricto, entendiendo por tal la emisión de juicios y opiniones, y *libertad de información,* entendiendo por tal la manifestación de hechos: en el primer caso, los límites son más amplios que en el segundo, pues el requisito de veracidad sólo opera en relación con **juicios de hecho**, no a propósito de **juicios de valor**. El segundo de los criterios recordados es que el derecho al honor tiene un carácter personalista, de manera que su protección es más intensa cuando se trata del honor de **personas físicas**, y más débil —aunque no inexistente— si se afecta a **personas jurídicas** o a colectivos de personas.

El juego de estos dos criterios parecería que tendría que llevar al Tribunal Constitucional a sostener que el principio que debe prevalecer aquí (el que tiene más peso, dadas las circunstancias) es el de libertad de expresión: el Tribunal reconoce expresamente que las manifestaciones del señor Degrelle consistieron en juicios o evaluaciones personales a las que no cabe exigir el requisito de veracidad; y que, además, se referían a un grupo, el pueblo judío, y no a alguna persona determinada. Sin embargo, de manera un tanto sorprendente, la conclusión a la que llega es justamente la opuesta. En efecto, el Tribunal consideró que el demandado había efectuado «juicios ofensivos al pueblo judío» que poseen una «connotación racista y antisemita, y que no pueden interpretarse más que como una incitación antijudía, con independencia de cualquier juicio de opinión sobre la existencia de hechos históricos». Es decir, el Tribunal —o la mayoría de sus miembros— parece dar a entender —aunque ciertamente no de una manera del todo clara— que habría que hacer jugar un tercer criterio en esa ponderación, y cuyo peso sería tal que desplazaría a los dos anteriores que —como hemos visto— empujaban hacia la decisión opuesta. Ese criterio, que viene a constituir la verdadera ***ratio decidendi*** de la sentencia, parece expresarse en los siguientes párrafos (del fundamento 8): «Ni la libertad ideológica (art. 16 CE) ni la libertad de expresión (art. 20.1 CE) comprenden el derecho a efectuar manifestaciones, expresiones o campañas de carácter racista o xenófobo... La dignidad como rango o categoría de la persona como tal, del que deriva y en el que se proyecta el derecho al honor (art. 18.1 CE) no admite discriminación alguna por razón de nacimiento, raza o sexo, opiniones o creencias [...]. Tales derechos [las libertades ideológica y de expresión] no garantizan, en todo caso, el derecho a expresar y difundir un determinado entendimiento de la Historia o concepción del mundo con el deliberado ánimo de menospreciar y discriminar, al tiempo de formularlo, a personas o grupos por razón de cualquier condición o circunstancia personal, étnica o social.»

3. **Por qué se equivoca el Tribunal Constitucional: argumentación jurídica y argumentación moral**

Antes de entrar a discutir propiamente la anterior decisión del Tribunal Constitucional, me gustaría que el lector considerase la siguiente hipótesis: ¿qué ocurriría si se pidiese que opinaran sobre esta decisión —y sobre su fundamentación— a dos grupos de personas, uno constituido por profesionales del Derecho y otro por personas cultas sin formación jurídica? En mi opinión, lo que se produciría sería esto: las personas del segundo grupo tenderían a valorar de manera muy positiva la decisión, pues en ella verían —como efectivamente hay— una condena de algo que les merece reprobación: el racismo, la xenofobia, la ideología nazi, etcétera. Sin embargo, los juristas profesionales serían bastante más críticos con la decisión; su punto de vista tendería a coincidir —me parece— con el manifestado por las otras instancias judiciales —o por el magistrado discrepante de la opinión de la mayoría. Lo interesante del asunto, desde luego, no estriba en la existencia como tal de la discrepancia, sino en el porqué de la misma. Y digo esto porque, en mi opinión, la diferencia no radicaría en una cuestión de simple técnica jurídica (no se trata de que el lego en Derecho desconozca determinados tecnicismos con que opera el profesional); ni tampoco en una cuestión de moralidad social (no es que los profesionales del Derecho manifiesten —en comparación con el resto de la población— un sentimiento de rechazo de menor intensidad hacia el racismo, la xenofobia, etc.); sino de algo que tiene que ver con el carácter institucional que poseen las decisiones jurídicas y, en particular, las decisiones judiciales. Trataré, por ello, de explicar, en primer lugar, en qué consiste ese carácter institucional; luego indicaré cuáles son, en mi opinión, las críticas concretas que cabe dirigir a esta decisión; y finalmente haré —a propósito de lo anterior— algunas indicaciones sobre uno de los problemas básicos de la teoría y de la filosofía del Derecho: el de las relaciones entre el Derecho y la moral.

3.1. El carácter institucionalizado de la argumentación jurídica

Una importante diferencia existente entre la argumentación jurídica y el resto de las **argumentaciones prácticas** (por ejemplo, las argumentaciones de tipo moral o político) es el carácter fuertemente institucionalizado que tiene la primera. La existencia de **instituciones**

> Antes se ha dicho que un sistema jurídico puede verse como un conjunto más o menos ordenado de normas (y de enunciados no normativos) de diversos tipos. Sin embargo, un Derecho no es solamente eso, sino también un conjunto de instituciones. No es fácil dar un concepto de **institución**; tampoco, por cierto, de

norma. Por un lado, se habla de «institución» en un sentido muy amplio: el contrato, el matrimonio, el divorcio, la propiedad privada, la presunción de inocencia, el impuesto sobre la renta, los tribunales o la legislación son todos ellos ejemplos de instituciones. Por otro lado, parecería que las instituciones pueden verse como conjuntos de normas: la institución del contrato vendría a ser el conjunto de normas que indican cuándo existe un contrato válido, cuáles son las consecuencias jurídicas —los derechos y deberes— que se derivan de la realización de un contrato, etc. Con todo, el concepto de institución permite dar cuenta de tres aspectos muy importantes del Derecho que pueden pasar inadvertidos desde una concepción puramente normativista. En primer lugar, las normas no existen aisladamente, sino formando constelaciones —instituciones— que es lo que las dota de sentido; si se quiere, las normas vendrían a ser como los ladrillos del edificio jurídico, mientras que las instituciones serían los diversos elementos (paredes, habitaciones, pasillos, escaleras, etc.) que componen y estructuran el edificio total. En segundo lugar, la noción de institución contiene un elemento funcional que, en cierto modo, falta en las normas: lo que define a una institución son las finalidades, necesidades sociales, valores, etc., a que la misma obedece. Así, el contrato es una forma de conferir a la autonomía de los individuos la satisfacción de diversas necesidades sociales; la legislación permite introducir en el Derecho cambios sociales que no podrían lograrse por vía puramente consuetudinaria; el impuesto sobre la renta persigue redistribuir la riqueza, etc. Esas ideas de fin o de valor vienen a ser como el cemento que permite unir un conjunto de normas para formar una unidad superior. Finalmente, la noción de institución contiene también una idea de permanencia en el tiempo: los cambios normativos —y, por supuesto, los cambios en las personas que detentan los poderes otorgados por las normas— no implican necesariamente un cambio en la institución.

En definitiva, podría decirse que una concepción institucional del Derecho lleva a: rechazar una concepción atomista de lo jurídico; enfatizar la importancia de los principios (que expresan, precisamente, las finalidades —en el caso de las **directrices**— y los valores —en el caso de los **principios en sentido estricto**— a que antes me he referido); vincular el plano de las normas —de los enunciados— con el de la acción social; destacar la idea de **coherencia** (de no contradicción axiológica o funcional) frente a la de simple **consistencia** (no contradicción lógica).

como la legislación o los tribunales condiciona la argumentación de diversas maneras. Por un lado, puede decirse que la limitan, pues la argumentación dirigida a justificar una decisión jurídica no puede prescindir ni de las normas vigentes, ni de los precedentes, ni incluso de la doctrina jurídica elaborada al respecto por la llamada «dogmática jurídica»; esto es lo que explica también que el **argumento de autoridad** cumpla en el Derecho un papel más importante que en la moral o en la política (lo que no quiere decir tampoco que en estos últimos campos no se argumente —y en ocasiones, sin duda, de manera legítima— por referencia a autoridades).

Por otro lado, sin embargo, la existencia de tales instituciones cumple una función auténticamente expansiva, en cuanto que posibilita que puedan tomarse decisiones —y que se pueda argumentar racionalmente en favor de las mismas— respecto a problemas que de otra manera permanecerían sin solución, dificultando o haciendo imposible la vida social. Para poner un ejemplo muy sencillo y poco controvertido de esto último: el simple tráfico rodado haría que nuestra vida fuese una perpetua zozobra si no dispusiéramos de un Código de la circulación impuesto autoritativamente —que la **autoridad** sea o no de origen democrático no es, en este contexto, relevante—, de órganos a los que se concede el poder de aplicar autoritativamente esas normas —los tribunales—, y de otros órganos de ejecución —la policía, en sentido amplio— que aseguren que las anteriores decisiones se van a imponer incluso contra la voluntad de los afectados. En resumen, la necesidad de resolver problemas de coordinación que surgen en cualquier sociedad desarrollada (y esto, naturalmente, no quiere decir que el Derecho no cumpla también otras funciones que podríamos llamar de *subordinación*, en cuanto que contribuye a mantener las jerarquías sociales) justifica que en nuestras sociedades no existan únicamente **normas de moral social**, sino también **normas jurídicas** que se agrupan formando ordenamientos jurídicos. Pero —entiéndase bien— la justificación del Derecho en general no implica que esté justificado cada tipo particular de Derecho —es decir, cualquier Derecho— y, mucho menos, cualquier institución o norma jurídica particular.

En todo caso, las anteriores consideraciones vienen a cuento de lo siguiente. Para evaluar —positiva o negativamente— una decisión jurídica —como la que se contiene en la sentencia del Tribunal Constitucional que ahora nos ocupa—, la misma debe verse dentro de un determinado contexto institucional. No basta con considerar si, en abstracto —esto es, en cuanto acción individual—, estimamos justificada la decisión del tribunal, sino que debemos entrar a considerar también otros aspectos. Pues es muy posible, por ejemplo, que uno pueda pensar, al mismo tiempo, que la xenofobia o el racismo son actitudes o comportamientos inmorales y que resulta políticamente peligroso no hacer nada para combatirlos, pero que, sin embargo, sería equivocado tomar decisiones como ésta del Tribunal Constitucional. Veamos por qué.

3.2. ¿Es coherente la *ratio decidendi* de la sentencia?

Las decisiones jurídicas —especialmente cuando se trata de las adoptadas por los órganos de última instancia— no son importantes sólo por la forma en que resuelven un determinado caso, sino, sobre todo, por el *criterio* en que se basan para resolverlo. Dicho de otra manera, lo más relevante de la sentencia del Tribunal Constitucional es su *ratio decidendi*, esto es, la doctrina sentada por el Tribunal, según la cual el derecho a la libertad de expresión no comprende «el derecho a efectuar manifestaciones, expresiones o campañas de carácter racista o xenófobo», ni tampoco el derecho a difundir una concepción de la Historia o del mundo «con el deliberado ánimo de menospreciar y discriminar, al tiempo de formularlo, a personas o grupos por razón de cualquier condición o circunstancia personal, étnica o social». Dado el carácter institucional de la decisión, habrá que ver si la misma puede integrarse coherentemente en el ordenamiento jurídico o si, por el contrario, erosiona instituciones importantes del mismo.

Ahora bien, si aplicamos este test a la decisión, parece que surgen, cuando menos, estos dos problemas. El primero es que —mirando, cabría decir, hacia el pasado— este tercer límite a la libertad de expresión no armoniza con la existencia —legal— de partidos políticos o, en general, de organizaciones que se inspiran en la misma ideología que se expresaba en las manifestaciones de Léon Degrelle: nuestro ordenamiento jurídico no parece prohibir la existencia de partidos neonazis o neofascistas. Y esto, por cierto, no es necesariamente un motivo para la crítica moral del mismo: es perfectamente posible —y no sólo de hecho— considerar éticamente reprobables el racismo, la xenofobia, el odio de clase o el fanatismo religioso y, sin embargo, entender que el Estado haría mal si prohibiese que esas ideas puedan manifestarse libremente; o, para decirlo con más precisión, el derecho a la libertad de expresión puede, ciertamente, limitarse cuando su ejercicio puede afectar a otros valores (el honor de las personas, el orden público, etc.), pero no por la simple razón de que lo que se exprese se considere moralmente incorrecto.

El segundo problema es que —considerando ahora la decisión en una perspectiva de futuro— el criterio establecido por el Tribunal Constitucional nos llevaría —si pretendiéramos ser coherentes con el mismo— a unas consecuencias muy difíciles de aceptar. Pues después de haber condenado al ex nazi Léon Degrelle por sus declaraciones, el Tribunal Constitucional tendría que hacer lo mismo —llegado el caso— con radicales de izquierda que transmitan en sus escritos un sentimiento de odio entre las clases sociales; con las autoridades o ciudadanos que —como ha ocurrido en recientes conflictos— efectúan manifestaciones denostando a los gitanos, a los norteafricanos o a los drogadictos; o con los representantes de muchas confesiones religiosas que, sin ninguna duda, manifiestan un «deliberado ánimo de menospreciar» a grupos como los ateos que, según ellos, difunden una ideología que habría causado, prácticamente, todos los males de la humanidad. Las anteriores conductas —digámoslo una vez más— pueden ser moralmente condenables, pero esa razón, por sí sola, no es suficiente para justificar la imposición de una sanción jurídica. Al fin y al cabo, un principio básico del liberalismo político —y liberalismo político se contrapone aquí a autoritarismo— es que no todo lo que es moralmente ilícito debe estar jurídicamente prohibido. En conclusión, el criterio en que se basa la decisión del Tribunal afecta negativamente al Derecho, al menos en estos dos aspectos: 1) al chocar con otros criterios incorporados al ordenamiento jurídico crea incerteza en el mismo, pues surgen muchos comportamientos posibles cuyo estatus jurídico aparece dudoso; 2) la incerteza no resulta compensada por un «plus» de justicia, sino que, por el contrario, el criterio del Tribunal no parece adecuado para regular en este aspecto la vida social.

3.3. Un criterio ineficaz

Hay todavía una razón adicional para juzgar equivocada la decisión. Se trata de que el criterio ahí sentado resulta sencillamente ineficaz. O, si se quiere decirlo con más precisión, la sentencia del Tribunal Constitucional puede que haya cumplido alguna **función latente** consistente en estigmatizar una determinada ideología política o en «prestigiar» al Tribunal de cara a algunos sectores de opinión, pero el «reconocimiento» al «derecho al honor» en los términos en que lo hace el Tribunal no parece que pueda servir como criterio de regulación de la conducta —aspiración básica del Derecho—, por la sencilla razón de que es inaplicable.

En efecto, el caso Friedman —como hemos visto— se inició con una demanda de protección **civil** del derecho al honor, en la que se pedía una determinada indemnización económica por el daño moral sufrido. Ahora bien, el criterio del Tribunal, al extender la protección *civil* a todos los miembros del grupo étnico, religioso, etc., ofendido, implica también que todos ellos podrían ejercitar una *acción*

> *Acción* aquí no significa comportamiento humano en general, ni tampoco comportamiento humano consistente en un hacer positivo (es decir, lo opuesto a omisión), sino el derecho de acceder a los tribunales para obtener tutela jurisdiccional.

y obtener, en consecuencia, una reparación de ese tipo... si eso fuera posible. Pues, ¿cómo hacer para que todos los gitanos españoles reciban una indemnización si —pongamos por caso— un determinado periodista publica un artículo con el deliberado propósito de menospreciar a este grupo étnico? Tipificar esa conducta como delito —como ilícito penal sancionable con pena de multa, de inhabilitación o de prisión— puede ser discutible, pero al menos tiene sentido. Considerarla

—como hace el Tribunal, como un ilícito civil— no parece tenerlo o, al menos, no tiene el sentido que parece desprenderse del tenor de la sentencia.

3.4. Sobre el Derecho y la moral

Y pasemos ya al último problema que plantea la decisión en cuestión y que no es otro que el de las relaciones entre el **Derecho** y la **moral**. ¿Cómo es posible —podría plantear alguien— que una decisión como la adoptada aquí por el Tribunal Constitucional pueda parecernos acertada desde el punto de vista moral y político, pero equivocada jurídicamente? ¿Tiene sentido afirmar que el Derecho puede ser inmoral? De estas dos preguntas, la primera —como trataré de mostrar ahora— está en realidad mal planteada, y a la segunda se le puede dar —con los matices que luego se indicarán— una contestación afirmativa. Veamos cómo.

La primera pregunta es, en efecto, imprecisa. Pues no se trata de que *la misma decisión* nos parezca bien moral y políticamente, y mal jurídicamente. En realidad, la decisión en cuanto tal, esto es, en cuanto decisión jurídica, es (si se aceptan los argumentos anteriores) equivocada, y lo que resulta encomiable son las actitudes antirracistas y antixenófobas manifestadas por esta sala del Tribunal Constitucional. Pero no hay nada raro en valorar de manera distinta aspectos diferentes de una acción compleja (decidir un caso jurídico). Por lo demás, el Tribunal Constitucional podría haber manifestado esas mismas actitudes morales y políticas, sin necesidad de llegar a la decisión a la que llegó; como ya se ha dicho, hay muy buenas razones —razones básicamente de carácter institucional— para pensar que el Tribunal no se habría comportado de manera inmoral ni políticamente inconveniente si hubiese denegado el amparo.

En relación con la segunda pregunta, la respuesta afirmativa que antes he anticipado (el Derecho puede ser inmoral) debe matizarse en el siguiente sentido. Para alguien que adopte un punto de vista externo, esto es, el punto de vista de un observador que contempla el Derecho desde fuera, parece que es perfectamente posible afirmar que la decisión de un juez —o de un legislador al dictar normas jurídicas— es jurídicamente correcta (es decir, tomada de acuerdo con los criterios establecidos en el sistema de que se trate), pero injusta, en el sentido de no fundamentada moralmente. Por el contrario, para alguien que asumiera un punto de vista radicalmente interno, esto es, que se adhiriera plenamente al Derecho positivo, lo anterior no tendría sentido, pues, sencillamente, para él afirmar que una decisión es jurídicamente correcta implica también que lo es moralmente (lo que no quiere decir tampoco que para él «moral» y «jurídica» sean términos sinónimos, pues cabe que existan acciones morales referidas a esferas que caen por completo fuera del alcance del Derecho).

Ahora bien, los dos anteriores supuestos no agotan las perspectivas desde las que puede contemplarse el Derecho. Los jueces, por ejemplo —y, en cierto modo, también los dogmáticos o estudiosos del Derecho— suelen adoptar un punto de vista intermedio con respecto a los dos anteriores. Pues la actividad de los jueces no consiste en hablar *acerca* del Derecho, sino en adoptar decisiones que afectan a otros y en justificar tales decisiones. En este contexto, cabe que el juez diga que la decisión adoptada por él es jurídicamente correcta, pero moralmente injusta. Ello significa tanto como reconocer que su decisión no está en última instancia justificada, pues el que ciertas instancias de poder hayan prescrito algo no es por sí mismo ninguna razón que justifique actuar conforme con tal prescripción. Esto no quiere decir que el juez haya de asentir moralmente al *contenido* de cualquier disposición jurídica para considerarse moralmente autorizado a aplicarla. Cabe, ciertamente, que el juez piense que alguna de las normas que, de acuerdo con el Derecho, debe aplicar es injusta, pero que actúa de manera moralmente correcta aplicándola: porque piense, por ejemplo, que se trata de una injusticia cuya realización es moralmente menos inconveniente que cosas tales como, por ejemplo, el deterioro que sufriría un poder legislativo legítimo si los jueces no aplicaran sus prescripciones, o el daño que se infligiría a valores, como la seguridad y previsibilidad de las consecuencias de los comportamientos, que el ordenamiento jurídico ayuda a realizar. Lo que quiere decir todo esto es que el juez, para **justificar** sus decisiones, ha de considerar su deber de aplicar el Derecho como un deber moral, que, como todos los deberes morales genéricos, es tan sólo *prima facie*, esto es, que puede, en determinados casos, ceder ante consideraciones morales de mayor fuerza (como ocurriría, por ejemplo, si la aplicación del Derecho, aun de un Derecho globalmente justificado, implicara en un determinado caso la violación de derechos humanos básicos). Si el juez enfrentado a esta última situación optara por la decisión moralmente correcta, pero contraria al Derecho, ¿podría confesarlo paladinamente así? ¿Podría decir en su sentencia que ha adoptado una decisión moralmente justa pero jurídicamente incorrecta? Parecería que si hiciera tal cosa incurriría en una suerte de *contradicción performativa*, pues rompería uno de los supuestos del «juego» del Derecho y de su papel institucional como juez: al dictar esa decisión se estaría negando como juez, esto es, como órgano que pretende adoptar decisiones jurídicas correctas (como pasaría con alguien que afirmara que «el gato está sobre el felpudo, pero yo no lo creo», pues el acto de afirmar presupone ya la creencia de que lo que se afirma es verdadero).

La respuesta a las dos anteriores preguntas no resuelve, desde luego, el problema de las relaciones entre el Derecho y la moral, entre otras cosas porque éste no es *un* problema, sino *muchos* problemas; quiero decir que además de las anteriores cuestiones de carácter más bien conceptual, podrían hacerse también estas otras: ¿de qué manera influye la moral en el establecimiento de normas y decisiones jurídicas (por ejemplo, hasta qué punto la decisión del Tribunal Constitucional ha estado motivada por consideraciones morales)? ¿Qué criterios morales pueden usarse para valorar moralmente el Derecho (por ejemplo, por qué es moralmente correcto que el Derecho no prohíba todas aquellas acciones consideradas inmorales)? ¿Cómo deben resolverse los conflictos que puedan surgir entre obligaciones jurídicas y obligaciones morales (por ejemplo, qué debe hacer un juez cuando tiene la convicción de que no puede hacer justicia aplicando correctamente el Derecho vigente)?

Estos últimos son —quizás más que el primero, el de carácter conceptual— interrogantes extraordinariamente complejos y que no tienen una respuesta fácil. Pero quisiera —para terminar— efectuar dos últimas consideraciones. La primera es que en los casos jurídicos difíciles —como el caso Friedman— la argumentación jurídica contiene siempre, inevitablemente, juicios morales como los antes sugeridos: ¿por qué es inmoral el racismo o la xenofobia?; ¿por qué no lo es que el Derecho permanezca neutral frente a comportamientos inmorales de los individuos y permita la libertad de expresión de opiniones inmorales?, etc. La última consideración es que el caso Friedman no pone al juez ante el dilema de tener que decidir entre el Derecho y la moral, precisamente, porque no hay nada de contradictorio ni de moralmente reprobable en considerar que una conducta pueda ser inmoral y políticamente peligrosa, pero no por ello deba (y este «deba» es moral) estar jurídicamente prohibida. Una buena razón en favor de esto último es que una de las condiciones para poder utilizar con éxito el Derecho como instrumento para promover la justicia consiste en ser consciente de sus límites; y uno de ellos —quizás el más importante— es que el Derecho nunca podrá sustituir a la moral.

Cuestiones

1. ¿Qué función cumplen los tribunales de última instancia? ¿Es lo mismo tribunal supremo que tribunal de última instancia? ¿Cabría que en un sistema jurídico no hubiera tribunales de última instancia? ¿Qué pasaría en ese caso?

2. La argumentación del Tribunal Constitucional recogida en el capítulo es un ejemplo de argumentación poco formalista. ¿Por qué? ¿Qué significa ser formalista en la interpretación y aplicación del Derecho? ¿Es aceptable ser formalista? ¿Por qué? ¿Bajo qué límites? Consúltese Latorre, 1985.

3. Esquematice la argumentación de las diversas instancias judiciales en el caso. ¿Cuáles son los puntos de coincidencia y de divergencia? ¿Cómo resolvería usted el caso? ¿Qué argumentos utilizaría en favor de la decisión? Trate de escribirlos distinguiendo antecedentes de hecho y fundamentos de Derecho.

4. En las páginas anteriores se ha indicado en varias ocasiones que no todos los comportamientos inmorales deben estar prohibidos jurídicamente. ¿Está de acuerdo con esa afirmación? ¿Por qué? Sostener lo contrario, esto es, considerar que el hecho de que un comportamiento sea inmoral es razón suficiente para prohibirlo jurídicamente, se llama *perfeccionismo moral*. ¿Qué argumentos cree que se pueden utilizar en contra (o a favor) del perfeccionismo moral? John Stuart Mill (en *On Liberty*) sostuvo que la única razón para sancionar jurídicamente una conducta es que la misma supusiera daño a otros. ¿Qué consecuencias cree que se derivan de esa afirmación en relación, por ejemplo, con el

suicidio o la eutanasia? ¿Está de acuerdo con la opinión de Mill? Véase Mill, 1970.

5. ¿Qué sentido tiene afirmar que no hay derechos absolutos? ¿En qué sentido se emplea, en la anterior frase, la palabra «derecho»? ¿Qué significa afirmar que «los derechos de cada uno terminan donde empiezan los derechos de los demás»? ¿No se tratará acaso de una frase vacía? Si uno acepta que los derechos no son absolutos, sino que tienen límites, ¿quiere ello decir que se es un relativista en materia de ética? ¿Qué significa ser relativista en materia de ética? ¿Hay derechos absolutos? ¿Qué significa tener un derecho? ¿Qué son los derechos humanos? Véase al respecto Laporta, 1987; Peces-Barba, 1991; Pérez Luño, 1984; Prieto, 1990.

6. Busque en el índice de materias el concepto de *funciones latentes*. ¿Por qué se dice en el capítulo que la decisión del Tribunal Constitucional cumple ciertas funciones latentes? ¿Tiene ello necesariamente un sentido crítico?

7. ¿Está de acuerdo con lo sostenido en este caso por el Tribunal Constitucional? Si no lo está, ¿qué argumentos cree que se podrían utilizar contra su decisión? Y, por cierto, ¿qué sentido tiene criticar al Tribunal Constitucional si él es el tribunal de última instancia?

8. ¿Debe un juez aplicar normas que considere injustas? ¿En qué casos? ¿Debería permitirse que una persona que tuviera creencias religiosas (o no religiosas) muy minoritarias socialmente llegara a ser juez? ¿Por qué? ¿Qué opina de la elección democrática de los jueces?

9. ¿Por qué se dice, al final del capítulo, que el juez ha de considerar su deber de aplicar el Derecho como un deber moral? ¿Qué diferencia cree que hay entre deberes jurídicos y deberes morales? ¿En qué diversos sentidos cabe emplear la expresión «debe»?

10. ¿Cómo interpreta la última afirmación del capítulo de que el Derecho nunca podrá sustituir a la moral? ¿Quiere decir que la moral es más importante que el Derecho? ¿Por qué? ¿Tiene sentido decir que una acción es jurídicamente lícita pero moralmente ilícita? ¿Y cabe que una acción sea moralmente lícita pero jurídicamente ilícita? ¿Podría poner ejemplos de ello? ¿Cómo ve, en definitiva, la relación entre el Derecho y la moral?

Capítulo tercero

¿QUÉ SIGNIFICA IGUALDAD DE OPORTUNIDADES?

1. El problema

En los meses pasados (esto es, a comienzos de 1992) se ha suscitado una profusa —pero no siempre clara— discusión a propósito de varias decisiones de tribunales de ámbito autonómico que anulaban disposiciones de las Administraciones respectivas en las que se contenían los criterios a utilizar para la obtención de plazas de profesores de enseñanza media. En todas ellas se planteaba básicamente el mismo problema: ¿qué significa igualdad de oportunidades en relación con el acceso a la función docente?, ¿hasta qué punto puede hacerse pesar —sin infringir dicho principio— la antigüedad o experiencia de los candidatos? Aquí centraré la discusión en dos decisiones de la sección primera de la Sala de lo contencioso del Tribunal Superior de Justicia de la Comunidad Valenciana que han sido, quizás, las que han generado una polémica más intensa. La primera de ellas es una sentencia (n.º 23, de 10-I-1992) en la que el Tribunal anula la **orden** de la Conselleria de Cultura, Educación y Ciencia de la Generalitat (de 29 de abril de 1991), por la que se convocaba la provisión de casi 1.500 plazas de funcionarios de cuerpos docentes de profesores de E.G.B. y enseñanzas medias. La segunda es un **auto aclaratorio** (de 2-II-1992) en el que

¿QUE SIGNIFICA IGUALDAD DE OPORTUNIDADES? 63

se especifica que la anterior sentencia no significa una **anulación** total de la convocatoria, sino tan sólo de determinados elementos de la baremación establecida por la Generalitat y que el tribunal modifica.

2. Antecedentes: una orden discutible

La orden de la Conselleria (dictada de acuerdo con un **Real Decreto** del Ministerio de Educación y Ciencia de 22 de abril de 1991 que desarrollaba, a su vez, la **Ley Orgánica**

Ya hemos visto que un sistema jurídico está compuesto por normas de diversos tipos (primarias y secundarias; reglas y principios) y por enunciados como las definiciones que no son propiamente normas aunque tengan consecuencias normativas. El conjunto de normas (en sentido amplio) que integran un sistema y que deben utilizar los órganos de aplicación para resolver los casos que se les presenten son las «**fuentes del Derecho**». En relación con el Derecho español, el artículo 1.1 del Código civil establece que «las fuentes del ordenamiento jurídico español son la **ley**, la **costumbre** y los **principios generales del Derecho**». En el apartado 3 del mismo artículo se especifica que «la costumbre sólo regirá en defecto de ley aplicable», y en el 4 que «los **principios generales del Derecho** se aplicarán en defecto de ley o costumbre, sin perjuicio de su carácter informador del ordenamiento jurídico». Los principios, como se ve, ocupan en la jerarquía de las fuentes un lugar ambiguo (están, en cierto modo, antes y después de las leyes), lo que se explica por el hecho de que ellos no son pautas específicas que se puedan aplicar directamente, sino que exigen algo así como un proceso de concreción del que veremos diversos ejemplos en este libro.

Lo que parece claro, en todo caso, es que el concepto de «**ley**» que utiliza el Código civil tiene un sentido amplísimo. En él se incluye tanto la **Constitución**; como las **leyes en sentido estricto**, esto es, las normas jurídicas emanadas del poder legislativo —de las Cortes— que cumplen ciertas formalidades; como los **reglamentos**, es decir, las normas dictadas por la Administración para desarrollar las anteriores leyes. Esos tres tipos de fuentes están jerarquizados, de manera que un reglamento no puede oponerse a una ley, ni ésta a la Constitución. Los reglamentos integran todavía una categoría muy amplia; estas normas pueden proceder de la Administración central, autonómica o local y revestir diversas formas: decretos, órdenes, circulares, ordenanzas, bandos; los reglamentos están a su vez jerarquizados, de manera que una circular no puede oponerse a una orden ministerial, ni ésta a un decreto del Gobierno.

La cosa se complica aún más, porque las leyes votadas en las Cortes pueden ser **leyes ordinarias** o **leyes orgánicas**; estas últimas exigen una mayoría cualificada para ser aprobadas (la mayoría absoluta del Congreso), pero, en realidad, no es que tengan un rango superior al de las leyes ordinarias (digamos, intermedio entre éstas y la Constitución), sino que ciertas materias (el desarrollo de los derechos fundamentales y de las libertades públicas, la aprobación de los Estatutos de autonomía o el régimen general electoral) sólo pueden regularse mediante ese tipo de ley.

Por otro lado, el Gobierno puede dictar en ocasiones normas que tienen el mismo rango que la ley ordinaria: en caso de que las propias Cortes deleguen en él la potestad legislativa, mediante una **ley de bases** (las disposiciones del Gobierno que contienen **legislación delegada** asumen la forma de **decretos legislativos**); o en caso de extraordinaria y urgente necesidad, en que el Gobierno puede dictar **decretos-leyes**, que posteriormente el Congreso habrá de convalidar o derogar.

de Ordenación General del Sistema Educativo [LOGSE: 1/1990 de 3 de octubre]), en lo que importa al caso, establecía un procedimiento «híbrido» para la selección de los aspirantes, que combinaba elementos de «oposición» y de «concurso de méritos». La oposición consistía en la exposición oral por el candidato, seguida de un debate con el tribunal, de un tema de la especialidad correspondiente, de cara a mostrar sus conocimientos sobre la materia (o, como ahora se dice, «los contenidos curriculares») y su dominio de los recursos didácticos y pedagógicos; la prueba debía ser puntuada de 0 a 10 puntos. Por lo que se refiere a los méritos de los candidatos, se establecían las siguientes baremaciones:

A) Expediente académico, hasta un máximo de 2 puntos (a la posesión del título se le adjudicaba, por ejemplo, 1 punto, y a un expediente que tuviese una media superior a 7,5, 2 puntos).

B) Cursos de formación y perfeccionamiento, hasta un máximo de 0,8 puntos (el máximo de calificación la alcanzaba, concretamente, quien hubiese efectuado tres cursillos de, al menos, 30 horas de duración).

C) Posesión de otras titulaciones, hasta un máximo de 0,2 puntos (por ejemplo, quien acreditase el haber efectuado dos licenciaturas —además de la exigida para concurrir a la plaza— o una licenciatura y un doctorado obtenía los 0,2 puntos).

D) Experiencia docente, hasta un máximo de 6 puntos (cada curso completo en la enseñanza pública se valoraba con 1,5 puntos, de manera que a quienes habían sido profesores interinos o contratados durante cuatro o más años se les atribuía ese máximo de 6 puntos).

La convocatoria establecía además que para obtener plaza se requería:

1. Sumar más de 5 puntos entre la exposición oral y la valoración de los méritos correspondientes a los apartados A, B y C («fase selectiva»).

2. Lograr, una vez sumada a la anterior puntuación la correspondiente al apartado D (la antigüedad o experiencia docente), un número de orden igual o inferior al de las plazas convocadas («fase acumulativa»).

3. **Primera respuesta del Tribunal**

En el recurso que se planteó ante el tribunal se alegaba que la orden en cuestión vulneraba los principios de igualdad en el acceso a funciones y cargos públicos (art. 23.2 CE)

> «Asimismo [los ciudadanos], tienen derecho a acceder en condiciones de igualdad a las funciones y cargos públicos, con los requisitos que señalen las leyes.»

y el de mérito y capacidad para el acceso a la función pública (art. 103.3 CE).

> «La ley regulará el estatuto de los funcionarios públicos, el acceso a la función pública de acuerdo con los principios de mérito y capacidad, las peculiaridades del ejercicio de su derecho a sindicación, el sistema de incompatibilidades y las garantías para la imparcialidad en el ejercicio de sus funciones.»

Dicho de otra forma, se sostenía que los opositores del turno libre (algunos de los cuales habían planteado el recurso) resultaban injustificadamente discriminados con respecto a los que venían ocupando plaza de interinos o contratados. El tribunal entendió que, efectivamente, se producía esa vulneración y, en consecuencia, anuló la orden de convocatoria. Sus argumentos para justificar que no se habían respetado los principios en cuestión fueron, esencialmente, los siguientes:

3.1. Es arbitrario que se atribuya un punto a la mera posesión del título (recuérdese el criterio A) de baremación), pues ése es un requisito de admisibilidad a la oposición y, por tanto, no puede hacerse valer como mérito.

3.2. En la valoración del expediente académico no se tiene en cuenta el número de convocatorias consumidas, los anteriores suspensos, etc., lo que facilita obtener puntos de cara a conseguir el mínimo de 5 requerido para pasar la llamada «fase selectiva» (previa a la «fase acumulativa»).

3.3. Es arbitrario que la realización de tres cursillos de perfeccionamiento y formación valgan cuatro veces más que dos licenciaturas o que una licenciatura y un doctorado.

3.4. A los cursillos de perfeccionamiento y formación normalmente sólo pueden asistir funcionarios, y no quienes se presentan como libres a la oposición.

3.5. Ha habido numerosos candidatos que —como consecuencia de aplicar los criterios de la convocatoria— superaron la primera fase obteniendo sólo 3,5 puntos. (Teóricamente, sería posible que alguien superase dicha fase con sólo 2 puntos en la prueba oral.)

3.6. Permitir que en la fase de valoración de conocimientos («fase de oposición» la llama el tribunal) jueguen otros criterios que no sean las calificaciones de la prueba oral, significa falsear dicho sistema (o sea, falsear lo que es una oposición).

3.7. Es desproporcionado que la antigüedad pueda llegar a valorarse con 6 puntos, cuando el resto de los méritos alegables (en principio abiertos a todos, con la salvedad indicada en 3.4) sólo puede dar un máximo de 3 puntos, y cuando los participantes por el turno libre sólo podrían llegar a 13 puntos (los otros podrían tener hasta 19).

3.8. Siguiendo los criterios establecidos en la convocatoria, «la Administración selecciona a quien objetivamente no ha superado los mínimos conocimientos técnicos exigibles» (recuérdese el punto 3.5).

4. ¿Algo más que una aclaración?

Ante el **recurso de aclaración** a la sentencia, planteado por la Conselleria, el tribunal, en primer lugar, entendió que el recurso era procedente, por estas dos razones: 1) porque la sentencia sólo significaba la **anulación** «de determinados elementos de la baremación», pero no «una anulación total del **acto administrativo**

> Como ya hemos visto varias veces, las normas que integran un ordenamiento jurídico se sitúan en diversos niveles conformando una especie de pirámide normativa. En el vértice estaría la «**norma fundamental**» y en la base los actos de ejecución de las normas (el cumplimiento de una pena, el pago de un impuesto o la detención de un presunto delincuente). En los estratos intermedios estaría situado todo el elenco de normas jurídicas que hemos ido viendo: la Constitución, las leyes, los reglamentos o las costumbres; a la lista habría que añadir todavía los llamados «**negocios jurídicos**», esto es, las normas establecidas por los particulares mediante declaraciones de voluntad que pueden ser bilaterales (como los contratos o el matrimonio) o unilaterales (como los testamentos); los criterios establecidos por los tribunales al resolver los casos que se les presentan —la jurisprudencia o doctrina legal—; y las opiniones de los teóricos del Derecho —la doctrina jurídica o dogmática jurídica.
>
> En el caso del Derecho administrativo, es decir, el Derecho que regula la actividad de la Administración, entre los reglamentos y los actos puramente de ejecución existe todavía una amplia zona en la que se inscriben los llamados «**actos administrativos**». Así, por ejemplo, el Real Decreto del Ministerio de Educación y Ciencia es un reglamento que desarrolla la Ley orgánica de ordenación general del sistema educativo; la orden de la Conselleria convocando la oposición es un acto administrativo; y el pago mensual de la nómina a los profesores que hayan obtenido alguna de las plazas convocadas es un puro acto de ejecución.
>
> Los actos administrativos vienen a ser, en cierto modo, el equivalente, en la esfera de la Administración, a lo que son los actos negociales en la esfera de los particu-

lares. Pero mientras que el poder negocial es una manifestación de la autonomía de la voluntad, el poder de la Administración para dictar actos administrativos es una potestad reglada por el Derecho administrativo; por ello, los actos jurídicos realizados por la Administración pero no sometidos al Derecho administrativo (por ejemplo, cuando la Administración contrata con un particular) no son considerados actos administrativos. Por otro lado, estos «actos» no son necesariamente declaraciones de voluntad, sino que pueden consistir también en la manifestación de un simple juicio (esto es, puede ser un acto *intelectivo* como evacuar una consulta o emitir un informe). Finalmente, los actos administrativos son siempre unilaterales en cuanto a su manifestación, aunque su origen pueda estar en algún acuerdo con particulares o grupos (como parece fue el caso de la orden antes mencionada).

La distinción que suele hacerse entre **reglamentos y actos administrativos** (véase García de Enterría/Fernández, 1990, t. 1, pp. 530 y ss.) consiste en lo siguiente: los reglamentos son normas que se integran en el ordenamiento jurídico, mientras que los actos administrativos aplican el ordenamiento jurídico, pero no lo innovan; se agotan en su simple cumplimiento. Esa distinción no es quizás muy clara desde el punto de vista teórico, pero tiene consecuencias prácticas importantes. Una de ellas es que los reglamentos ilegales son «**nulos de pleno Derecho**», esto es, son nulos de manera radical o total; mientras que los actos administrativos ilegales (esto es, que contradicen alguna norma jurídica de rango superior), en general, son sólo «**anulables**»: pueden ser convalidados, y su nulidad debe ser declarada a petición de los afectados.

impugnado, ni del resultado de las pruebas de selección»; 2) porque la sentencia tenía carácter ejecutivo, esto es, la Conselleria debía cumplirla sin esperar a la resolución de un posible recurso de apelación. A continuación —entrando, pues, propiamente en la aclaración— precisó que no pretendía —porque no era su competencia— sustituir a la Administración en la fijación de los baremos, sino tan sólo señalar los límites máximos que no debían traspasarse para respetar los principios de igualdad, de mérito y de capacidad en el acceso a la función pública. Y, finalmente, señaló cómo debían concretarse dichos límites, lo que, de hecho, significaba sustituir los criterios establecidos en la Orden de la Conselleria por otros nuevos. Coherentemente con los fundamentos de Derecho expuestos en la sentencia (y recogidos aquí en el apartado 3), el tribunal configuró los nuevos criterios como sigue.

4.1. Para superar la primera fase (la fase selectiva o de oposición) es necesario haber obtenido al menos 5 puntos en la prueba oral (recuérdense los argumentos 3.5, 3.6 y 3.8).

4.2. Las puntuaciones procedentes del concurso de méritos no pueden jugar en la fase de oposición (recuérdese, de nuevo, el argumento 3.6).

4.3. La selección de funcionarios mediante concurso de méritos o por concurso-oposición es constitucionalmente admisible, pero el establecimiento de los baremos y de las valoraciones no puede hacerse de forma absolutamente discrecional, sino de manera razonable, es decir, no arbitrariamente. En concreto, deben seguirse las tres siguientes reglas de congruencia o de razonabilidad: *a)* no debe considerarse un único mérito, sino «todos aquellos razonablemente relacionados con la función que ha de ser desempeñada»; *b)* ha de haber un equilibrio entre la fase de oposición y la de concurso; *c)* a ninguno de los méritos debe atribuírsele un peso desproporcionado en relación con los otros. De acuerdo con estas reglas y con los argumentos antes indicados, el tribunal estableció así los restantes criterios:

4.3.1. Al expediente académico se le otorgará un valor máximo de 1 punto pues, como antes se ha dicho (en el punto 3.1), no es posible considerar como mérito lo que no es más que un requisito para concurrir a la prueba (poseer la titulación).

4.3.2. Los cursillos de perfeccionamiento y formación no podrán significar más de 0,2 puntos, pues ésa es la máxima puntuación fijada para las otras titulaciones, y sería del todo irrazonable que a la realización de tres cursillos se le conceda —como se ha visto— una mayor puntuación que al haber cursado dos licenciaturas o bien una licenciatura y un doctorado (recuérdense los puntos 3.3 y 3.4).

4.3.3. La antigüedad se valorará, como máximo, con 1,4 puntos, pues a ese mérito no se le puede atribuir un mayor peso que al conjunto de todos los otros (que ahora quedan así: expediente académico, hasta 1 punto; cursillos de perfeccionamiento, hasta 0,2, y otras titulaciones, hasta 0,2).

4.4. La Administración deberá proceder a efectuar un nuevo cómputo de acuerdo con los anteriores criterios, reduciendo proporcionalmente las calificaciones atribuidas a cada mérito (por ejemplo, quien antes había sumado 6 puntos en el capítulo de antigüedad, pasará ahora a tener 1,4, quien tuviera 3, a 0,7, etcétera). El resultado, obviamente, es que la Administración deberá confeccionar una nueva lista de los candidatos que han obtenido plaza.

5. Argumentos y contraargumentos

Las resoluciones del Tribunal dieron lugar —como antes señalaba— a una enorme cantidad de críticas formuladas por los perjudicados por la decisión, por sus abogados al plantear recurso de apelación contra la sentencia, y por las centrales sindicales que, en realidad, habían sido copartícipes con la Conselleria —y con el Ministerio— en la confección de los criterios, etcétera. Algunas de estas críticas se refieren a cuestiones procedimentales,

> En el Derecho pueden distinguirse dos tipos de normas: unas establecen que, bajo determinadas condiciones, es obligatorio o está prohibido o permitido realizar determinada acción; otras señalan los medios adecuados (las acciones a realizar o el procedimiento a seguir) para obtener un determinado resultado o una cierta finalidad. Esta distinción no permite, sin embargo, dar cuenta de una de las grandes divisiones del Derecho: la que diferencia el **Derecho material** o sustantivo (Derecho penal, civil, administrativo, etc.) del **Derecho procesal** (Derecho procesal penal, civil, administrativo, etc.) que sería, según esto, un Derecho adjetivo o formal. Es obvio que muchas normas del llamado Derecho material son, sin embargo, normas de procedimiento (por ejemplo, la que establecen las condiciones de validez del testamento ológrafo: debe estar escrito y firmado todo él por el testador, etc.), mientras que hay muchas normas de Derecho procesal que habría que calificar como normas sustantivas o materiales (por ejemplo, la que establece que los jueces tienen la obligación de motivar sus sentencias). En realidad, el Derecho procesal es el que regula la actividad jurisdiccional (no sólo de los jueces, sino también de las partes); su núcleo es el **proceso**, la realización judicial del Derecho, y no meramente el **procedimiento**, las formalidades o requisitos que han de cumplir los actos de quienes intervienen en el proceso.

mientras que otras van más al fondo de la cuestión —a la adecuación de los baremos. Unas tienen, básicamente, un carácter técnico-jurídico, mientras que otras apelan a consideraciones morales, de oportunidad política, etc. Trataré ahora de exponer estas críticas de manera sintética, presentándolas como argumentos en contra de la decisión, añadiendo también, en cada caso, cómo se podría argumentar contra estos últimos argumentos. Conviene aclarar desde el principio que he separado entre sí los diversos argumentos (y contraargumentos) para facilitar la exposición pero, en realidad, los argumentos y los contraargumentos —esto es, cada línea argumentativa— han de valorarse de manera conjunta. Dejaremos, sin embargo, esta última operación para un momento posterior, después de haber procedido al análisis y escrutinio de las razones en pro y en contra de la decisión.

5.1. Una de las objeciones procedimentales —pero, ciertamente, muy importante— consiste en atacar la(s) resolución(es) porque al no haber emplazado el tribunal a las personas que hubiesen podido verse afectadas por ella(s), se habría producido indefensión. Ellos (esto es, quienes habían obtenido plaza de acuerdo con la Orden de convocatoria) no tuvieron la posibilidad de efectuar alegaciones en relación con una decisión que —como era fácil de suponer— podía producirles gravísimos perjuicios. Las resoluciones, en definitiva, vulneraron el derecho fundamental a la tutela judicial efectiva (art. 24 CE) y, por ello, deben anularse y retrotraerse las actuaciones del Tribunal (de la Sala de lo contencioso) hasta el momento procesal oportuno.

5.1.1. Dando por bueno —como, me parece, debe hacerse— que el tribunal cometió un defecto de forma al no haber emplazado a los afectados, cabe pensar que ese defecto no produjo, sin embargo, una verdadera indefensión, por lo que sigue. Para que se hubiese producido *efectivamente* (para emplear el término del art. 238 de la LOPJ)

> Ley Orgánica 6/1985, de 1 de julio, del Poder Judicial, artículo 238: «Los actos judiciales serán nulos de pleno derecho en los casos siguientes: [...] 3) Cuando se prescinda total y absolutamente de las normas esenciales de procedimiento establecidas por la Ley o con infracción de los principios de audiencia, asistencia y defensa, siempre que efectivamente se haya producido indefensión.»

indefensión, tendría que poderse pensar racionalmente que las alegaciones de las partes hubiesen podido modificar el sentido de la decisión. Pero esto último no es así, por la siguiente razón: la cuestión que se planteó —y que resolvió— el Tribunal es puramente de interpretación normativa; lo que ahí estaba en cuestión no era si habían ocurrido tales y cuales hechos, sino si una orden de la Conselleria —esto es, una norma jurídica de un determinado rango—

> Los llamados actos administrativos —categoría a la que pertenece la orden en cuestión— son obviamente normas jurídicas, según el concepto de norma que establecimos en su momento.

era o no conforme con la Constitución; y para decidir esto, no parece que las partes (por otro lado, tanto la Conselleria como el Ministerio Fiscal tuvieron oportunidad de formular alegaciones) hubiesen podido aducir algún argumento que el tribunal no pudiera por sí mismo conocer, de acuerdo con el principio *iura novit curia* (el tribunal conoce el Derecho). Por supuesto, es posible que un tribunal aplique mal (o, sencillamente, ignore, como —según veremos— ocurrió en este caso) una norma jurídica válida, pero ello solo —como es lógico— no implica indefensión.

5.2. Una segunda objeción es que el tribunal habría incurrido en **incongruencia**,

> Una de las consecuencias del **principio dispositivo** (que rige no sólo en el proceso civil, sino también, aunque en forma menos estricta, en el proceso contencioso-administrativo) es que la sentencia debe ser **congruente** con el *petitum* de la demanda (o del recurso), esto es, el órgano judicial no puede resolver sobre nada distinto a lo propuesto por el actor (o por el recurrente). En forma simétrica a lo que vimos que ocurría con las sentencias, las **demandas** deben estar estructuradas de manera que en ellas cabe también distinguir un encabezamiento, una exposición de los hechos y de los fundamentos de Derecho y un *petitum*, esto es, lo que se pide en base a lo anterior.

¿QUE SIGNIFICA IGUALDAD DE OPORTUNIDADES?

en cuanto que en su decisión fue más allá de lo que había solicitado la parte que planteó el recurso. En efecto, en el recurso contencioso-administrativo que motivó la resolución en cuestión, la parte recurrente sólo había pedido la anulación de un aspecto del baremo (el que se hiciera jugar la antigüedad) y la conservación de los actos en que no se hubiese utilizado ese criterio. Pero el tribunal —como se recordará— fue mucho más allá.

5.2.1. El contraargumento aquí podría ser éste: el tribunal hubiese sido precisamente incongruente si se hubiese limitado a anular uno sólo de los criterios de valoración pues, como se ha visto, el conjunto de los criterios forma una unidad indisoluble (recuérdense las reglas *a*, *b* y *c* del punto 4.3).

5.3. La tercera objeción es que el auto de aclaración no es propiamente una *aclaración*, sino una *modificación* de la sentencia, lo que el Derecho —con muy buenas razones— prohíbe.

5.3.1. No es obvio que esto sea así —o, por lo menos, que deba interpretarse así— por las tres siguientes razones: en primer lugar, porque el contenido de la sentencia —incluido el fallo— es compatible con considerar que la misma no implica una anulación *total*, sino «una anulación exclusivamente de determinados elementos de la baremación» (como se afirma en el fundamento primero del auto de aclaración); en segundo lugar, porque la propia parte recurrente había pedido también —como hemos visto— la conservación de los actos no afectados por la anulación pretendida, y no hay razones para pensar que el tribunal no deseara conservar también todos aquellos actos no afectados por lo que consideró nulo: cuando afirma —en el fallo de la sentencia— estimar «en parte» el recurso, se refiere a que la consideración de la experiencia previa como mérito es conforme a Derecho (en contra de lo solicitado por la recurrente), pero no lo es atribuirle el peso señalado en la convocatoria; y en tercer lugar, porque en el fundamento undécimo de la sentencia hay al menos una insinuación de que el tribunal no pretendía efectuar una anulación total, cuando se dice: «Todo ello (esto es, la estimación parcial del recurso) sin perjuicio del alcance que en ejecución de sentencia pueda darse a las situaciones individuales no afectadas por estos condicionamientos.»

5.4. Aun cuando no se aceptaran los anteriores argumentos (5.1-5.3) o, si se quiere, con independencia de ellos, puede sostenerse que el tribunal se extralimitó en su **función jurisdiccional**, invadiendo competencias administrativas: un tribunal no puede establecer el Derecho —en este caso, no puede fijar las bases de la convocatoria—, sino **aplicarlo** —en este caso, decidir si son o no constitucionales y, en consecuencia, anular o declarar válidos determinados criterios de la convocatoria en cuestión.

5.4.1. La tesis de que los jueces no pueden *nunca* **crear** Derecho es teórica y prácticamente insostenible. Sin embargo, ello no debe llevar tampoco a confundir la **función jurisdiccional** con la **legislativa** o la **administrativa**. En este caso, en particular, el tribunal creó Derecho, esto es, estableció unos criterios, que antes no existían, para evaluar las pruebas. Sin embargo, con ello no invadió —podría sostenerse— las funciones de la Administración, pues no actuó con la libertad con que hubiese obrado ésta, sino que se limitó a corregir los criterios existentes, modificándolos sólo en la medida necesaria para que no resultaran inconstitucionales. Dicho de otra manera, si hubo creación de Derecho, fue sólo en sentido negativo, no en sentido positivo. Así, cuando reduce la valoración máxima del expediente de 2 puntos a uno, lo hace respetando en lo posible el criterio de la

Administración, afirmando incluso que no considera que la nueva baremación sea estrictamente justa, esto es, que no es la baremación que él, en el lugar de la Administración, hubiese fijado (así se señala en el fundamento quinto del auto en donde, por cierto, se emplea una terminología un tanto extraña cuando se afirma que el nuevo criterio no es «ajustado a Derecho»). Y otro tanto ocurre cuando nivela las valoraciones de los méritos correspondientes a la realización de cursillos y a la posesión de otras titulaciones: el tribunal afirma en este caso que «una valoración correcta exigiría, al menos, invertir los valores asignados [es decir, respectivamente, 0,2 y 0,8 puntos], pero como ello exigiría de la Sala la determinación con carácter positivo de dicha valoración, hemos de limitarnos a establecer el límite...».

5.5. De entre los argumentos que entran en el fondo de la cuestión, esto es, en la razonabilidad o justicia de los criterios utilizados en la convocatoria, la mayor parte de ellos se centran en el peso atribuido a la «antigüedad» o «experiencia docente» (el uso de una u otra expresión, como puede imaginarse, está en función de la actitud negativa o positiva que se desee expresar). Se aduce, por ejemplo, que la experiencia docente sólo suponía el 31 % del total de las puntuaciones, lo que no imposibilitaba a nadie acceder, en condiciones que no significaran una desigualdad irrazonable, a la función docente; que la experiencia es, en general, el factor que más en cuenta se tiene cuando se trata de acceder a un trabajo; que la prueba oral, debido a su carácter pura o predominantemente memorístico no es, en absoluto, garantía de capacidad docente; que los conocimientos en una determinada parcela del saber, en todo caso, han de presumirse en todo aquel que posea el título correspondiente, y que, en particular, sería incongruente que la Administración dijera que no poseían esos conocimientos personas a las que venía permitiendo desarrollar funciones docentes en sus instituciones.

5.5.1. Los contraargumentos a utilizar aquí podrían muy bien ser los mismos que utiliza el Tribunal en su sentencia. Pero a ellos pueden añadirse todavía estos otros: la prueba oral no tenía —por lo menos, de acuerdo con la convocatoria— un carácter simplemente memorístico, pues los participantes disponían, al menos, de dos horas para su preparación, la exposición iba seguida de un debate con el tribunal, y lo que se valoraba no era sólo el contenido, sino también el planteamiento didáctico; la convocatoria preveía un período de prácticas (no inferior a tres meses) para comprobar las aptitudes didácticas de quienes habían superado el proceso de selección, y establecía también la pérdida de la condición de funcionario si no se superaba dicho período, de manera que —al menos teóricamente— quedaba eliminada la posibilidad de que alguien pudiera obtener la plaza por haber demostrado poseer unos conocimientos sin tener las capacidades didácticas y pedagógicas para transmitirlos; es cierto que se supone que quien posee una determinada titulación es también poseedor de unos determinados conocimientos, pero en una oposición (o en un concurso-oposición) no se trata simplemente de determinar que alguien posee capacidad para desempeñar una determinada función, sino de establecer —si hay más plazas que candidatos aptos— quién la posee en un mayor grado.

5.6. En relación con la valoración atribuida a los cursillos de perfeccionamiento y formación, se formuló también el argumento de que algunos de estos cursillos —los impartidos por la Conselleria— iban dirigidos, en efecto, casi exclusivamente a funcionarios (aunque no precisamente a los profesores interinos y contratados, como parece suponer el Tribunal), mientras que otros —los que imparte la Universidad— están abiertos a todos.

5.6.1. Este argumento es seguramente inatacable (es decir, se basa en hechos verdaderos), pero no prueba nada. Esto es, aun cuando el Tribunal se equivocara al afirmar que los cursillos en cuestión estaban reservados a una determinada clase de personas, la arbitrariedad de su valoración no depende tanto de este factor como del peso que se le atribuye en relación con otros méritos.

5.7. Otro argumento dirigido contra los criterios de valoración fijados por el Tribunal fue éste: la sala se equivocó sencillamente al dejar de valorar con un punto la posesión de la titulación específica exigida en principio por la ley, por la sencilla razón de que la LOGSE (disposición transitoria quinta, apartado 3) y la propia orden impugnada (base 9.1.1 A) establecía la posibilidad de que en esa convocatoria (en que se aplicaba el **Derecho transitorio**) se pudiesen presentar candidatos que no poseían esa específica titulación. En definitiva, aun dando por bueno el criterio del Tribunal, éste se había equivocado al aplicarlo, al desconocer la existencia de una determinada norma jurídica.

5.7.1. Este argumento —como el anterior— es, en cuanto tal —esto es, en lo que dice— inatacable; pero, además —a diferencia del anterior— es de una gran trascendencia. Pues no sólo se trata de que el Tribunal se equivocara al aplicar los criterios que él mismo estableció en relación con los méritos académicos, sino que, además, este error lleva aparejado otro, pues la valoración de la experiencia docente —de acuerdo con el Tribunal— depende de cómo se valoren los otros méritos: como el resto de los méritos se valoran ahora (restaurando el valor de 2 puntos para el expediente académico) con 2,4 puntos, la experiencia docente debe valorarse también con (o sea, *hasta*) 2,4. Por otro lado, podría pensarse también que este argumento destruye el contraargumento 5.1.1 restaurando, por tanto, la fuerza de 5.1: los afectados tenían que haber sido emplazados durante la tramitación del recurso, pues sus alegaciones sí que hubiesen podido modificar la decisión del Tribunal. Esto último, sin embargo, no parece tan claro, entre otras cosas, porque resulta muy poco plausible pensar que los afectados —o sus abogados— hubiesen podido anticiparse a la argumentación —y consiguiente error— cometido por el Tribunal en este punto.

Ahora bien, con independencia de esta última cuestión: ¿existe alguna forma de combatir este argumento (5.7)? Quizás el único contraargumento que quepa dar aquí es que hay ocasiones en que resulta más «razonable» —por paradójico que suene— mantener un error que corregirlo. Ello no quiere decir exactamente que sea más razonable equivocarse que acertar, pues lo que ahora se está evaluando —como más o menos razonable— no es propiamente la decisión del tribunal, sino la conveniencia o justificabilidad de mantenerla o no. En cualquier caso, me parece que sólo puede decirse que mantener un error de este tipo es preferible a corregirlo, si se dan estas dos circunstancias: 1) su corrección (esto es, la modificación o anulación de la decisión del Tribunal) tendría un alto coste y en términos no solamente económicos (por ejemplo, generaría aún más inseguridad jurídica, produciría resultados aún más injustos, etc.), y 2) mantener la decisión no genera arbitrariedad, es decir, la baremación del Tribunal —con error incluido— sigue estando dentro de lo razonable (no vulnera los principios de igualdad, capacidad y mérito para acceder a la función pública; nótese que en este caso —y, sin duda, no es el único— son posibles diversas decisiones —diversos criterios de baremación— que se mantienen dentro de lo razonable). En mi opinión, está bastante claro que se da la segunda condición, aunque puede haber dudas respecto de la primera.

¿QUE SIGNIFICA IGUALDAD DE OPORTUNIDADES? 81

5.8. Un ulterior argumento, que está en estrecha conexión con el indicado en 5.4, es éste: modificar las bases del concurso-oposición después de realizadas las pruebas, publicados los resultados y adjudicadas las plazas, es algo más que una paradoja; es una infracción en toda regla del **principio de seguridad jurídica** (consagrado en el art. 9.3 CE)

> Artículo 9.3 de la Constitución española: «La Constitución garantiza el principio de legalidad, la jerarquía normativa, la publicidad de las normas, la irretroactividad de las disposiciones sancionadoras no favorables o restrictivas de derechos individuales, la seguridad jurídica, la responsabilidad y la interdicción de la arbitrariedad de los poderes públicos.»

pues, en efecto, en este caso no puede decirse que el Derecho haya servido como un mecanismo que crea previsibilidad y certeza.

5.8.1. Parece indudable que la decisión del Tribunal afecta negativamente al principio de seguridad jurídica. Sin embargo, este principio —como cualquier otro— no tiene un carácter absoluto y en ocasiones —esto es, si en la resolución de un caso entran en juego también otros principios que tienen un mayor peso— puede estar justificado posponerlo —lo que no quiere decir eliminar el principio. En concreto, la resolución de este caso puede verse como un supuesto de conflicto entre la seguridad jurídica, por un lado, y los principios de igualdad de oportunidades y de mérito y capacidad para desempeñar funciones públicas, por el otro. Ahora bien, el que se atribuya un mayor peso al segundo grupo de principios (para decirlo en términos clásicos, que se haga primar la **justicia** frente a la **seguridad**), no parece muy difícil de justificar. Al fin y al cabo, cualquiera que juzgara el asunto imparcialmente (lo que significaría —entre otras cosas— que no estuviera personalmente interesado en la decisión), preferiría ser juzgado por criterios justos, aunque desconocidos en principio, antes que por criterios conocidos previamente, pero injustos.

5.9. A este argumento podría llamársele el **argumento de las consecuencias**, y consiste en criticar la decisión en cuestión por el cúmulo de consecuencias negativas que produce: no sólo se trata, en abstracto, de que personas que creían haber obtenido una plaza de funcionarios se encuentren, al cabo del tiempo, con que esto no es así; sino que puede ocurrir, y ha ocurrido, que una persona hubiese conseguido plaza, por ejemplo, en dos comunidades distintas y renunciado a una de ellas en favor de la correspondiente a la Comunidad Valenciana y se encuentre, al cabo del tiempo, con que ha perdido las dos; que un interino o contratado que no hubiese superado la oposición (ni con unos criterios ni con otros) se encuentre luego en una mejor situación que otro que sí la superó, pues este último perdió la condición de interino o contratado al tomar posesión de su plaza; y que para muchas de estas personas, el creer que habían obtenido la plaza influyó en sus planes de vida y tomaron decisiones (por ejemplo, compraron pisos o automóviles, decidieron tener hijos, etc.) que ahora ya no pueden afrontar; etc.

5.9.1. Naturalmente, no se trata aquí de negar la existencia de todas estas consecuencias negativas, sino de defender que, aun existiendo, no constituyen un argumento suficiente en contra de la decisión del tribunal. Las razones para ello podrían ser éstas: una decisión en otro sentido (por ejemplo, convalidando la orden de la convocatoria) tendría también consecuencias negativas (quizás menos aparentes, pero de entidad semejante) para otras personas (para los que se quedaron sin plaza como consecuencia de la fijación de criterios poco razonables): perdieron la posibilidad de obtener trabajo; vieron como se frustraban sus planes de vida por mucho tiempo; se deprimieron profundamente por los resultados. La Administración puede tomar medidas para paliar al menos algunas de las consecuencias más negativas que se derivan de la decisión del Tribunal. A la larga, una decisión que respeta y potencia el principio de igualdad de oportunidades —frente al de antigüedad— es la que produce —considerada la sociedad en su conjunto— las mejores consecuencias.

5.10. El último argumento a examinar no se dirige tanto contra esta decisión en particular, como, en general, contra la judicialización de los conflictos colectivos. La idea es que, frente a este tipo de conflictos, la intervención de los tribunales resulta disfuncional: el conflicto no se resuelve, sino que, en el mejor de los casos, se enmascara. Así, en el caso que nos ocupa, la raíz del problema no está en determinar qué criterios deben utilizarse para seleccionar al profesorado (en un documento de una central sindical se afirma, por ejemplo, que «tanto éste [el establecido por la Conselleria con el apoyo de la Central] como los anteriores sistemas de acceso no sólo no son objetivos, sino que además tampoco miden la idoneidad de una persona para desempenar una función docente»), sino en la falta de puestos de trabajo en el sector de la enseñanza, en la necesidad de acabar con el trabajo en precario y de conseguir suficientes recursos para el sistema educativo, etc. En definitiva, la consecuencia es que este tipo de problemas no pueden resolverse por la vía jurisdiccional, sino por la de la **negociación** entre las centrales sindicales y la Administración.

5.10.1. No se puede negar que en este argumento hay una parte de verdad, aunque no pasa de ser una obviedad: sin duda es legítimo y seguramente también conveniente, que existan sindicatos en la enseñanza pública. Por lo demás, me parece también obvio que en la negociación sindical —como en cualquier tipo de acción en que se trata de tomar decisiones o de llegar a acuerdos sobre intereses—, se pueden vulnerar **derechos fundamentales** de los individuos. La garantía de que esto no ocurra —o, al menos, de que, si ocurre, se pueda encontrar algún tipo de reparación— es precisamente la existencia de tribunales que controlen la legalidad —o constitucionalidad— de esas decisiones. La función básica de los tribunales no es conciliar intereses (como se hace en una negociación), sino producir decisiones correctas, esto es, decisiones tomadas con independencia de criterio (el juez está vinculado sólo al Derecho y no representa —en cuanto juez— el interés de ningún grupo social en particular), que deben justificarse de acuerdo con normas preestablecidas y que —puesto que pueden ser equivocadas— son revisables por otros órganos superiores (salvo que se trate, obviamente, de un órgano de última instancia).

6. **Una decisión difícil**

Como en este caso la decisión de la Sala de lo contencioso no tiene carácter final, sino que puede ser —y ya lo ha sido— recurrida, cabe plantearse la cuestión de qué es lo que debe hacer el tribunal que tenga que resolver ese recurso: el Tribunal Supremo. Si se acepta —como, me parece, puede hacerse— que los elementos básicos de su deliberación son, precisamente, los expuestos en los puntos anteriores (y algún otro factor al que no se ha prestado atención —o, por lo menos, no toda la atención precisa—, como el factor tiempo), entonces parece que, al menos en abstracto y quizás en forma no exhaustiva, las decisiones que podría adoptar serían éstas:

A) Aceptar plenamente la impugnación y declarar, en consecuencia, la validez de la orden de convocatoria de la Conselleria y de todos los actos celebrados de acuerdo con la misma.

B) Declarar que, en la toma de decisión, hubo un defecto de forma que debe subsanarse. Una vez efectuado correctamente el procedimiento, la Sala de lo contencioso del tribunal autonómico debe volver a dictar sentencia.

C) Declarar que la orden era inconstitucional y anularla para que la Conselleria dicte una nueva orden conforme a la cual puedan celebrarse nuevas pruebas de selección.

D) Aceptar la impugnación de la sentencia sólo en parte, esto es, considerar que los criterios fijados por el tribunal son correctos, pero éste los aplicó mal. No es necesario realizar nuevas pruebas (como ocurre en C), pero sí confeccionar una nueva lista —distinta a la de la Conselleria y a la que resulta de la anterior decisión judicial— de los participantes que habrían obtenido plaza.

E) Desestimar el recurso y confirmar plenamente la sentencia.

> En sentencia dictada el 14 de abril de 1992, la sección séptima de la Sala tercera (de lo contencioso-administrativo) del Tribunal Supremo estimó un recurso de apelación interpuesto contra una sentencia del Tribunal Superior de Justicia de Andalucía en la que, en un caso muy semejante al que hemos discutido, el tribunal autonómico andaluz había decidido anular una de las bases de la convocatoria que primaba «de forma excesiva el tiempo de servicios prestados». El Tribunal Supremo se basó para ello en una sentencia del Tribunal Constitucional (de 18 de abril de 1989) en la que se consideró que no era «arbitrario o desproporcionado» un sistema de concurso-oposición para acceder a la función pública en que «los servicios efectivos prestados» pesaban incluso más que en el caso de la convocatoria realizada por la Junta de Andalucía. Teniendo esto en cuenta, es razonable prever que el Tribunal Supremo adopte la primera de las acciones indicadas, esto es, que convalide la orden de convocatoria de la Generalidad Valenciana y, en consecuencia, revoque la sentencia del Tribunal Superior de la Comunidad Valenciana.

Lo expuesto hasta aquí creo que muestra suficientemente que, al menos en ocasiones, la función de juez entraña dificultades considerables por más que, al final, se resuman todas ellas en la contestación a una sola pregunta: ¿cuál de las alternativas posibles es la que produce una mayor justicia de acuerdo con el Derecho?

Cuestiones

1. Como seguramente habrá advertido al leer el anterior capítulo, una de las dificultades que se les presentan a los jueces —en general, a los juristas— es la de comprender adecuadamente los datos fácticos (no sólo los elementos jurídicos) del problema que han de resolver. ¿Está seguro de haber entendido bien todos los datos del anterior problema? Trate de presentarlos en un esquema. ¿Qué tipo de capacidades hay que poseer para ello? ¿Son muy distintas de las que debe tener un científico, un médico, un empresario, un informático o un líder sindical? ¿Por qué? Para ser un buen jurista, ¿basta con conocer en detalle el Derecho positivo, el Derecho vigente? ¿Qué tipo de cualidades —intelectuales o no— definen a un buen juez? ¿Son las mismas que debe poseer un buen abogado o un buen profesor de Derecho? Véase Capella, 1970.

2. En el apartado 5 se ha presentado un elenco de argumentos y contraargumentos de diverso tipo en relación con un determinado problema. ¿Qué argumentos tienen carácter procedimental y cuáles son de carácter sustantivo? ¿Hay algún argumento que no sea estrictamente jurídico? ¿Qué es lo que hace que un argumento tenga carácter jurídico? ¿Cuáles son los argumentos que le parecen de mayor peso? ¿Por qué?

3. Al comienzo del apartado 6 se señala que el tribunal debe tener en cuenta en su deliberación también el factor *tiempo*. ¿Qué quiere decirse con ello? ¿Es posible que la decisión de un caso sea justa en un momento temporal t e injusta en $t + n$? ¿Podría poner un ejemplo de ello? Si la justicia de una decisión depende, entre otros factores, del momento en que se adopta, ¿significa eso que la justicia no es un valor objetivo?

¿Existen criterios objetivos de justicia? ¿Podría indicar alguno?

4. ¿Cómo decidiría usted el anterior caso? ¿Sabe que los jueces no pueden dejar de decidir un caso alegando que el Derecho no da una respuesta clara al mismo? ¿Cuál es la razón de la anterior prohibición?

5. Una de las teorías de la justicia más acreditadas, la de John Rawls (1979), se condensa en estos dos principios: Primero: «Cada persona ha de tener un derecho igual al más amplio sistema de libertades básicas, compatible con un sistema similar de libertad para todos.» Segundo: «Las desigualdades económicas y sociales han de ser estructuradas de manera que sean para: *a)* mayor beneficio de los menos aventajados, y *b)* unido a que los cargos y las funciones sean asequibles a todos, bajo condiciones de *justa igualdad de oportunidades.*» ¿Por qué la igualdad de oportunidades es un componente tan importante de la idea de justicia? ¿Ha sido siempre así? ¿Existe realmente igualdad de oportunidades en su país? ¿Qué tendría que ocurrir para que existiese? La igualdad de oportunidades, ¿es una cuestión de grado? ¿Puede ser *desigualitaria* una sociedad en la que exista un nivel alto de igualdad de oportunidades? ¿En qué sentido? Consúltese Nino, 1983.

6. Busque en el índice de materias del libro el concepto «fuentes del Derecho». ¿Le ha quedado claro qué son las fuentes del Derecho? Haga un esquema con las fuentes del Derecho español, ordenándolas jerárquicamente. Véase Latorre, 1985; Díez-Picazo, 1983.

7. El caso discutido en este capítulo es de carácter administrativo, mientras que el anterior se trataba de un caso civil y el primero era un caso de Derecho penal. ¿Qué diferencias ve entre los tres? ¿Qué problemas, o qué normas, pertenecen al Derecho privado y cuáles al Derecho público? ¿Por qué? ¿Cree que los casos —o alguno de esos casos— habrían sido resueltos mejor si en lugar de jueces profesionales hubiese habido un jurado? ¿Qué le parece el escabinado (un tribunal que contiene jueces profesionales y miembros legos)? ¿Podría ser una buena alternativa frente al jurado puro y a la justicia profesional? ¿Qué ventajas e inconvenientes tendrían, en su opinión, cada una de estas tres formas de administrar justicia?

Capítulo cuarto

CUESTIONES DE VIDA O MUERTE. SOBRE EL ALCANCE DEL DERECHO A LA VIDA

1. **El problema. La huelga de hambre de los presos del GRAPO**

A finales de 1989, varios presos de los Grupos Antifascistas Primero de Octubre (GRAPO) se declararon en huelga de hambre como medida para conseguir determinadas mejoras en su situación carcelaria; básicamente, con ello trataban de presionar en favor de la reunificación en un mismo centro penitenciario de los miembros del grupo, lo que significaba modificar la política del Gobierno de dispersión de los presos por delitos de terrorismo. Diversos jueces de vigilancia penitenciaria y varias Audiencias provinciales tuvieron que pronunciarse entonces acerca de si cabía o no autorizar la alimentación forzada de dichos reclusos cuando su salud se veía amenazada, precisamente, como consecuencia de la prolongación de la huelga de hambre. El problema, como era lógico, trascendió a la opinión pública, en cuyos medios de expresión fue profusamente discutido. Los órganos jurisdiccionales —al igual que la opinión pública y la opinión «esclarecida» de juristas, filósofos, etc.— no llegaron a una misma conclusión, sino a las dos o tres siguientes (la tercera no fue sostenida por ningún órgano jurisdiccional, pero sí por algún sector de la opinión pública y de la doctrina penal), incompatibles entre sí: 1) la Administración está autorizada a (lo que significa también, tiene la obligación de) alimentar a los presos por la fuerza, aun cuando éstos se encuentren en estado de plena consciencia y manifiesten, en consecuencia, su negativa al respecto; 2) la Administración sólo está autorizada a tomar este tipo de medidas cuando el preso haya perdido la consciencia; y 3) la Administración no está autorizada a tomar tales medidas, ni siquiera en este último supuesto.

2. Las soluciones judiciales

2.1. Derecho a vivir y obligación de mantener la vida

En la defensa de la primera de estas tres soluciones cabe todavía distinguir tres líneas de argumentación.

2.1.1. La primera línea es la seguida por un auto del juez de vigilancia penitenciaria de Cádiz (de 24-I-1990) y, sobre todo, por tres autos —coincidentes en cuanto al fondo y en buena parte también en cuanto a la forma— de la Sala primera de la Audiencia Provincial de Zaragoza (de 14-II-1990, 16-II-1990 y 16-II-1990). La base de la argumentación, en todos los casos, es —cabría decir— el carácter sagrado de la vida que lleva a considerarla como un bien del que no cabe disponer libremente y que está en una situación de preeminencia frente a cualquier otro: el «derecho a la vida» debe prevalecer siempre frente a cualquier otro derecho con el que entre en conflicto. En el caso del juzgado de Cádiz, esto se justificaba sobre la base de que el derecho a la vida implica también «la obligación de hacer lo posible por conservarla, pues en rigor nadie es dueño absoluto de su propia vida, ya que no la crea, sino que la recibe». En el caso de los autos de la Audiencia Provincial de Zaragoza, dos de ellos (15/90 de 14-II y 17/90 de 16-II) contienen un mismo fundamento de Derecho (el segundo) redactado en términos casi idénticos y en el que se hace referencia a que «la vida es la base y fundamento del ejercicio de todos los derechos individuales; es algo más que un derecho. Es un estado de la persona humana inmanente a la misma. Ontológicamente es el primero y fundamental derecho humano, propiamente dicho, que prima sobre todos los demás, que no existen sin aquél, ya que es el origen, emanación y fin, en definitiva, de todos ellos». Esta «declaración de principios» se completa en ambos casos con una misma apelación al **Derecho natural**: «Ante la **laguna de Derecho**

> Una **laguna jurídica** es un caso para el cual el Derecho —las normas vigentes— no provee ninguna solución. Deben distinguirse las **lagunas normativas** (un caso que, efectivamente, no está resuelto por el ordenamiento jurídico) de las **lagunas axiológicas** (el caso está resuelto, pero en una forma que se juzga inadecuada; en este caso es propiamente el intérprete o el aplicador del Derecho quien «crea» la laguna). Igualmente, es importante distinguir entre **laguna legal** y **laguna jurídica**, pues un caso puede no estar resuelto por la ley, pero sí por alguna otra fuente del ordenamiento: como hemos visto con anterioridad, el Derecho español remite, sucesivamente, a la costumbre y a los principios generales del Derecho para llenar las lagunas que pudiera haber en la ley. ¿Pero qué hacer cuando existe propiamente una laguna *jurídica*? «Los jueces y tribunales —establece el apartado 7 del artículo 1 del Código civil— tienen el deber inexcusable de resolver en todo caso los asuntos de que conozcan, ateniéndose al sistema de fuentes establecidas.» Pero entonces, ¿con arreglo a qué criterios deben decidir?
> Suelen distinguirse dos procedimientos para integrar las lagunas. Uno es un procedimiento de **heterointegración** y consiste en acudir a otros ordenamientos jurídicos; ello, naturalmente, sólo es posible si el sistema de fuentes

establecido lo permite. El otro es un procedimiento de **autointegración**, lo que quiere decir que deben utilizarse criterios del propio ordenamiento jurídico de referencia. A su vez, se distinguen aquí dos mecanismos de autointegración: el recurso a la **analogía** y a los **principios generales del Derecho**. La analogía permite resolver un caso no previsto por el ordenamiento jurídico, utilizando la solución de otro caso que sí está regulado y que, en lo esencial, se asemeja al primero. Por eso, en su artículo 4.1, el Código civil dice que «Procederá la aplicación analógica de las normas cuando éstas no contemplen un supuesto específico, pero regulen otro semejante entre los que se aprecie identidad de razón.» Ahora bien, decir que entre dos normas existe una identidad de razón significa precisamente que esas dos normas caen bajo un mismo principio del Derecho. Es decir, que el recurso a la analogía y a los principios generales del Derecho no son, en realidad, cosas distintas. La analogía es un tipo de razonamiento y los principios constituyen una de las premisas a utilizar en el mismo.

positivo para resolver el tema con normas de Derecho material, no cabe otra solución que aplicar los superiores criterios del Derecho Natural» (fundamento jurídico séptimo y noveno, respectivamente). El tercero de los autos (16/90 de 16-II) está redactado en términos ideológicamente más comedidos y en él no aparece ya ninguna referencia al Derecho natural. Su fundamento de Derecho segundo establece que «la vida es la base y fundamento del ejercicio de todos los derechos individuales, y el derecho a la vida es, ontológicamente, el fundamental, pues sin éste no pueden ejercerse los demás. De ello se deduce la preeminencia de este derecho sobre cualquier otro, y así resulta del texto constitucional, que antepone en su artículo 15 el derecho a la vida a todos los demás, y del artículo 3.º de la declaración universal de derechos humanos».

2.1.2. La segunda línea de argumentación se basa, como la primera, en reconocer una prioridad al derecho a la vida frente a los otros derechos que puedan entrar en colisión con él, pero la justificación de dicha prioridad aparece ahora en términos menos metafísicos y más jurídico-positivos. Éste es el sentido del auto de la Sala segunda de la Audiencia Provincial de Madrid (de 15-II-1990) que estima el recurso de apelación interpuesto por el Ministerio Fiscal contra una resolución del Juzgado de vigilancia n.º 2 de Madrid, en la que se defendía la postura que veremos en el apartado 2.2. Esencialmente, la argumentación es la siguiente:

A) Cualquier recluso tiene derecho a la «huelga de hambre», pero ello no quiere decir que no pueda actuarse sobre el «huelguista» en ningún momento ni de ninguna forma.

B) Cuando la vida del huelguista corre peligro, la Administración puede y debe intervenir para evitar la muerte, pues en otro caso cometería un delito de omisión del deber de socorro del artículo 489 ter del Código penal (o quizás uno de auxilio al suicidio en **comisión por omisión**

> Las **acciones** u **omisiones** tipificadas por la ley penal como delictivas pueden ser de diversos tipos. Así, hay **delitos de mera actividad** y **delitos de resultado**. La violación, por ejemplo, es un delito de mera actividad, pues se comete por realizar una determinada acción; el homicidio, sin embargo, es un delito de resultado, pues en él cabe distinguir la realización de una determinada acción (por ejemplo, disparar contra una determinada persona) y la producción de un cierto resultado (producirle la muerte). Esa distinción puede efectuarse también en relación con las omisiones, lo que permite distinguir entre **delitos de omisión pura** y de **comisión por omisión**. La omisión del deber de socorro del artículo 489 ter del Código penal pertenece a la primera categoría, pues basta simplemente con no prestar ayuda a otro (en ciertas condiciones) para que se consume el delito. Por el contrario, la denegación de auxilio (del art. 371.2 del Código penal) es un delito de comisión por omisión, pues el mismo sólo puede cometerlo el funcionario que al omitir cooperar cause «grave daño para la causa pública o para un tercero». A veces sur-

gen problemas, pues las leyes penales se limitan a tipificar como delito la producción de un cierto resultado, y puede no quedar claro si el delito se puede cometer también en comisión por omisión, como ocurre en el caso del artículo 409 (párrafo segundo) que establece lo siguiente: «El que prestare auxilio o induzca a otro para que se suicide será castigado con la pena de prisión mayor; si se lo prestare hasta el punto de ejecutar él mismo la muerte será castigado con la pena de reclusión menor.»

del art. 409).

C) La razón de esto último es que el **bien jurídico protegido**

> El **bien jurídico protegido** son los bienes o valores que pretenden tutelar las normas penales: la vida, la propiedad, el honor, etcétera. Se dice que un **acto** es **antijurídico** si lesiona o pone en peligro un bien jurídico. Determinar cuál es el bien jurídico que se protege en un delito tiene importancia a efectos interpretativos, pues no siempre resulta a primera vista claro si una determinada acción u omisión puede considerarse o no como antijurídica.

en el artículo 489 ter es la solidaridad humana, que es irrenunciable. Ello significa que el bien se lesiona también si el sujeto en peligro trata de poner fin voluntariamente a la vida.

D) La **obligación**

> Desde un punto de vista muy general, una **acción** es **obligatoria** si no está prohibida ni es tampoco facultativa o libre (puede hacerse o no hacerse). Decir que una determinada acción es obligatoria (por ejemplo, pagar los impuestos) implica tanto como afirmar que está permitido realizarla y que no está permitido dejar de realizarla. Cuando esa obligación deriva de normas jurídicas, entonces nos encontramos con una **obligación jurídica**: por ejemplo, tenemos la obligación jurídica de pagar los impuestos exigidos por las leyes tributarias, pero no tenemos la obligación jurídica de saludar a los conocidos (que sería sólo un deber de cortesía), ni de enviar ayuda a los países del tercer mundo (que sería un ejemplo de **obligación moral**). Es importante tener en cuenta que esta forma de

definir la obligación jurídica evita los problemas con que tropiezan los autores que pretenden ligar necesariamente la noción de obligación con la de **sanción**: decir que una acción X es obligatoria jurídicamente implicaría tanto como afirmar que si no ocurre X entonces es probable que suceda (como diría Bentham) o debe suceder (como diría Kelsen; «debe» tiene aquí un carácter normativo, esto es, no quiere decir que *de hecho* suceda) una sanción. La mayor dificultad de estas últimas posiciones es que no pueden explicar diversos supuestos en que se habla de obligaciones jurídicas que, sin embargo, no llevan aparejadas sanciones: por ejemplo, los deberes de los jueces de última instancia de aplicar las normas jurídicas.

El concepto de obligación jurídica está estrechamente ligado con el de **derecho subjetivo** y **relación jurídica**. Puesto que hemos distinguido cuatro tipos de relaciones jurídicas y de derechos subjetivos, cabría hablar también de otras tantas modalidades de obligaciones jurídicas, según que se trate del correlato de un **derecho subjetivo en sentido estricto**, de una **libertad**, de una **potestad** o de una **inmunidad**.

Así, 1) B tiene la *obligación* de realizar X, si A tiene el *derecho* de que B realice X; X puede consistir en una omisión, en cuyo caso se trata de una obligación negativa (por ejemplo, la obligación consistente en abstenerse de causar daño a otra persona), o bien de una acción, en cuyo caso se trata de una obligación positiva (por ejemplo, la obligación de socorrer a quien está en peligro de sufrir un daño). 2) B tiene la obligación de no (o *no* tiene *derecho* a) impedirle a A realizar X, si A es *libre* de realizar X o no X (por ejemplo, la obligación de no impedir a otro que ejerza su libertad de expresarse en un sentido u otro). 3) B está *sujeto* a que A establezca mediante el acto X obligaciones que le afectan a B, si A tiene la *potestad* de modificar, mediante el acto X, el estatus de B (por ejemplo, estamos sujetos a —u obligados por— las disposiciones establecidas por las autoridades). 4) B es *incompetente* para establecer, mediante el acto X, obligaciones que afecten a A, si A tiene *inmunidad* respecto a los efectos del posible acto X de B (por ejemplo, los ciudadanos no tenemos competencia para obligar al Gobierno a aumentar la ayuda a los países del tercer mundo).

de actuar que tiene la Administración y los derechos constitucionales del huelguista (derecho al libre desarrollo de la personalidad del art. 10 de la Constitución, derecho a la vida del art. 15 y derecho a la libertad ideológica del art. 16) son conciliables de la siguiente forma: «respeto absoluto a la manifestación del sujeto de no alimentarse cuando de forma libre y consciente así lo haya asumido y mientras se mantenga en ese estado de libre determinación y conciencia, con lo cual conseguirá los fines de la manifestación que se propone, mas cuando esa situación por continuidad en el tiempo llegue al grado de poner en peligro su vida, surgirá la obligación de la administración penitenciaria [...] de asistirle médicamente conforme a criterios de la ciencia médica, que en modo alguno pueden consistir en la obligación de hacer ingerir alimentos por vía bucal, con lo que el sujeto en "huelga" prolongará en el tiempo su postura reivindicativa, tesis que cobra mayor virtualidad cuando en modo alguno se puede inferir que el huelguista pretende su muerte» (fundamento jurídico segundo).

2.1.3. Una forma muy distinta a las dos anteriores de llegar a esta misma solución la ofrece un artículo de Miguel A. Aparicio (en *El País* del 7-III-1990) que se basa en considerar que la huelga de hambre constituye un supuesto de **abuso de** un **derecho** fundamental. Las líneas esenciales de su argumentación podrían sintetizarse así:

A) El problema que aquí se plantea concierne al ejercicio del derecho a la vida (art. 15 CE) canalizado a través del principio-derecho al libre desarrollo de la personalidad (art. 10 CE), pero no nos hallamos ante el ejercicio del derecho de huelga o ante una concreción del derecho a la libertad ideológica y/o de expresión.

B) El derecho a la vida es un auténtico «**derecho subjetivo**» cuyo contenido es el de vivir o dejar de vivir, de manera semejante a como ocurre con los otros derechos fundamentales (por ejemplo, sindicarse o no sindicarse, etc.). El Estado no puede intervenir en dicho contenido: «la afirmación de que el Gobierno tiene la obligación de preservar la vida de los presos es, en este sentido, una mayúscula tontería».

C) Hay que distinguir entre el contenido y el ejercicio de los derechos, pues aunque el Estado no pueda intervenir por lo que se refiere a su contenido, todo derecho está limitado en cuanto a su ejercicio a que «se desenvuelva mediante una *actividad lícita* y conforme a unos *fines tolerados* por el ordenamiento constitucional».

D) La huelga de hambre no es lícita: «sería constitucionalmente lícita si lo que se pretende es morir, no si lo que se intenta es presionar, y se convierte en este sentido en uno de los supuestos más claros de abuso de los derechos fundamentales»; y el fin perseguido de presionar sobre la política penitenciaria del Gobierno «choca con el propio esquema de los bienes constitucionalmente protegidos».

E) En conclusión, «el ejercicio del derecho a la vida y el libre desarrollo a la personalidad de los huelguistas en hambre se halla especialmente limitado, hasta hacerlo compatible con los bienes constitucionalmente protegidos. Lo cual implica, ni más ni menos, que constitucionalmente es legítimo imponer, mediante sistemas que no vulneren frontalmente la dignidad del recluso [...] su alimentación obligatoria».

2.2. Derecho a vivir y autonomía del individuo: la obligación de mantener la vida en estados de inconsciencia

La segunda postura aparece plasmada, entre otros, en los autos de 9-I-1990, 25-I-1990 y 25-I-1990 de los jueces de vigilancia penitenciaria de Valladolid, Zaragoza y n.º 1 de Madrid, respectivamente, en el auto de la Audiencia Provincial de Zamora de 10-III-1990 y, aunque no en forma del todo clara, en el voto particular formulado por la magistrada Pedraz Calvo a la resolución de la Audiencia de Madrid ya señalada. Este punto de vista parece encontrar también un considerable apoyo en la doctrina penal española (por ejemplo, en Díez Ripollés, 1986 y 1990; Bajo y Suárez, 1990). Sintetizaré a continuación la argumentación contenida en el primero de los autos mencionados (dictado por el juez Sánchez Yllera) y luego añadiré algunos otros argumentos que se encuentran en las otras resoluciones y trabajos indicados (y en la medida en que no son una mera repetición de los primeros):

A) El artículo 2.4 de la Ley Orgánica General Penitenciaria establece el deber de la Administración de velar por la vida, salud e integridad de los internos. Dicha obligación asistencial se deriva de la especial situación en que se encuentra el recluso «que por su privación de libertad no puede por sus propios medios atender al cuidado de su salud acudiendo a los mecanismos asistenciales ordinarios de todo ciudadano» (fundamento segundo).

B) Dicha obligación debe verse «desde una *perspectiva garantista* [aquí el juez sigue la opinión de Díez Ripollés] e implica el deber de ofrecer prestaciones sanitarias o alimentarias, pero en absoluto autoriza a imponerlas contra la voluntad del recluso».

C) El internado en centro penitenciario goza de los mismos derechos fundamentales que el ciudadano libre, en la medida en que éstos sean compatibles con el cumplimiento de la pena, como ocurre en este caso. Legalmente, es imposible actuar médica o asistencialmente contra la voluntad expresa de un ciudadano consciente.

D) El deber asistencial de la Administración debe ceder ante el derecho del interno a que se respete su decisión libre y voluntaria. La alimentación forzada iría contra el artículo 10 de la CE (dignidad de la persona), podría constituir un trato degradante (prohibido por el art. 15 de la CE), está tipificado como delito de coacciones, e incluso podría verse como un delito de torturas (del art. 204 bis del Código penal).

E) El deber de velar por la integridad y salud de los internos reaparece, sin embargo, en el caso de pérdida de la consciencia por parte del huelguista, aun cuando el recluso hubiese previsto esta situación y hubiese manifestado que tampoco entonces deseaba que se le alimentase. La razón para ello es que «nunca podremos afirmar ni conocer cuál hubiera sido la voluntad del interno en ese momento y en esa circunstancia. La pérdida de consciencia le priva de la posibilidad de modificar su criterio, y estamos entonces ante una voluntad presunta que, ahora sí, cede ante el deber asistencial» (fundamento quinto).

A estos argumentos que se contienen en el auto del juez Sánchez Yllera cabe añadir todavía los siguientes:

F) El ordenamiento jurídico otorga especial relevancia a la vida humana, «pero la protección penal se confiere en tanto en cuanto los ataques a la vida provienen de interferencias de terceros, no cuando es la propia persona la que dispone de su vida [...] la persona tiene, pues, capacidad de disposición sobre su vida» (fundamento quinto del auto de 25-I-1990 del juez de vigilancia penitenciaria de Zaragoza, Vilar Badía).

G) La alimentación cuando el recluso pierde la consciencia «permite un auténtico respeto de la huelga de hambre reivindicativa como ejercicio de los derechos fundamentales del recluso: su capacidad de presión sólo se mantiene si, por un lado, la Administración no puede tolerar la muerte del huelguista y, por otro, se le impide alimentarle en la fase de consciencia y se le obliga en la fase de inconsciencia a sanarle» (Díez Ripollés, 1986).

H) La exigencia de actuar tras la pérdida de consciencia evita que se abran paso razones de Estado encaminadas a desembarazarse por esa vía de reclusos considerados como indeseables, como sucedió con la actitud del Gobierno de la señora Thatcher con ocho huelguistas del IRA en 1980 o con la del Gobierno alemán con la banda Baader-Meinhof (Díez Ripollés, 1986; Bajo y Suárez, 1990).

I) «Obligar a unos reclusos a recibir alimentación por vía parenteral, se reduce a violentar su voluntad para garantizar no su vida, sino la desaparición del riesgo de muerte. Esta situación de riesgo no es en sí misma bastante para justificar la limitación, hasta el extremo de anularla, de la libertad de los reclusos en huelga de hambre; entender lo contrario equivaldría a legitimar la prohibición a toreros, trapecistas, corredores de motos y otras actividades humanas que en sí mismas entrañan un grave riesgo para la vida» (voto particular de Pedraz Calvo al auto de la Audiencia Provincial de Madrid ya indicado).

3. ... Y su crítica

Antes de pasar a considerar la tercera de las soluciones antes apuntadas, indicaré qué argumentos cabe esgrimir, en mi opinión, contra las dos anteriores soluciones, en sus diversas variantes.

3.1. Por qué es equivocada la primera solución

3.1.1. La forma más expeditiva de defender que la Administración está autorizada a alimentar a los presos por la fuerza, sin que importe el que éstos se encuentren o no en estado de consciencia, sino simplemente el que su vida corra peligro, es, en efecto, apelar al **Derecho natural**.

La ideología del **Derecho natural** defiende básicamente estas dos ideas: 1) El Derecho no es sólo el Derecho positivo, sino también el Derecho natural, es decir, un conjunto de normas o de principios que no han sido «puestos» por el legislador y que son válidos para todos los tiempos y lugares. 2) Una norma sólo es jurídica si concuerda con —o, al menos, no se opone al— Derecho natural. Para quien tiene esta concepción del Derecho, es lógico pensar que los casos no regulados por el Derecho positivo —o incluso los regulados en contra de lo dispuesto por el Derecho natural— deben resolverse de acuerdo con los criterios de ese Derecho natural. Sin embargo, existen tipos muy diferentes de iusnaturalismo, pues esos principios se han hecho derivar —según la orientación de cada autor— de la razón o de la voluntad divina, de la razón humana, de la naturaleza del hombre o de las cosas, etc. E igualmente puede decirse que no ha habido tampoco coincidencia en cuanto al contenido de dichos principios: el Derecho natural se ha utilizado en ocasiones para defender la igualdad de todos los hombres, pero otras veces para justificar la desigualdad entre el hombre y la mujer e incluso la esclavitud (Aristóteles, por ejemplo, defendió la tesis de que algunos hombres eran esclavos por naturaleza); ha habido autores que consideraron —o que consideran— la propiedad privada como una exigencia del Derecho natural, pero tampoco han faltado defensores de la comunidad de bienes, etc.

Históricamente, el iusnaturalismo —que ha sido sin duda la concepción jurídica más duradera: se remonta al menos a Heráclito— se ha contrapuesto a la **concepción positivista del Derecho** que se impone en el mundo occidental (aunque nunca se haya dejado de hablar del «renacimiento del Derecho natural») desde finales del siglo XVIII o comienzos del XIX. De todas formas, iusnaturalismo y iuspositivismo son nociones considerablemente ambiguas. Por lo que se refiere al iuspositivismo, es importante distinguir estas dos variantes. Una es la del *iuspositivismo conceptual* o *metodológico* que se caracteriza por sostener dos tesis que son justamente la antítesis de las que caracterizaban al iusnaturalismo: 1) El Derecho es, simplemente, el (o, si se quiere, *los*) Derecho(s) positivo(s), entendiendo por tal los ordenamientos jurídicos vigentes en cuanto fenómenos sociales y variables históricamente. 2) La calificación de una norma como jurídica es independiente de su posible justicia o injusticia. La otra variante es la del **iuspositivismo ideológico** que admite la primera de estas dos tesis, pero se opone a la segunda, por entender que los únicos criterios posibles de justicia son los determinados por el propio Derecho positivo; por lo tanto, para los positivistas ideológicos, al igual que para los iusnaturalistas, decir que una norma jurídica es injusta carece de sentido. De todas formas, cabe también que alguien sea un iuspositivista metodológico, tal y como se ha definido esa postura, pero sustente al mismo tiempo una concepción iusnaturalista como teoría de la justicia; esa persona aceptaría que el Derecho puede ser injusto y utilizaría el Derecho natural precisamente como el criterio con el que medir la justicia (o injusticia) del Derecho.

El que esta invocación no pueda, sin embargo, tener éxito, se debe a las siguientes razones: 1) Es más bien dudoso que el Derecho natural se cuente entre el elenco de las fuentes de nuestro ordenamiento, aunque haya quien interprete la referencia a los **principios generales del Derecho** como una referencia a los principios del Derecho natural. 2) Tal invocación es, por otro lado, inútil, pues para conseguir los propósitos buscados bastaría con remontarse a los principios *positivizados* en la Constitución y quizás en otros textos legales. 3) Habría que demostrar que existe un principio del Derecho natural que establece que el derecho a la vida: *a*) tiene un carácter de preeminencia frente a cualquier otro derecho, y *b*) su ejercicio es, además, obligatorio, en el sentido de que el titular del derecho no es libre de optar entre vivir y morir. No es cosa de entrar aquí a discutir de qué forma se ha planteado este problema en la tradición iusnaturalista, pero quizás no sea inoportuno recordar dos datos obvios. El primero es que entre los autores iusnaturalistas no ha habido precisamente unanimidad al respecto. Y el segundo es que sostener lo afirmado en *a*), casa bastante mal con defender la pena de muerte o —digamos— el tiranicidio, lo que no ha sido precisamente anecdótico en esta tradición de pensamiento. Por lo demás, la apelación al Derecho natural expresa —aunque de manera, como hemos visto, inadecuada— una intuición correcta: la de que la argumentación jurídica, al menos en los casos difíciles, tiene también un importante componente moral.

Como la defensa de *a*) y *b*) caracteriza también la postura de las otras decisiones judiciales indicadas en el punto 2.1.1 y que no hacen una referencia expresa al Derecho natural, mostraré ahora por qué, en mi opinión, no se puede sostener ninguno de estos dos puntos con los argumentos contenidos allí; ello, por otro lado, debe llevar a rechazar en su conjunto esta línea de argumentación.

El razonamiento contenido en el apartado 2.1.1 para defender *a*) es, según creo, falaz. Es cierto que si no se está vivo no se puede ejercer ningún derecho, pero de ahí no se deduce en absoluto que el derecho a la vida goce de preeminencia frente a cualquier otro derecho. El que X sea condición necesaria para Y no implica que, por ello, X (trátese de un acto, una situación, etc.) sea superior en un sentido axiológico o normativo con respecto a Y. Por ejemplo, alimentarse es obviamente una condición necesaria para producir una obra artística, pero ello no quiere decir que lo primero implique un mayor valor que lo segundo. Y el acto de engendrar a Einstein fue desde luego condición necesaria para que éste formulase la teoría de la relatividad, pero apreciamos como más meritorio lo segundo que lo primero.

Tampoco me parece que tengan excesiva solidez los argumentos esgrimidos en favor de *b*). Por un lado, aun cuando pudiera sostenerse *a*) (lo que no es el caso), de ahí no cabe pasar a *b*) sin dar un salto en el vacío: es posible pensar que el derecho a la vida goza de preeminencia frente a los otros derechos y, sin embargo, configurarlo como un derecho de ejercicio libre y cuyo contenido sea precisamente el de vivir o morir. Por otro lado, la suposición de que no podemos disponer de la vida porque nosotros no la hemos creado, sino que la hemos recibido, se basa de nuevo en una **falacia**: todos —o muchos— estamos acostumbrados a sentirnos dueños y a disponer de bienes que no hemos contribuido en absoluto a producir; no parece que seamos menos dueños de un objeto que hayamos recibido en herencia que de uno que hayamos construido con nuestras manos. Y, además, ¿cuáles serían los derechos que nosotros hemos creado y no recibido? Y, si no los hubiera, ¿querría ello decir que no podemos disponer de ningún derecho?

3.1.2. La línea argumentativa sostenida en el apartado 2.1.2 requiere también aceptar los puntos *a*) y *b*) señalados en el anterior apartado, aunque ahora se haga con argumentos distintos y ciertamente más difíciles de rebatir. En realidad, la postura recogida en el punto 2.2 puede entenderse como una refutación de 2.1.2 (y, ***a fortiori***, también de 2.1.1), en el sentido de que allí se sostenía: frente a *a*), que el derecho a la vida no puede prevalecer frente al derecho a la libre expresión de la personalidad; y frente a *b*), que la persona tiene derecho a disponer sobre su propia vida. En definitiva, la discrepancia podría reducirse a dos maneras distintas de entender el **derecho a la vida**. En el primer caso —el de las posturas partidarias de la alimentación forzada tal y como aparecen defendidas en los apartados 2.1.1 y 2.1.2— el derecho a la vida se entiende —cabría decir— en un sentido análogo a lo que supone el derecho a la educación del artículo 27 de la Constitución: el titular del derecho —el niño— tiene derecho a ser educado, pero no a no serlo (él —o sus padres— no pueden elegir entre ir o no ir al colegio) y el Estado debe no sólo abstenerse de impedir que los niños se eduquen, sino que también, y fundamentalmente, debe poner los medios para que esto sea posible. En el segundo caso —quienes están en contra de la alimentación forzada— el derecho a la vida se entiende —podríamos decir— de manera análoga a como se configura el derecho al libre acceso a la cultura del artículo 44.1 de la Constitución: que tengamos este derecho supone que somos libres de acceder o no a la cultura —en esto se diferencia del derecho a la educación— y que el Estado no sólo debe no impedir nuestros cursos de acción en este sentido, sino que debe también poner los medios para facilitárnoslos.

Es seguramente discutible cuál de estos dos modelos es el que sigue nuestra Constitución y es incluso probable que el modelo constitucional no sea el mismo que alienta en otros textos legales (por ejemplo, en el Código penal); esto último, por otro lado, tampoco tiene mayores consecuencias, dada la obligación de interpretar todo el ordenamiento jurídico de acuerdo con la Constitución. Cuando digo «discutible» quiero decir que es una cuestión de interpretación y que no puede resolverse simplemente apelando al texto constitucional. En mi opinión, la forma más coherente de interpretar la Constitución en este punto consiste en aceptar el segundo de los modelos. En su favor cabe aducir estos dos argumentos.

El primero es, en realidad, un contraargumento en relación con lo sostenido en el apartado 2.1.2 C. Allí se afirmaba que existe un ***deber positivo***

> Habitualmente se suele pensar que la moral establece el **deber negativo** general de no causar daño a los demás, pero no el **deber positivo** general de realizar hacia los otros acciones de ayuda, esto es, consistentes en un hacer positivo. Eso significaría, por ejemplo, que tenemos la

obligación de no matar, herir, etc., a otro ser humano, pero no la de evitar su muerte o un daño grave para su integridad a no ser que se den determinadas circunstancias (que se trate de un allegado, que hayamos contraído algún tipo de relación especial con él, etc.). Según eso, sería inmoral enviar comida envenenada a la India o a Somalia, pero no sería estrictamente inmoral no enviar ayuda alguna; quien destinara aquello que no es indispensable para satisfacer sus necesidades básicas para subvenir a las necesidades de los otros haría más de lo estrictamente debido desde el punto de vista moral: su comportamiento sería **supererogatorio**. Esta concepción es también la que subyace a los sistemas jurídico-penales (a pesar de que hoy exista una tendencia de signo opuesto) que tienden a castigar más bien la infracción de los deberes negativos que los positivos.

Sin embargo, esta diferencia de actitud (que se suele vincular a la «asimetría» existente entre las **omisiones** y las **acciones**: puedo omitir simultáneamente causar daño a todos los seres humanos —es decir, puedo cumplir la obligación negativa— pero no puedo contribuir a satisfacer las necesidades básicas de todos los seres humanos —es decir, no podría cumplir con el deber positivo general de ayuda—) no parece estar muy justificada. Si la función de la moral consiste en asegurar bienes básicos de los individuos, el que esto haya de hacerse a través del establecimiento de obligaciones negativas o positivas no puede ser una cuestión de principio, sino de oportunidad. Así, la obligación de ayudar a los demás debe tener un límite, puesto que uno sólo puede estar obligado a aquello que puede hacer; pero parece difícil negar que tenemos esa obligación de ayudar mientras que con ella no pongamos en peligro la satisfacción de nuestras **necesidades básicas** (véase Garzón Valdés, 1986).

de evitar la muerte de otra persona, incluso cuando ésta trata de poner fin voluntariamente a su vida, derivado del deber de solidaridad humana que es irrenunciable. Pero ello implica, me parece, una idea equivocada de lo que razonablemente debe entenderse por **solidaridad**. Ser solidario con otro —por ejemplo, en relación con el bien vida— significa, en efecto, estar dispuesto no sólo a no hacer lo que pudiera poner en peligro su vida, sino también a hacer aquello que pudiera salvarla si estuviese en peligro; pero, ciertamente, siempre y cuando el otro considere que la vida es para él un bien que desea conservar. Sería en verdad bastante paradójico sostener que se es solidario con otro ser humano —al menos en ciertas ocasiones— cuando le impedimos realizar sus deseos (pensemos, por ejemplo, en alguien que agoniza entre terribles sufrimientos y que pide desesperadamente que le facilitemos la muerte).

El segundo de los argumentos puede presentarse como una **reducción al absurdo**

> En el argumento por **reducción al absurdo** se comienza con la suposición de una determinada tesis; luego se muestra que esa tesis lleva a una consecuencia que resulta inaceptable (absurda), y de ahí se concluye negando la tesis inicial. Se trata, pues, de una forma *indirecta* de argumentar.

y, esquemáticamente, consistiría en lo siguiente: si aceptamos que el derecho a la vida recogido en la Constitución debe interpretarse en el sentido del primer modelo indicado, entonces tendremos que aceptar también que la Constitución prohíbe toda forma de **eutanasia** (tanto la no voluntaria como la voluntaria, tanto la activa como la pasiva), en cuanto que la eutanasia presupone, en efecto, que un individuo tiene derecho a morir. Naturalmente, no cabe entrar a discutir aquí un problema tan complejo como el de la eutanasia, pero creo que sí puede decirse sin temor a equivocarse que hay al menos una forma de eutanasia (la eutanasia pasiva y voluntaria) que moralistas, juristas y médicos consideran, en general, como lícita. Y si esto es así, ello quiere decir que, por razones de **coherencia**, hay que descartar la interpretación constitucional del derecho a la vida en que se apoya la argumentación de 2.1.2.

3.1.3. La argumentación recogida en el apartado 2.1.3, dirigida a sostener la licitud de la alimentación forzada de los presos en huelga de hambre, no se basa ya en la aceptación de los dos extremos *a*) y *b*) en que descansaban las dos anteriores líneas argumentativas, sino en las premisas indicadas como 2.1.3 A, 2.1.3 B, 2.1.3 C y 2.1.3 D. Se trata de un planteamiento indudablemente original que, sin embargo, no me parece del todo sólido.

En primer lugar, porque parte de una concepción que juzgo equivocada del **derecho subjetivo**, en general, y del **derecho a la vida**, en particular. Primero, porque hay derechos subjetivos —por ejemplo, el derecho a la educación o a no ser torturado— cuyo contenido no es una **acción** que sea **facultativa** para el titular del mismo: tenemos derecho a sindicarnos o a no sindicarnos, pero los niños no tienen derecho a educarse o a no educarse, ni tenemos tampoco un derecho a dejarnos o a no dejarnos torturar. Segundo, porque parece sugerir un modelo de interpretación del derecho a la vida —sería un tercer modelo que no coincide con ninguno de los dos anteriores— que no me parece aceptable. Ahora, el derecho a la vida no sería ya análogo ni al derecho a la educación ni al derecho al libre acceso a la cultura, sino al derecho a la libertad de expresión (o al derecho a la libre sindicación): tener este derecho significa que somos libres de expresarnos en un sentido o en otro y que los demás —en particular, el Estado— no pueden impedirnos ejercer esta libertad, aunque tampoco tengan por qué hacer nada para facilitárnosla; de la misma manera, podemos vivir o dejar de vivir y el Estado, naturalmente, no puede matarnos, pero tampoco tiene ningún deber positivo de preservar nuestra vida —o la de los presos. Ahora bien, el Estado sí que tiene un *deber positivo* de velar por la salud y la vida de los presos —y de los ciudadanos en general—; lo que ocurre es que no puede tomar medidas encaminadas a este objetivo que vayan en contra de la voluntad de los afectados (los argumentos recogidos en 2.2 A, 2.2 B, 2.2 C y 2.2 F me parecen, en este sentido, irreprochables).

En segundo lugar, la idea de que la huelga de hambre «sería constitucionalmente lícita si lo que se pretende es morir, no si lo que se intenta es presionar» se basa, pienso, en un error ocasionado, quizás, por no haber distinguido entre el **resultado** (querido) de una acción y sus **consecuencias** (no queridas). La huelga de hambre se distingue del suicidio precisamente porque la muerte para el suicida es un resultado y para el huelguista de hambre tan sólo una consecuencia. Decir que la huelga de hambre sólo es lícita si lo que se pretende es morir, equivale a decir que nunca es lícita (pues el huelguista no quiere morir, sino que está dispuesto a morir para lograr un determinado resultado —en este caso, presionar al Gobierno—); esto, por otro lado, está en contradicción con una afirmación del propio Aparicio en el sentido de que «no cabe hablar de la ilicitud genérica de la huelga de hambre».

En tercer lugar, la idea de «**abuso**» **de un derecho fundamental**

> Como antes se ha visto, el **derecho subjetivo** es un poder o facultad de obrar que el ordenamiento jurídico concede a un sujeto. Ese poder, sin embargo, no tiene un carácter absoluto, sino que sólo puede ejercerse dentro de los límites señalados por las normas jurídicas. Pero esos límites no pueden trazarse siempre de antemano de una manera precisa —esto es, sirviéndose de **reglas**— sino que, en alguna medida, se hacen depender de **principios** jurídicos como el de que los derechos deben ejercerse de buena fe y sin incurrir en **abuso de Derecho**. Así, abusaría de su derecho quien lo ejerciera con el único propósito de causar daño a otro o bien apartándose de la finalidad social para la que se estableció el derecho.
> En el plano del Derecho administrativo, el equivalente al concepto de abuso de Derecho es el de **desviación de poder**, que se produce cuando algún órgano o autoridad

administrativa ejerce su potestad para fines distintos de los fijados por el ordenamiento jurídico; si esto ocurriera (y puede probarse) la decisión de la autoridad debe ser anulada.

es seguramente una idea autocontradictoria, por lo menos si se acepta una concepción de los derechos como la que ha popularizado en los últimos años Ronald Dworkin. Para este autor, tener un **derecho** —un derecho individual— significa tener un *triunfo* frente a la mayoría; significa que ninguna directriz política ni objetivo social colectivo puede prevalecer frente a él (Dworkin, 1984, cap. 7). Y, en todo caso, no se ve por qué si el derecho a la libertad de expresión puede ejercerse para presionar sobre la política penitenciaria del Gobierno —no creo que Aparicio pensara que abusara de su derecho a la libertad de expresión el preso del GRAPO que criticara las medidas de dispersión tomadas por el Gobierno—, no pueda hacerse otro tanto con el derecho a la vida.

3.2. De cómo las soluciones a medias no suelen servir como solución

La fundamentación ofrecida en el apartado 2.2 contiene en realidad dos tesis, una de las cuales me parece acertada, y la otra, no. La primera tesis consiste en negar que se pueda alimentar por la fuerza a presos que libre y conscientemente no desean ser alimentados; la segunda afirma que se les puede alimentar por la fuerza una vez que han perdido la consciencia.

A su vez, la primera tesis puede justificarse —de acuerdo con el esquema de argumentación ofrecido anteriormente— de dos maneras. Una de ellas es la que se contiene en los puntos 2.2 A, 2.2 B, 2.2 C y 2.2 D y, en mi opinión, es sustancialmente correcta. La otra es la que se expresa en el punto 2.2 I y la juzgo equivocada. En el caso que nos ocupa, me parece obvio que no se está simplemente frente a un supuesto de «riesgo de muerte», sino de «muerte segura»: se sabe de toreros, trapecistas o corredores de motos que han sobrevivido incluso a todas sus actuaciones profesionales, pero no se sabe de nadie que haya podido sobrevivir después de un determinado número de días sin alimentarse. Antes he indicado que la huelga de hambre se distingue del suicidio porque el huelguista acepta la muerte (como una **consecuencia** de su acción) pero no la desea (como un **resultado** de la misma). Ahora cabe añadir que el huelguista de hambre —que lleva hasta el extremo su actitud— se diferencia de quien acepta —profesionalmente o no— efectuar una actividad que supone un grave riesgo para su vida, porque el primero sabe con seguridad que se va a morir, pero no así el segundo; en el primer caso, hay una conexión de necesidad entre la actividad y la consecuencia que falta en el segundo (en el que la probabilidad puede ser más o menos alta).

La tesis que juzgo equivocada —la segunda tesis— es, como he dicho, la de que se pueda alimentar por la fuerza a los presos una vez que éstos han perdido la consciencia. Los argumentos aducidos para sostener esta tesis (2.2 E, 2.2 G y 2.2 H) me parecen francamente débiles.

En relación con el punto 2.2 E cabría hacer, entre otras, las tres siguientes consideraciones críticas. La primera es que si se aceptara lo sostenido ahí, parece que también habría que aceptar que a un huelguista de hambre —pero no recluido en una prisión— habría que alimentarle por la fuerza una vez que ha perdido la consciencia; pues el hecho de que uno esté cumpliendo pena y el otro no (de acuerdo con lo sostenido en 2.2 A y 2.2 C) no es razón que justifique una diferencia de trato a este respecto. Ahora bien, yo no veo de qué manera se puede justificar moralmente una medida de este tipo (pensemos, por ejemplo, en un Gandhi en huelga de hambre para reivindicar que los países ricos eviten la muerte por hambre en el tercer mundo).

La segunda consideración es que lo afirmado en el apartado 2.2 E llevaría a una consecuencia —si se desea ser coherente— que me parece inaceptable. Pues si se niega que un individuo pueda tomar —libre y voluntariamente— decisiones para los casos de pérdida de consciencia, habrá que rechazar también instituciones como el «testamento vital»;

> El **testamento vital** es un documento en el que una persona, de manera plenamente consciente y voluntaria, declara que no desea ser mantenida con vida si llegara a verse en una situación de enfermedad terminal, graves padecimientos, etcétera, y en la que no pudiera expresar su voluntad. Lo que se persigue con ello es que el individuo pueda determinar no sólo la forma en que desea vivir, sino también morir.

y ello, a su vez, lleva, por lo menos, a complicar innecesariamente los problemas que plantea la **eutanasia** no voluntaria (es decir, no los supuestos en los que la persona a la que se da muerte es capaz de consentir pero no lo hace [eutanasia involuntaria], sino aquellos en que la persona no es capaz de elegir entre la vida y la muerte).

La tercera consideración es que el apartado 2.2 E supone tomar una **medida paternalista** que me parece injustificada. Por «medida paternalista» entiendo una medida que se establece con el fin de obtener un bien para una persona o grupo de personas y sin contar con su aceptación. Yo no dudo en que hay casos en que puede estar justificado actuar de forma paternalista. Concretamente, pienso que sí lo está si se dan estas tres condiciones (Atienza, 1988, pp. 203-214): 1) la medida está realmente encaminada hacia la consecución del bien objetivo de una persona o una colectividad; 2) los individuos o la colectividad a que se destina la medida no pueden prestar su consentimiento por poseer algún tipo de incapacidad básica —transitoria o no—; y 3) se puede presumir racionalmente que éstos prestarían su consentimiento si no estuvieran en la situación de incapacidad indicada en la condición 2) y, por tanto, conocieran cuál es realmente su bien. Puede aceptarse que en este caso se da la condición 1) y también —en la medida en que están inconscientes— la 2), pero, desde luego, no puede decirse lo mismo en relación con la condición 3), siempre y cuando se suponga (como se hace en todas las decisiones judiciales y opiniones recogidas) que el individuo (el preso del GRAPO) tomó su decisión de prolongar la huelga de hambre hasta la muerte con pleno conocimiento de causa y de manera libre y voluntaria.

El argumento contenido en 2.2 G, en el sentido de que sólo de esta forma —alimentando al preso cuando está en estado de inconsciencia— se respeta la huelga de hambre reivindicativa como ejercicio de un derecho fundamental, me parece vulnerable desde dos puntos de vista. Por un lado, parece verdaderamente discutible que la medida en cuestión pueda tener los efectos que pretenden sus partidarios: si se espera a llegar al estado de inconsciencia —e incluso antes—, la situación puede ser ya irreversible, de manera que realmente no se logra salvar la vida del huelguista (como se dice en el fundamento sexto del auto 16/90 de 16 de febrero de la Sala primera de la Audiencia Provincial de Zaragoza); e incluso si se lograra salvarla, no parece que sea ésta una medida que pueda prolongarse indefinidamente. Por otro lado, el argumento en cuestión presupone una concepción por lo menos discutible de los **derechos fundamentales**. Si alguien tiene un «derecho fundamental» —por ejemplo, a vivir o a morir—, ello significa que contra su derecho no pueden prevalecer —al menos en principio— consideraciones a partir del interés general o de conveniencias públicas. Pero, naturalmente, una cosa es que debamos respetar —o que el Estado deba respetar— este derecho del individuo aun cuando ello resulte en perjuicio de otros, de la política del Gobierno, etc., y otra cosa es que se deba hacer lo posible para permitir que el titular de un derecho fundamental logre un determinado propósito como consecuencia de haber ejercido su derecho. Obviamente, debemos respetar el derecho de libertad de expresión y, en ese sentido, no cabe prohibir que alguien escriba un artículo, por ejemplo, en defensa de la actual regulación del tráfico de drogas en el Código penal; pero, desde luego, no hay por qué procurar que la persona en cuestión logre su propósito de convencer a la opinión publica o a los legisladores de sus tesis y, desde mi punto de vista, haríamos incluso bien si tratáramos de contrarrestar esa influencia escribiendo un artículo refutando aquellas tesis. De manera análoga, no veo ninguna razón que nos deba mover a interpretar las normas o a tomar decisiones en orden a favorecer que los presos del GRAPO puedan mantener su «capacidad de presión», que no es más que un objetivo perseguido en el ejercicio de un derecho fundamental, pero que no forma parte del contenido de dicho derecho.

Finalmente, el argumento de evitar que se abran paso «razones de Estado», indicado en 2.2 H, no me parece tampoco convincente por dos razones. Una es que el argumento es en sí mismo débil, pues no pretende decir que si se toma la medida contraria a la que se pretende defender —es decir, si no se les alimenta en la fase de inconsciencia— se produzca con ello un mal, sino simplemente que existe el riesgo de que con ocasión de ello se cause un mal. En el fondo, se trata del mismo **argumento de la «pendiente resbaladiza»** que suelen esgrimir quienes están en contra de cualquier forma de eutanasia (se empieza justificando algunos tipos muy limitados de eutanasia y se termina en el genocidio nazi) y cuya fuerza me parece limitada. La otra razón es que el argumento está mal dirigido, en el sentido de que el destinatario del mismo sería, en todo caso, el Gobierno, pero no los jueces. La posición del Gobierno es aquí esencialmente distinta a la de los jueces, en cuanto que aquél puede tomar decisiones que eviten ese riesgo —por ejemplo, modificar su política penitenciaria, negociar con los presos, etc.— que están fuera de la competencia de los jueces. Por eso mismo, el que la postura que voy a defender a continuación coincida aparentemente con la propugnada por la señora Thatcher no me parece que sea un motivo de mayores preocupaciones.

4. Derecho a vivir y derecho a morir

Mi punto de vista al respecto es, en efecto, que los jueces deberían haber fallado en el sentido de no autorizar a alimentar por la fuerza a los presos del GRAPO, incluso cuando éstos hubieran perdido la consciencia, y siempre sobre la base de que su decisión de prolongar la huelga de hambre hasta el final la han tomado con pleno conocimiento de causa y de manera libre y voluntaria. Los argumentos en que me baso para ello son sustancialmente los que configuran lo que he denominado la primera tesis contenida en el punto 2.2. A esos argumentos añadiré aquí sólo tres consideraciones que me permitirán precisar mi postura al respecto.

La primera consideración es que lo que se sostiene en el apartado 3.2 —lo que pretendo sostener aquí— es que el estado de inconsciencia no justifica que se pueda alimentar por la fuerza a un preso —o, en general, a una persona— que haya manifestado claramente su voluntad en sentido contrario. Pero con ello no quiero decir que *nunca* sea lícito hacerlo, es decir, que en ningún caso se pueda alimentar por la fuerza a un preso en huelga de hambre. Podría hacerse, por ejemplo, en un supuesto en que concurrieran las circunstancias antes indicadas para configurar un caso de paternalismo justificado. Concretamente, estaría justificado hacerlo si hubiera razones sólidas para pensar que los huelguistas no tomaron su decisión de manera libre, sino presionados por su organización, lo que quizás no sea del todo descartable en relación con alguno de ellos.

La segunda consideración concierne a la configuración del **derecho a la vida** que, obviamente, está en la base de todos los argumentos esgrimidos en uno u otro sentido. Anteriormente he distinguido tres formas distintas de conceptualizar dicho derecho y me he decantado en favor del segundo modelo: el derecho a la vida implica que se tiene derecho a vivir o a morir y que los demás —y, en su caso, el Estado— tienen no sólo deberes negativos, sino también deberes positivos en orden a garantizarnos la vida. Ahora debo añadir que aunque el derecho a la vida implique que se pueda tomar también la opción de no vivir, de morir, ello no quiere decir que sea un *derecho de libre disposición*, en el sentido fuerte de esta expresión. El derecho a la vida se distingue en este aspecto del derecho a la propiedad y se asemeja al derecho de voto o al derecho a elegir una determinada religión. Uno puede disponer libremente de su propiedad y transmitir en consecuencia a otro sus derechos sobre un determinado objeto, pero no puede vender su voto o hacer un contrato renunciando en el futuro a adherirse a un determinado credo religioso aunque, naturalmente, pueda votar o no votar y adherirse a una religión o a otra.

Y la tercera consideración es que, puesto que —como ya he dicho— lo que falla en la argumentación sostenida en el punto 2.2 no es la concepción del derecho a la vida ni la idea de que exista algún caso en que se pueda alimentar por la fuerza a un preso, sino la línea de demarcación que separa los casos en que sería lícito hacerlo de los otros, habría que sugerir aquí otro criterio alternativo al de la consciencia/inconsciencia de los presos.

Para ello me parece interesante volver de nuevo a Dworkin y, concretamente, a una distinción que él traza en diversos escritos (Dworkin, 1986, caps. 18 y 19) entre **argumentos de principio** y **argumentos consecuencialistas** *(arguments of policy)*. Los primeros son argumentos dirigidos a establecer o justificar un derecho individual; los segundos se dirigen a establecer o justificar un fin o interés general; en caso de contradicción (y salvo supuestos extremos), los argumentos de principio deben prevalecer sobre los argumentos consecuencialistas. Pues bien, si configuramos el derecho a la vida como un derecho fundamental según el modelo antes indicado, entonces ello quiere decir que frente a él no pueden prevalecer consideraciones consecuencialistas como, por ejemplo, el hecho de que el ejercicio de este derecho podría hacer fracasar una determinada política del Gobierno o de que ocasionaría determinados problemas al funcionamiento de las instituciones penitenciarias. El derecho a la vida (y, por lo tanto, a la muerte) de los presos del GRAPO sólo podría limitarse si su ejercicio afectase a derechos fundamentales de otros o supusiera consecuencias verdaderamente extremas, como lo sería, por ejemplo, el que pusiera en peligro el funcionamiento mismo de las instituciones penitenciarias, supusiera un riesgo para el sistema democrático, ocasionase gastos económicos de extraordinaria entidad, etcétera. Como me parece que no estamos frente a ninguno de estos supuestos, entiendo que los jueces no deberían haber autorizado la alimentación por la fuerza de estos presos.

5. El Tribunal Constitucional entra en escena

No fue esta última, sin embargo, la postura adoptada por el Tribunal Constitucional, cuando hubo de pronunciarse al respecto. En la resolución de dos recursos de amparo planteados por presos del GRAPO, que dieron lugar a otras tantas sentencias del Tribunal (de 27 de junio de 1990 y de 19 de julio de 1990), este último se mostró partidario de la primera de las soluciones antes indicadas. La argumentación del Tribunal Constitucional (tengo en cuenta únicamente la primera de esas sentencias, pues la segunda se basa exactamente en los mismos razonamientos) sigue, cabe decir, la siguiente estrategia. En el recurso de amparo se aducía que el auto de la Sala segunda de la Audiencia Provincial de Madrid (que se recurría) en que se declaraba «el derecho-deber de la Administración penitenciaria de suministrar asistencia médica [...] a aquellos reclusos en huelga de hambre una vez que la vida de éstos corriera peligro» (es decir, la primera de las soluciones) suponía una vulneración de los artículos 1.1, 9.2, 10.1, 15, 16.1, 17.1, 18.1, 24.1 y 25.2 de la Constitución. El pleno del Tribunal va descartando uno a uno los diversos motivos de impugnación y centra su argumentación en el derecho a la integridad física y moral garantizada por el artículo 15 de la Constitución. La alimentación forzada de los presos constituye para el Tribunal, en efecto, una limitación de este derecho fundamental, pero que considera justificada por la necesidad de preservar el bien de la vida humana. Y aquí, a propósito del conflicto que surge entre el valor de la vida y el valor de la autonomía personal, el Tribunal justifica su opción en favor del primero de ellos —en favor de la vida— basándose, esencialmente, en los tres argumentos siguientes.

El primero es que el derecho a la vida tiene un contenido de protección positiva que impide configurarlo como un derecho de libertad que incluya el derecho a la propia muerte. La persona «puede fácticamente disponer sobre su propia muerte [...] la privación de la vida propia o la aceptación de la propia muerte es un acto que la ley no prohíbe», pero no constituye un «derecho subjetivo». En consecuencia, «no es posible admitir que la Constitución garantice en su artículo 15 el derecho a la propia muerte» y, por tanto, «carece de apoyo constitucional la pretensión de que la asistencia médica coactiva es contraria a ese derecho constitucionalmente inexistente» [fundamento jurídico 7].

El segundo argumento (inspirado probablemente en una de las tesis de Aparicio antes discutida) es que los presos no usan de la libertad reconocida en el artículo 15 «para conseguir fines lícitos», sino «objetivos no amparados por la ley»: «la negativa a recibir asistencia médica sitúa al Estado, en forma arbitraria, ante el injusto de modificar una decisión, que es legítima mientras no sea judicialmente anulada, o contemplar pasivamente la muerte de personas que están bajo su custodia y cuya vida está legalmente obligado a preservar y proteger» [fundamento jurídico 7].

Y el tercer argumento (que es al que más relevancia concede el Tribunal) es que la «relación especial de sujeción» en que se encuentran los reclusos en relación con la Administración penitenciaria permite «en determinadas situaciones, imponer limitaciones a los derechos fundamentales de internos que se colocan en peligro de muerte a consecuencia de una huelga de hambre reivindicativa, que podrían resultar contrarias a esos derechos si se tratara de ciudadanos libres o incluso de internos que se encuentren en situaciones distintas» [fundamento jurídico 6]. La Administración, en virtud de esta situación de sujeción especial, «viene obligada a velar por la vida y la salud de los internos sometidos a su custodia; deber que le viene impuesto por el artículo 3.4 de la LOGP, que es la ley a la que se remite el artículo 25.2 de la Constitución como la habilitada para establecer limitaciones a los derechos fundamentales de los reclusos, y que tiene por finalidad, en el caso debatido, proteger bienes constitucionalmente consagrados, como son la vida y la salud de las personas» [fundamento jurídico 8].

6. Excurso: sobre la teoría de la argumentación jurídica

La crítica a dirigir a la tesis del Tribunal Constitucional está contenida ya, en buena medida, en el apartado 3. Más adelante la desarrollaré con algún detalle, pero antes puede ser interesante introducir algunos conceptos básicos de la teoría de la argumentación jurídica que —como cualquiera puede suponer— tiene como objeto de reflexión las argumentaciones que se producen en contextos jurídicos.

6.1. Derecho y argumentación

En el Derecho existen básicamente tres contextos de argumentación: el de la producción o establecimiento de normas jurídicas; el de la aplicación de normas jurídicas a la resolución de casos, y el de la denominada «dogmática jurídica». Sin embargo, las teorías de la argumentación jurídica que se han venido desarrollando en los últimos años (desde los estudios pioneros de los años cincuenta de Viehweg [1964], Perelman [1989] y Toulmin [1957], hasta las recientes construcciones de MacCormick [1978] y Alexy [1989]) no se han ocupado prácticamente del primero de estos contextos, seguramente por considerar que se trata de una argumentación más política que jurídica. Se han centrado en el segundo, el de la argumentación que se lleva a cabo en la resolución de casos jurídicos, y han prestado alguna atención al tercero, el de la **dogmática jurídica**, en la medida en que la argumentación dogmática no difiere esencialmente de la que efectúa un órgano jurisdiccional. Simplificando un tanto las cosas, podría decirse que mientras que los órganos aplicadores tienen que resolver **casos individuales** (por ejemplo, si se debe alimentar o no por la fuerza a los presos del GRAPO en huelga de hambre), el dogmático del Derecho se plantea más bien **casos genéricos** (por ejemplo, el problema de determinar cuáles son los límites entre el derecho a la vida y el derecho a la libertad personal y cuál de los dos derechos debe prevalecer en caso de conflicto). Pero, como hemos visto, la solución dada a esta última cuestión juega un papel muy importante —por no decir, determinante— en la resolución de la primera. En el capítulo último de este libro volveremos de nuevo a considerar las diferencias entre estos tres tipos de argumentación. En todo caso, tanto la labor de los órganos jurisdiccionales y, en general, aplicadores del Derecho, como la de los dogmáticos —dejemos de momento de lado la de los legisladores—, puede decirse que consiste en producir argumentos para la resolución de casos, bien sean individuales o genéricos, reales o ficticios. Argumentar constituye, en definitiva, la actividad central de los juristas y se puede decir incluso que hay muy pocas profesiones —si es que hay alguna— en que la argumentación juegue un papel más importante que en el Derecho. Ello explica que la argumentación jurídica haya sido considerada incluso en ocasiones como un modelo, y que autores como Toulmin —seguramente con alguna exageración— hayan llegado a escribir que la lógica entera debía considerarse como «jurisprudencia generalizada» (Toulmin, 1958, p. 7). ¿Pero qué significa en realidad argumentar?

6.2. ¿Qué significa argumentar?

Desde el punto de vista de la lógica, un **argumento** es un encadenamiento de proposiciones, puestas de tal manera que de unas de ellas (las **premisas**) se sigue(n) otra(s) (la **conclusión**). El ejemplo tradicional y bien conocido es el silogismo que tiene a Sócrates como protagonista: todos los hombres son mortales; Sócrates es un hombre; luego, Sócrates es mortal. Quien acepta la verdad de las primeras proposiciones (la mortalidad de los hombres y la humanidad de Sócrates) viene obligado a aceptar también la última, la conclusión de que Sócrates es mortal. También a propósito de la sentencia sobre los GRAPO podríamos decir que el Tribunal Constitucional, en algún momento, efectúa —explícita o, cuando menos, implícitamente— una inferencia de este tipo. Lo que establece en dicha sentencia podríamos ponerlo, en efecto, en forma silogística o deductiva: la Administración tiene la obligación de velar por la vida de los presos, incluso cuando éstos, voluntariamente, la ponen en peligro; con su huelga de hambre, los presos del GRAPO están poniendo en peligro sus vidas; por lo tanto, la Administración tiene la obligación de velar por la vida de estos presos. Alguien podría decir que ésa no es aún la conclusión a que llega el tribunal, pero una objeción semejante puede ser fácilmente contestada mediante otro silogismo u otra deducción: la obligación de la Administración de velar por la vida de los presos implica que, cuando su salud corra grave riesgo como consecuencia de una huelga de hambre, debe alimentarles por la fuerza; la huelga de hambre de los presos del GRAPO les sitúa, en efecto, en una situación de riesgo grave para su salud; por lo tanto, la Administración debe alimentarles por la fuerza.

En estos dos últimos ejemplos —y dejadas al margen algunas cuestiones técnicas que no hacen aquí al caso— diríamos que la situación es la misma que en el silogismo a propósito de Sócrates. Las proposiciones son quizás más complejas, las conclusiones seguramente más interesantes (la mortalidad de Sócrates, al parecer, ni siquiera le importó demasiado a él mismo, quizás porque él fuera uno de los inventores de la teoría de la inmortalidad del alma; por el contrario, si se les debe o no alimentar por la fuerza a los presos del GRAPO es una cuestión discutida y discutible), pero respecto de los tres ejemplos podríamos decir lo mismo: si uno acepta las premisas, entonces parece que necesariamente debe aceptar también la conclusión.

Ahora bien, esto podríamos presentarlo también de otra forma. Podríamos decir que lo que **justifica** que afirmemos que Sócrates es mortal o que la Administración debe alimentar por la fuerza a los presos del GRAPO son las premisas respectivas de estos razonamientos. Las premisas son **razones** que sirven de justificación a la conclusión. Un argumento podríamos verlo entonces, no simplemente como una cadena de proposiciones, sino como una acción que efectuamos por medio del lenguaje. El lenguaje, como sabemos, lo utilizamos para desarrollar funciones o usos distintos. Mediante el lenguaje podemos informar, prescribir, expresar emociones, preguntar, aburrir, insultar, alabar... y podemos también argumentar. El uso argumentativo del lenguaje significa que aquí las emisiones lingüísticas no consiguen sus propósitos directamente, sino que es necesario producir razones adicionales. Para conseguir insultar a alguien basta incluso con pronunciar una sola palabra. Pero no se argumenta simplemente con decir que Sócrates es mortal o que los presos del GRAPO deben ser alimentados por la fuerza. Para argumentar se necesita, además, producir razones en favor de lo que decimos; mostrar qué razones son pertinentes y por qué; rebatir otras razones que justificarían una conclusión distinta; etc. En definitiva, argumentar es una actividad que puede llegar a ser muy compleja. Piénsese, por ejemplo, a propósito del caso de los GRAPO, en la cantidad de razones en una u otra dirección que pueden encontrarse en las resoluciones de los diversos órganos jurisdiccionales, del ministerio fiscal, de los abogados, etc. Tales razones, en parte se solapan y en parte no; algunas nos parecen sumamente fuertes, otras equivocadas y otras quizás discutibles; unos argumentos son centrales con respecto al problema discutido, otros periféricos y otros, sencillamente, ornamentales; etc. Y algo parecido cabe decir en relación con el resultado que normalmente se persigue en las argumentaciones jurídicas: justificar determinadas decisiones. ¿Cómo es entonces posible que una tarea tan compleja como la de llegar a una decisión en un caso particularmente difícil como el de los GRAPO se resuelva simplemente con un silogismo, o con un par de ellos? ¿Es eso todo lo que queremos decir cuando hablamos de justificar o de argumentar en favor de una decisión? ¿Es, en definitiva, el método de la lógica —el método deductivo— el que debe seguir el jurista teórico o práctico para la resolución de los problemas jurídicos?

6.3. Lógica formal y argumentación

Me parece que la mayor parte de los juristas —y no sólo de los juristas españoles— responderían negativamente a esta última cuestión. Unos traerían aquí probablemente a colación la famosa frase del juez norteamericano Holmes de que «la vida del Derecho no ha sido lógica, sino experiencia» (Holmes, 1881, p. 1), o la crítica, en general, de los **realistas americanos**

> El **realismo jurídico** es una dirección de pensamiento que se desarrolla en los Estados Unidos y en Canadá en los años veinte y treinta. Su precursor fue el juez

estadounidense Oliver H. Holmes, uno de los juristas más influyentes en la cultura jurídica de este siglo. Los realistas insistieron, sobre todo, en la necesidad de pasar del «Derecho de los libros» al «Derecho en acción» y de ahí que se les haya considerado como «escépticos frente a las normas»: el Derecho —nos dicen esos autores— no consiste propiamente en normas, sino en el comportamiento de los jueces (que en parte —pero sólo en parte— está condicionado por normas).

a la teoría del silogismo judicial. El juez —escribió uno de estos autores, Jerome Frank (Frank, 1963)— no parte de alguna regla o principio como su premisa mayor, toma luego los hechos del caso como premisa menor y llega a su resolución mediante un puro proceso de razonamiento. El juez —o los jurados— toman sus decisiones de forma irracional —o, por lo menos, arracional— y posteriormente las someten a un proceso de racionalización. La decisión, por tanto, no se basa en la lógica, sino en los impulsos del juez que están determinados por factores políticos, económicos, sociales, y, sobre todo, por su propia idiosincrasia. Otros recordarán probablemente a Viehweg y, con él, dirán que el método de la jurisprudencia no ha de ser —e históricamente no ha sido— el axiomático o deductivo de la lógica, sino el *estilo* —más bien que método— de la tópica. Que la clave del razonamiento jurídico no se encuentra en el paso de las premisas a la conclusión, sino en el establecimiento de las premisas. La **tópica**, en definitiva —nos dice Viehweg siguiendo una famosa distinción ciceroniana de origen estoico— no es un *ars iudicandi*, sino un *ars inveniendi*.

> Es decir, la **tópica** es una técnica para inventar premisas, no para mostrar cuando está justificado pasar de las premisas a la conclusión.

Este punto de vista crítico en relación con el papel que juega la lógica en el razonamiento jurídico apunta a algo que es cierto —la insuficiencia de la lógica para dar cuenta de todos los aspectos de la argumentación jurídica—, pero es esencialmente erróneo en la medida en que pretende disociar y contraponer la lógica —la **lógica deductiva**— y la **argumentación jurídica**. El error consiste en no haber distinguido, por un lado, entre **explicar** y **justificar** una decisión y, por otro lado, dentro de la justificación, entre lo que hoy se suele llamar **justificación interna** y **justificación externa** (Wroblewski, 1974, pp. 33-46).

Para aclarar el primer par de conceptos, puede echarse mano de una distinción que procede de la filosofía de la ciencia, entre el contexto de descubrimiento y el contexto de justificación de las teorías científicas. Así, por un lado está la actividad consistente en descubrir o enunciar una teoría y que, según opinión generalizada, no es susceptible de un análisis de tipo lógico; lo único que cabe aquí es mostrar cómo se genera y desarrolla el conocimiento científico, lo que constituye una tarea que compete al sociólogo y al historiador de la ciencia. Pero, por otro lado, está el procedimiento consistente en justificar o validar la teoría, esto es, en confrontarla con los hechos a fin de mostrar su validez; esta última tarea requiere un análisis de tipo lógico (aunque no sólo lógico) y está regida por las reglas del método científico (que, por tanto, no son de aplicación en el contexto de descubrimiento).

Pues bien, esta distinción se puede trasladar al campo de la argumentación, en general, y al de la argumentación jurídica, en particular. Así, una cosa es el procedimiento mediante el que se llega a establecer una determinada premisa o conclusión, y otra cosa el procedimiento consistente en justificar dicha premisa o conclusión. Si pensamos en el argumento que concluye afirmando que «a los presos del GRAPO se les debe alimentar por la fuerza», la distinción la podemos trazar entre los móviles psicológicos, el contexto social, las circunstancias ideológicas, etc., que llevaron a un determinado juez o tribunal a dictar esa resolución, y las razones que el órgano en cuestión ha dado para mostrar que su decisión es correcta o aceptable, esto es, que está justificada. Decir que el juez tomó esa decisión debido a sus fuertes creencias religiosas o a su identificación con la política penitenciaria del Gobierno significa enunciar una razón explicativa; decir que la decisión del juez se basó en una determinada interpretación del artículo 15 de la Constitución significa enunciar una razón justificativa. Los órganos jurisdiccionales o administrativos no tienen —al menos, por lo general— que explicar sus decisiones, sino sólo justificarlas.

Y si se tiene en cuenta esta distinción, es muy fácil ver cuál es el error en que incurren los realistas americanos y, en general, quienes sostienen que el proceso de toma de decisión de los órganos jurídicos no se efectúa de hecho según un modelo lógico. El error consiste, precisamente, en haber confundido el contexto de descubrimiento y el contexto de justificación. Es muy posible que, de hecho, las decisiones se tomen precisamente como ellos sugieren, esto es, que el proceso mental del juez vaya de la conclusión a las premisas y no al revés, e incluso cabe pensar que la decisión (al menos, en algunos casos) es, sobre todo, fruto de prejuicios; pero ello no anula la necesidad de justificar la decisión, ni convierte tampoco esta tarea en algo imposible. En otro caso, habría que negar, también, que se pueda dar el paso de las intuiciones a las teorías científicas, o que, por ejemplo, científicos que ocultan ciertos datos que se compadecen mal con sus teorías estén, por ello, privándolas de sentido.

La otra distinción, a la que antes me refería, tiene lugar dentro del contexto de justificación y consiste en lo siguiente. Una vez que un juez o un tribunal ha llegado a establecer, por un lado, la premisa normativa:

por ejemplo, la obligación de la Administración de velar por la vida de los presos implica que cuando la salud de éstos corra graves riesgos como consecuencia de una huelga de hambre, debe alimentarles por la fuerza; y, por otro lado, la premisa fáctica: la huelga de hambre de los presos del GRAPO les sitúa, en efecto, en una situación de riesgo grave para su salud; la justificación de la conclusión: a los presos del GRAPO se les debe alimentar por la fuerza, es sólo una cuestión de lógica. Justificar aquí significa que la inferencia en cuestión, esto es, el paso de las premisas a la conclusión, es lógicamente —deductivamente— válido: quien acepte las premisas debe aceptar también la conclusión ; o, dicho de otra manera, para quien acepte las premisas, la conclusión en cuestión está justificada. A este tipo de justificación, de la que obviamente no puede carecer ninguna decisión jurídica, se le suele llamar **justificación interna**.

Ahora bien, este tipo de justificación sólo es suficiente cuando ni la norma, o normas aplicables, ni la comprobación de los hechos suscitan dudas razonables. Dicho de otra manera, la lógica deductiva resulta necesaria y suficiente como mecanismo de justificación para los **casos** jurídicos **fáciles** o rutinarios. Pero, como ya hemos visto en otras ocasiones, en la vida jurídica no se dan únicamente este tipo de supuestos, sino que, con cierta frecuencia, surgen también **casos difíciles** (que es de los que se ocupa especialmente la teoría de la argumentación jurídica), esto es, supuestos en que el establecimiento de la premisa normativa y/o de la premisa fáctica resulta una cuestión problemática. En tales casos, es necesario presentar argumentos adicionales —razones— en favor de las premisas, que probablemente no serán ya argumentos puramente deductivos, aunque eso no quiera decir tampoco que la deducción no juegue aquí ningún papel. A este tipo de justificación que consiste en mostrar el carácter más o menos fundamentado de las premisas es a lo que se suele llamar **justificación externa**. En relación con la sentencia del Tribunal Constitucional sobre el caso de los GRAPO, la consideración del derecho a la vida como un derecho no disponible, la caracterización de la situación del preso como de sujeción especial con respecto a la Administración penitenciaria y la calificación de la huelga de hambre como actividad que persigue fines ilícitos son los argumentos que, de acuerdo con la opinión del tribunal (o, más exactamente, de la mayoría de sus miembros), fundamentan una determinada interpretación de la Constitución y de la Ley Orgánica General Penitenciaria que funciona como premisa normativa del esquema de justificación interna. Esos argumentos constituyen básicamente —y suponiendo que mi reconstrucción de la argumentación del Tribunal Constitucional sea correcta— la justificación externa de su decisión. Por supuesto, en los casos difíciles la tarea de argumentar en favor de una decisión se centra precisamente en la justificación externa. La justificación interna sigue siendo necesaria, pero no es ya suficiente y pasa, por así decirlo, a un segundo plano de importancia.

6.4. Cómo se argumenta frente a un caso difícil

El proceso de argumentación jurídica frente a un **caso difícil** podría quizás reconducirse al siguiente esquema.

En primer lugar, hay que identificar cuál es el problema a resolver, esto es, en qué sentido nos encontramos frente a un caso difícil. En general, cabría decir que existen cuatro tipos de problemas jurídicos (MacCormick, 1978, cap. IV):

1. Problemas de **relevancia**, cuando existen dudas sobre cuál sea la norma aplicable al caso; por ejemplo: ¿son aplicables, en relación con el recurso de amparo que resuelve el Tribunal Constitucional, diversas normas internacionales que supuestamente habría vulnerado el auto recurrido? [indicadas en el fundamento jurídico 3].
2. Problemas de **interpretación**, cuando existen dudas sobre cómo ha de entenderse la norma o normas aplicables al caso; por ejemplo: ¿cómo debe interpretarse el artículo 15 de la Constitución y, en particular, qué significa ahí «derecho a la vida»?
3. Problemas de **prueba**, cuando existen dudas sobre si un determinado hecho ha tenido lugar; por ejemplo: ¿fue realmente voluntaria la decisión de los presos del GRAPO al declararse en huelga de hambre?
4. Problemas de **calificación**, cuando existen dudas sobre si un determinado hecho que no se discute cae o no bajo el campo de aplicación de un determinado concepto contenido en el supuesto de hecho de la norma; por ejemplo: ¿puede calificarse la alimentación forzada de los presos del GRAPO como un caso de «tortura» o «trato inhumano o degradante», según el sentido que tienen estos términos en el artículo 15 de la Constitución? [fundamento jurídico 9].

En segundo lugar, una vez determinado, por ejemplo, que se trata de un problema de interpretación, habría que ver si el mismo surge por una insuficiencia de información (esto es, la norma aplicable al caso es una norma particular que, en principio, no cubre el caso sometido a discusión) o por un exceso de información (la norma aplicable puede entenderse de varias maneras que resultan incompatibles entre sí).

En tercer lugar, hay que construir hipótesis de solución para el problema, esto es, hay que construir nuevas premisas. Si se trata de un problema interpretativo por insuficiencia de información, la nueva premisa será una interpretación de la norma suficientemente amplia como para abarcar el caso en cuestión. Si se trata de un problema interpretativo por exceso de información, habrá que optar por una de entre las diversas interpretaciones posibles de la norma en cuestión, descartando todas las demás.

En cuarto lugar, hay que justificar las hipótesis formuladas, esto es, hay que presentar argumentos en favor de la interpretación propuesta. Si se trataba de un problema de insuficiencia de información, la **argumentación** podríamos llamarla —en sentido amplio— **analógica** (incluyendo aquí tanto los **argumentos *a pari* o *a simili*** como los argumentos ***a contrario*** y ***a fortiori***).

> La **argumentación analógica** —en el sentido amplio en que aquí se emplea— es, pues, el género en el que se incluyen los otros tres tipos de argumentos. Argumentar ***a pari*** o ***a simili*** quiere decir extender a un caso, en principio no regulado, la solución prevista para otro caso regulado que sea semejante; viene, pues, a coincidir con la analogía en sentido estricto. El **argumento *a contrario*** es el que se utiliza cuando se rechaza el anterior. Por ejemplo, existe una disposición que prohíbe fumar en las aulas escolares y se plantea el problema de si la prohibición se extiende también a las salas de reunión. Argumentando *a simili* se diría que sí, puesto que lo que se ha querido prohibir es fumar en locales cerrados por las molestias que causa a los no fumadores; argumentando *a contrario* se llegaría a la solución opuesta: quien usara este segundo argumento diría que una sala de reunión no es un aula y, por tanto, a esa dependencia no se aplica lo previsto para las aulas. En el argumento ***a fortiori***, se entiende que la solución prevista para un determinado caso debe extenderse *con mayor razón* a otro en principio no previsto. Por ejemplo, si está prohibido fumar en las aulas, entonces parece que, con mayor razón, ha de estarlo también en los ascensores (que son lugares cerrados y angostos, donde el humo causa todavía más molestias).

Si se trataba de un problema de exceso de información, la argumentación tendrá lugar según el esquema de la ***reductio ad absurdum***: se trataría de mostrar, por ejemplo, que determinadas interpretaciones no son posibles porque llevarían a consecuencias —entendido este último término en un sentido muy amplio— inaceptables.

En quinto y último lugar, hay que pasar de la nueva o nuevas premisas a la conclusión. Esto es, hay que justificar internamente —deductivamente—, la conclusión.

7. ¿Puede equivocarse el Tribunal Constitucional?

Ahora bien, según lo que hemos visto hasta aquí, la teoría de la argumentación jurídica (que he tratado de presentar, naturalmente, en forma muy esquemática [Atienza, 1991]) cumpliría una función de reconstrucción racional. Suministra un entramado conceptual, un modelo que, convenientemente desarrollado, debería permitirnos analizar con una cierta profundidad —y supuesto que el modelo se considere aceptable— los procesos de argumentación jurídica —de justificación de las decisiones— que tienen lugar de hecho. Sin embargo, parece también que una teoría de la argumentación jurídica no debe perseguir únicamente una finalidad de tipo analítico o descriptivo, sino que debe cumplir también —al menos, hasta cierto punto— una función prescriptiva. No debe mostrar únicamente cómo argumentan de hecho los juristas, sino, también, cómo deben argumentar. El problema no es sólo el de aclarar qué es un **argumento** o en qué consiste la actividad de argumentar, sino, también, cuándo un argumento (un argumento jurídico) es **correcto** o es más correcto que otro.

Por lo pronto, si comparamos la argumentación jurídica con la argumentación que tiene lugar, por ejemplo, en la ciencia o en la filosofía, nos tropezamos inmediatamente con una peculiaridad de la argumentación jurídica que no siempre ha sido bien comprendida. Mientras que en la ciencia y en la filosofía —sobre todo en la filosofía— las discusiones pueden proseguir indefinidamente, esto es, el proceso de argumentación es un proceso abierto, en el sentido de que no hay ninguna autoridad que tenga la última palabra, en Derecho la argumentación está, en diversos sentidos, limitada y, en particular, existen instituciones —los órganos de **última instancia**— que ponen punto y final a la discusión. El que las cosas sean así se debe, naturalmente, a que las **instituciones jurídicas** —a diferencia de las científicas o filosóficas— no tienen como su función central la de aumentar nuestro conocimiento del mundo, sino la de resolver, mejor o peor, conflictos sociales; no persiguen básicamente una finalidad cognoscitiva, sino práctica. Para lograr esto se establecen órganos —por ejemplo, el Tribunal Constitucional en nuestro país— que toman decisiones que, efectivamente, hemos de considerar como definitivas (al menos, en relación con un determinado caso). Pero que una decisión sea, en este sentido, definitiva no quiere decir que sea infalible; ni siquiera que sea correcta. La sentencia del Tribunal Constitucional a propósito de la huelga de hambre de los GRAPO constituye, en mi opinión, un buen ejemplo de decisión última o definitiva, pero equivocada. ¿Y qué quiere decir esto?

No quiere decir, desde luego, que el tribunal haya cometido un error de tipo lógico, un error —podemos ahora decir con más exactitud— en la justificación interna de su decisión. Si se aceptan las premisas de las que parte el tribunal, entonces su decisión está justificada. Lo que ocurre es que esas premisas no parecen estar —o, al menos, así me lo parece a mí— bien fundamentadas. Lo que falla en la sentencia, en definitiva, es su justificación externa y, más exactamente, la fundamentación de la premisa normativa que establece la obligación de la Administración de velar por la vida de los presos, incluso cuando éstos, voluntariamente, la ponen en peligro. Como se recordará, el tribunal justificaba esta interpretación mediante tres argumentos: la no disponibilidad del derecho a la vida; la calificación de la huelga de hambre como actividad que persigue «objetivos no amparados por la ley», y la caracterización de la situación del preso como de sujeción especial con respecto a la Administración penitenciaria. Ninguno de los tres argumentos me parece, sin embargo, que sea sólido.

Por lo que se refiere a la forma de entender el derecho a la vida —y aunque ésta sea una cuestión de enorme complejidad y que aquí sólo es posible rozar—, lo menos que puede decirse es que cabe otra interpretación distinta a la que hace el Tribunal Constitucional que, además, comete, en mi opinión, un cierto error conceptual que consiste en lo siguiente. El Tribunal Constitucional tiene razón al pensar que el derecho a la vida tiene un contenido de protección positiva y que, en ese sentido, no puede asimilarse a un derecho de libertad en el sentido clásico de una **libertad negativa**. En relación con el derecho a la vida, el Estado no puede limitarse —como vimos anteriormente— a no poner en riesgo nuestras vidas (como ocurre, por ejemplo, con la libertad de expresión o con la libertad de propiedad, donde el Estado asume únicamente una posición de no intervención y de garantía frente a intromisiones de terceros), sino que además tiene **deberes positivos**, es decir, debe poner los medios para garantizarnos la vida (hospitales, asistencia médica adecuada, etc.). Pero eso no significa necesariamente que el derecho a la vida no sea disponible en el sentido en que no es disponible, por ejemplo, el derecho a la educación. El derecho a la vida —como se ha dicho— es un derecho de libre disposición en el sentido de que se tiene derecho a vivir o a morir. Pero, naturalmente, de la vida no se puede disponer como se dispone de la propiedad, porque el derecho a la vida no puede configurarse como una libertad negativa. El propietario puede transmitir a otro su derecho sobre un determinado objeto, pero yo no puedo transmitir a otro mi derecho a vivir o a morir. En esto, el derecho a la vida se asemeja al derecho de voto o al derecho a elegir una determinada religión. En definitiva, el Tribunal Constitucional estaría olvidando que entre una libertad negativa y lo que suele llamarse un «**derecho-deber**»,

> «**Derecho-deber**» quiere decir un derecho cuyo ejercicio es obligatorio (como ocurre con el derecho a la educación). Según lo que antes hemos visto, resulta paradójico que algo sea al mismo tiempo un derecho y un deber, pues ello significaría que un mismo sujeto ocupa el polo positivo y el negativo de una misma relación jurídica. En realidad, lo que ocurre aquí es que el derecho y el deber se tienen en relación con acciones distintas. Así, en el anterior ejemplo, se tiene el derecho a que la Administración ponga los medios para que exista un puesto escolar para cada niño y se tiene la obligación de acudir a (o de enviar a los niños a) la escuela.

existen categorías intermedias donde cabría muy razonablemente incluir el derecho a la vida.

El segundo argumento del Tribunal, el de que con la huelga de hambre los presos del GRAPO pretenden perseguir fines no lícitos, hace pensar que los magistrados del Tribunal Constitucional (o la mayoría de ellos) tienen una concepción de lo que significa poseer un «**derecho fundamental**» que sería de temer si decidieran ser coherentes con ella. Pues tener un derecho fundamental —como también se ha dicho— parece que tiene que significar que, al menos en principio, ninguna directriz política ni objetivo social colectivo puede prevalecer frente a él. El que el ejercicio de un derecho implique un obstáculo para llevar a cabo una determinada política gubernamental o que, incluso, sitúe al Gobierno ante un auténtico dilema no puede ser, por sí misma, una razón válida para limitar dicho derecho. En otro caso, habría que limitar también, y por las mismas razones, la libertad de expresión, de manifestación, etc., cuando con ellas se persigan «fines ilícitos».

En relación con el tercer argumento, la interpretación que en él se hace de la relación de sujeción especial parece verdaderamente insostenible. El internado en centro penitenciario goza —o ha de gozar— de los mismos derechos fundamentales que el ciudadano libre, en la medida en que éstos sean compatibles con el cumplimiento de la pena. Como argumenta en su voto particular uno de los magistrados discrepantes: «La obligación de la Administración penitenciaria de velar por la vida y la salud de los internos no puede ser entendida como justificativa del establecimiento de un límite adicional a los derechos fundamentales del penado, el cual, en relación a su vida y salud como enfermo, goza de los mismos derechos y libertades que cualquier otro ciudadano, y por ello ha de reconocérsele el mismo grado de voluntariedad en relación con la asistencia médica y sanitaria.»

La conclusión que cabe extraer de estos tres argumentos —o contraargumentos— es que la respuesta correcta al problema que plantea la huelga de hambre de los GRAPO no es la contenida en la sentencia del Tribunal Constitucional. En mi opinión, tampoco lo sería la otra, la defendida por la juez de vigilancia de Madrid y por los otros órganos jurisdiccionales a que antes me he referido, según la cual sólo podría alimentarse a los presos una vez que éstos hubieran perdido la consciencia. Sino la tercera, la que sostiene que ni siquiera en este último supuesto se les puede alimentar por la fuerza.

8. ¿Existe siempre una respuesta correcta? Los límites de la racionalidad práctica

Pero ahora, la situación es ésta. Frente a un mismo problema tenemos más de una respuesta que pretende ser correcta. No cabe dudar de que los magistrados del Tribunal Constitucional no sólo son juristas competentes, sino que, además, han realizado un esfuerzo serio y sincero para alcanzar lo que ellos estiman la mejor solución del caso. Y tampoco hay por qué dudar de que quienes han defendido las otras soluciones están adornados también de las mismas virtudes. Pero entonces, ¿cuál es la correcta o la más correcta de las tres posibles soluciones? ¿Y por qué?

Quizás la única forma de contestar a esta pregunta sea recurriendo a una instancia que consideremos de alguna forma superior a la de los jueces y tribunales en cuestión. Por ejemplo, cabría apelar a la opinión pública o, quizás mejor, a la opinión de la **comunidad jurídica**, como quiera que haya de entenderse ésta. Sin embargo, en casos como el de los GRAPO —en general, frente a los casos difíciles—, la comunidad jurídica está profundamente dividida y, aunque no fuera así, nunca podríamos estar completamente seguros de que la opinión mayoritaria, o incluso unánime, de quienes integran la comunidad jurídica se haya formado de manera plenamente racional. En definitiva, al final tenemos que recurrir no a una instancia real, sino a una instancia ideal, como el espectador imparcial de Adam Smith al que apela MacCormick (MacCormick, 1984), el juez Hércules de Dworkin (Dworkin, 1984), el auditorio universal de Perelman (Perelman, 1989) o la comunidad ideal de diálogo de Habermas (Alexy, 1989). Eso quiere decir que la respuesta correcta sería aquella a la que llegaría un ser racional, o el conjunto de todos los seres racionales, o los seres humanos si respetasen las reglas del discurso racional.

Si ahora siguiéramos cuestionándonos sobre qué cabe entender aquí por racionalidad, por **racionalidad práctica**, nos encontraríamos con respuestas que difieren en diversos extremos entre sí, aunque todas ellas parecen apuntar a requisitos coincidentes en lo esencial. Así, muchos juristas estarían de acuerdo en aceptar que las exigencias que plantea la racionalidad práctica en la toma de decisiones jurídicas podrían reducirse al respeto de los siguientes principios (véase, por ejemplo, MacCormick, 1982): el **principio de universalidad** o de **justicia formal** que establece que los casos iguales han de tratarse de la misma manera; el **principio de consistencia**, según el cual las decisiones han de basarse en premisas normativas y fácticas que no entren en contradicción con normas válidamente establecidas o con la información fáctica disponible; y el **principio de coherencia**, según el cual las normas deben poder subsumirse bajo principios generales o valores que resulten aceptables, en el sentido de que configuren una forma de vida satisfactoria (**coherencia normativa**), mientras que los hechos no comprobados mediante prueba directa deben resultar compatibles con los otros hechos aceptados como probados, y deben poder explicarse de acuerdo con los principios y leyes que rigen en el mundo fenoménico (**coherencia narrativa**).

Tales requisitos ponen sin duda límites a la hora de tomar una decisión racional, pero esos límites parecen ser todavía insuficientes, en el sentido de que su cumplimiento no determina necesariamente una única respuesta.

> La tesis de la **única respuesta correcta** ha sido defendida por Dworkin —quizás el teórico del Derecho contemporáneo más influyente— a lo largo de toda su obra (por ejemplo, en Dworkin, 1984 y 1985). Sin embargo, ésa no es en absoluto una opinión unánime. Así, por ejemplo, MacCormick (y este punto de vista puede considerarse

como el más extendido) considera que en el Derecho pueden darse casos en que hay más de una respuesta correcta, puesto que hay conflictos entre valores que no pueden resolverse racionalmente: por ejemplo, si el Derecho no estableciera con claridad si en un determinado supuesto debe otorgarse mayor valor a la vida o a la autonomía del individuo, nos encontraríamos ante dos posibles soluciones que habría que considerar correctas. Alexy sostiene un punto de vista intermedio entre la postura de Dworkin y la de MacCormick. Según él, aunque no exista una única respuesta correcta para cada caso, la tesis de la única respuesta correcta funciona como una idea regulativa de la argumentación jurídica, lo que quiere decir que el juez —y, en general, los operadores del Derecho— deben presuponer que la respuesta que ellos defienden es la única correcta. En todo caso, en lo que todos están de acuerdo es en afirmar que, en la mayoría de las ocasiones, los casos jurídicos tienen una única respuesta correcta.

Bien pudiera ser que las tres soluciones que se han propuesto para el problema de la huelga de hambre de los GRAPO caigan dentro del campo delimitado por el anterior concepto de racionalidad práctica. Pero entonces, ¿carecemos en realidad de criterios —de criterios últimos— para optar en favor de una de ellas?

La respuesta a esta cuestión, en mi opinión, consiste en reconocer que la racionalidad —y aquí, en particular, la racionalidad práctica— tiene un carácter limitado. Ese límite no es tan estrecho como suponen quienes consideran que de **racionalidad** práctica sólo puede hablarse en un sentido **instrumental**, esto es, que la razón sólo puede, en el mejor de los casos, establecer o sugerir qué medios son indicados para alcanzar determinados fines, mientras que los fines —cuando se trata de fines últimos, por tanto, que no puedan verse también como medios para otros fines— caen ya más allá de la razón. Pero aun cuando se entienda la razón práctica no en ese sentido puramente instrumental, sino también en un sentido ético; esto es, aun cuando se acepte que los fines últimos también pueden ser objeto de deliberación y de discusión racional, hay que reconocer el carácter limitado de la razón: la razón práctica no puede pretender efectuar juicios absolutos sobre los fines últimos, sino sólo juicios que tienen una pretensión de validez objetiva; los juicios morales son juicios últimos, en el sentido de que la **racionalidad ética** viene a operar como un tribunal supremo o constitucional en relación con las otras instancias judiciales (las de la racionalidad instrumental): pero ya sabemos que tampoco las decisiones de los primeros son infalibles. Por lo demás, cabría decir que en la racionalidad ética (a diferencia de lo que ocurre con la racionalidad instrumental) la dimensión de crítica o de negación predomina sobre la constructiva; la razón práctica se caracteriza sobre todo por la capacidad para decir *no* a la persecución de ciertos fines y a la utilización de ciertos medios (Muguerza, 1991, pp. 325 y ss.).

Ahora bien, si esto es así, si la razón no es capaz de contestar —o, al menos, no en todos los casos o en forma completa— a la cuestión de qué debemos hacer —qué decisión, por ejemplo, es la que debe tomar un juez frente a un caso difícil como el de los GRAPO—, parecería entonces que para la resolución de esos problemas necesitamos contar con algo más que con la razón. Y ese algo más seguramente no pueda ser otra cosa que las emociones, las pasiones. Los jueces, o quienes deban tomar decisiones en casos difíciles como el que hemos visto, no tendrían que estar adornados únicamente de lo que podemos llamar virtudes de la racionalidad práctica, sino que deberían poseer también otras cualidades —la lista la tomo de MacCormick—, como buen juicio, perspicacia, prudencia, altura de miras, sentido de la justicia, humanidad, compasión o valentía. En definitiva, una teoría de la razón práctica tendría que ser completada con una teoría de las pasiones. No es, desde luego, cuestión de desarrollar aquí una tal teoría, pero me parece oportuno cerrar este capítulo con un par de observaciones al respecto.

La primera es que la anterior tesis puede parecer trivial, pero de ella se derivan algunas consecuencias prácticas que quizás no lo sean. Quiero decir que, si nos tomamos en serio lo anterior, entonces habría que ver también hasta qué punto, o de qué manera, han de tenerse en cuenta las emociones —y qué emociones— a la hora de organizar la carrera judicial, de elegir a los miembros de la judicatura, etc. O bien la cuestión de si cabe hablar, y en qué sentido, de educación a propósito de las emociones; si cualidades como las ya indicadas de humanidad, compasión, valentía, sentido de la justicia, etc., pueden de alguna forma enseñarse, entonces eso tendría que tener, por ejemplo, algún reflejo en la forma como se enseña el Derecho en nuestras Facultades.

La segunda observación es que la **razón** y la **pasión** probablemente no se relacionen entre sí como el agua y el aceite: sin mezclarse. Es decir, que el mundo de las emociones no es simplemente el mundo de lo irracional o de lo arracional. Las emociones, por el contrario, parecen guardar algún tipo de relación interna con la razón. Por un lado, la razón no podría funcionar sin pasión, como bien puso de manifiesto Hume con su famoso *dictum* de que «la razón es esclava de las pasiones», esto es, la razón no se mueve por sí misma, no es un fin en sí misma, sino un medio para la satisfacción —y ordenación— de deseos y necesidades; la razón necesita de algún interés externo a ella misma. Pero además, por otro lado, todos parecemos aceptar que las emociones también están sometidas a algún parámetro de racionalidad, y de ahí que califiquemos a unas de razonables y a otras de irrazonables: no es razonable que un juez sienta alegría cuando dicta una sentencia condenatoria y es muy razonable que nos produzca satisfacción saber que hay jueces capaces de dictar resoluciones que vayan en contra de sus propios intereses personales e igualmente lo es que sintamos respeto por ellos. En definitiva, lo emocional pudiera ser no sólo un elemento a añadir a lo racional, sino un componente de la propia racionalidad: las pasiones —las buenas pasiones— parecen ser la mejor guía para la razón.

Cuestiones

1. En el apartado 2.1.1 aparece repetidamente la palabra «Derecho», pero en dos sentidos distintos: como Derecho objetivo (conjunto de normas) y como Derecho subjetivo (facultad o capacidad). Vuelva a leer el apartado y compruebe que distingue ambas acepciones.

2. ¿Cuál es su opinión sobre el Derecho natural? ¿Cree que existe un Derecho natural? ¿Cuáles serían sus principios? ¿Y cómo se justificarían? ¿Es necesario ser creyente para defender la existencia de un Derecho natural? Después de la segunda guerra mundial, muchos autores sostuvieron que el positivismo jurídico (es decir, la concepción jurídica opuesta a la iusnaturalista) era de alguna forma responsable de lo sucedido en la Alemania nazi. ¿Le parece acertada esa opinión? ¿Le parece importante la distinción entre iuspositivismo metodológico e ideológico? ¿Comparte usted alguna de estas dos últimas posturas? ¿Por qué? Consulte Díaz, 1982; Nino, 1983.

3. En el capítulo se ha indicado que caben, al menos, tres formas distintas de entender el derecho a la vida. Trate de esquematizar en qué consisten esos tres modelos. ¿Cuál de los tres le parece mejor? ¿Por qué? ¿Cómo es posible que el derecho a la vida no sea un derecho absoluto? ¿O es un derecho absoluto?

4. Reflexione sobre la diferencia entre deberes negativos y deberes positivos. ¿Cabría decir que una persona se comporta moralmente en la medida simplemente en que «no causa daño a otro», aunque no le cause tampoco ningún bien? ¿Tiene eso algo que ver con el principio de

solidaridad? Si tenemos también deberes (morales) positivos, ¿significa eso que debemos (que tenemos el deber moral de) sacrificarnos por los demás? ¿Cuál sería el límite entre un comportamiento moral y un comportamiento supererogatorio (que va más allá de lo estrictamente exigible)? Ponga algún ejemplo de comportamiento supererogatorio. Véase Garzón Valdés, 1986.

5. En el apartado 3.1.2 hay un ejemplo de argumento *por reducción al absurdo*. Analícelo con cuidado y señale cuál es su estructura. ¿Es ésa una buena forma de argumentar? ¿Por qué? ¿En qué se diferencia del argumento *por analogía* (del que hay varios ejemplos en el apartado 6.4)?

6. ¿Cómo resolvería usted el caso discutido en el capítulo? ¿Qué haría si tuviera que decidir un caso en que un testigo de Jehová hubiese fallecido como consecuencia de haberse negado a recibir una transfusión de sangre? ¿Condenaría al médico que hubiese respetado su voluntad y, por tanto, no le hubiese practicado por la fuerza la transfusión? ¿Y si se tratase de un caso de eutanasia? ¿Le parece moralmente relevante la distinción entre eutanasia activa (por ejemplo, poner una inyección letal) y pasiva (por ejemplo, no administrar antibióticos y dejar que el paciente muera)? En definitiva, ¿cómo hay que entender el derecho a la vida?

7. A lo largo de este capítulo se ha hablado mucho de lo que significa *tener un derecho*. ¿Qué le parece la opinión al respecto de Dworkin recogida en el apartado 4? ¿Tiene sentido otorgar un derecho para hacer algo que no está bien hacer? ¿Los derechos se otorgan o se tienen? ¿Por qué deben tener límites los derechos? ¿O conoce algún derecho absoluto, sin límite alguno? Consulte de nuevo la bibliografía sugerida en la cuestión 5 del capítulo segundo (p. 61).

8. Al final del capítulo se ha hablado de racionalidad instrumental y racionalidad ética. Trate de precisar esos dos conceptos. ¿Cabe realmente ir más allá de la racionalidad instrumental (adecuación medios-fines), es decir, se pueden justificar racionalmente los fines que no pueden verse ya como medios para fines ulteriores? ¿Le convence la idea de que existe una conexión interna entre las razones y las emociones?

9. En el apartado 6 se introdujeron algunos conceptos básicos de la teoría de la argumentación jurídica. Asegúrese de que entiende bien lo que significan estos conceptos: deducción lógica; premisas; conclusión; justificación interna; justificación externa. ¿Es muy distinto argumentar jurídicamente que hacerlo en la vida cotidiana? ¿Por qué?

CAPÍTULO QUINTO

UN DILEMA MORAL

1. El caso del insumiso

En los últimos tiempos es cada vez más frecuente que ciertas decisiones de los jueces —las que afectan a personas famosas o conciernen a problemas sociales especialmente controvertidos— sean ampliamente discutidas en los medios de comunicación. Pero quizás ninguna lo haya sido tanto como la sentencia n.º 75 del Juzgado n.º 4 de Madrid de 6 de marzo de 1992 que absolvió a un joven objetor del delito de «insumisión» que —como se sabe— lo comete quien se niega a realizar la prestación social sustitutoria del servicio militar.

Yo no abrigo ninguna duda de que ésta —la discusión pública— es una práctica saludable —especialmente, cuando se debe al segundo de los motivos señalados—, pero creo que lo sería aún mucho más si cada cual hiciera lo posible para que la discusión al respecto se aproximara a lo que filósofos como Habermas llaman «discurso racional» y que, no por nada, este último considera como «una forma peculiarmente improbable de comunicación». Pondré un par de ejemplos de lo que me parece no es —o no contribuye a— una discusión de ese tipo.

En un periódico canario (de fecha 25-III-1992), y bajo el título de «Chabacanería judicial o judicializada chabacanería», su autor, refiriéndose a la actitud del juez que —en la sentencia en cuestión— habría hecho prevalecer la conciencia individual sobre las leyes del Estado, escribía —entre otras cosas— lo siguiente: «Si por un imperativo de conciencia el juez de referencia cree que cualquier hijo de vecino, graciosamente, puede pasarse por la entrepierna las anteriores declaraciones constitucionales [se refiere a los artículos 30.1, 8, 9.1 y 1 CE], cómo condenar a un tarado genético cuando declare en las páginas del diario donostiarra *Egin* que por un imperativo de conciencia se vio obligado a soltar los frenos de un coche-bomba para que por la rampa de entrada se deslizara y fuera a reventar su carga de amonal en el patio de la casa-cuartel de Vich...» Por el otro lado, esto es, por parte de quienes vieron con buenos ojos la sentencia absolutoria del juez, las secciones de «Cartas al director» en los días y semanas siguientes a hacerse pública la sentencia suministraron también algunos ejemplos de actitudes no muy reflexivas. Así, tras conocerse el fallo de la sentencia, el ministro de Justicia había afirmado lo siguiente: «Si fuera aceptado que la conciencia está por encima de la ley [...] la conciencia de los terroristas, sus pretensiones o sus luchas reivindicativas podrían quedar por encima de la ley» (*El País*, de 13-III-1992). Una lectora del mismo diario (en la sección de «Cartas al director» de 22-III-1992) extraía de esas declaraciones esta consecuencia: «[...] desde su cargo de ministro de Justicia [...] se lanza tranquilamente a afirmar [...] que el hecho de que un objetor de conciencia se niegue a ocupar gratuitamente un puesto de trabajo (además, en un país con un 16,9 % de paro) es asimilable a que los terroristas maten niños.»

En el caso del periodista canario, además de recordarle que si los terroristas fuesen —como él supone— «tarados genéticos», entonces obviamente no cabría condenarles ni jurídica ni éticamente pues serían, en sentido estricto, **inimputables**;

> **Inimputable** es todo aquel sujeto incapaz de comprender el significado antijurídico (o inmoral) de su acto o bien de actuar conforme a esa comprensión; en el primer caso estaría, por ejemplo, un niño de corta edad, y en el segundo podría estarlo un esquizofrénico. Los inimputables no pueden cometer delitos por ausencia del requisito de **culpabilidad**.

habría que reprocharle el no haber leído con un mínimo de cuidado (seguramente no muchos de quienes opinaron en privado y en público sobre ella lo hicieron) la sentencia en cuestión; nadie que la hubiese leído podría pensar que el texto de la misma autorizaba a atribuirle al juez semejante creencia y las consecuencias que el comentarista hace derivar de ahí. Y por lo que se refiere a la ardorosa lectora que aprovecha la ocasión para pedir la dimisión del ministro,

> En el mismo sentido se pronunciaron muchos otros lectores, «escritores», comentaristas y hombres públicos. Como ejemplo puede servir estas declaraciones del dirigente de IU, Julio Anguita (*El País*, 13-III-1992) : «El ministro de Justicia ha perdido la dimensión del bien y del mal [...] Atila no lo hubiera hecho peor.» O el Movimiento de Objeción de Conciencia que anunció que interpondría una querella contra el ministro (es de suponer que por haberles llamado «terroristas»).

se le podría sugerir, quizás, que volviera a leer de nuevo las declaraciones del ministro y la suya propia para estar bien segura de no haber cometido un tipo de **falacia** que propongo llamar «la falacia de la analogía». Si después de este ejercicio de reflexión porfiaran —ella y los otros— en seguir pidiendo la dimisión del ministro, quizás no le(s) falten razones... pero sin duda han de tener una base distinta a esas declaraciones. Permítaseme, en todo caso, efectuar ahora —antes de proseguir, o de comenzar, con el análisis del caso del insumiso— un breve excurso para explicar en qué consiste esta falacia (es decir, este mal argumento que a muchos les parece bueno) en la que, por cierto, no parecen incurrir únicamente lectores precipitados o activistas fogosos.

Quizás algún lector recuerde que meses antes, en octubre de 1991, se produjo un cierto conflicto entre el Ministerio del Interior, entonces entregado en cuerpo y alma —si es que los ministerios pueden tener «alma»— a la defensa del proyecto de nueva ley de seguridad ciudadana, y diversas organizaciones judiciales que entendían que la ley en cuestión podía atentar contra las libertades constitucionales. En el contexto de ese enfrentamiento, el ministro hizo referencia a ciertas decisiones judiciales que, en su opinión, traslucían una aplicación de las leyes penales tan «benevolente», que venían a constituirse en un obstáculo para la eficacia policial (se trataba, pues, de justificar la adopción de medidas que facilitasen la labor de la policía, garantizando así el orden y la seguridad ciudadanas). El conflicto dio lugar a una declaración del **Consejo General del Poder Judicial**

> El **Consejo General del Poder Judicial** es el órgano de gobierno del poder judicial. Se compone de 20 vocales elegidos por el Congreso de los Diputados y por el Senado más un presidente que lo es también del Tribunal Supremo. Tiene como funciones la inspección de juzgados y tribunales, el nombramiento de jueces y magistrados, tareas de formación y perfeccionamiento, etc.

en la que, entre otras cosas, se decía: «Aducir unas pocas decisiones judiciales como causa de una menor eficacia en la represión de la delincuencia y como fundamento de esa falta de respeto a los integrantes del poder judicial, sería tan erróneo e injusto como vilipendiar a los miembros de los cuerpos y fuerzas de seguridad y culparles del incremento de la delincuencia a partir de unos cuantos casos de presuntos delitos atribuidos a policías.» Pues bien, un par de días después de producidas estas declaraciones, un Editorial del diario *El País* (de 25-X-

1991) afirmaba —tras aprobar en líneas generales la actuación del Consejo a la que calificaba de «didáctica» que el Gobierno debía asimilar— lo siguiente: «[...] existe un punto erróneo en la didáctica del CGPJ que convendría rectificar cuanto antes y es el que compara determinadas decisiones judiciales, señaladas desde el poder político como obstáculos a la labor policial, con casos de presuntos delitos atribuidos a la policía. Equiparar los dos supuestos implica que tales decisiones judiciales pueden ser también delictivas, en cuyo caso no bastaría con recriminarlas. Habría que querellarse por prevaricación contra sus autores.»

Si bien se mira, el tipo de argumento que utiliza el editorialista es el mismo que llevaba a nuestra lectora a sostener que el ministro (en este caso, el de Justicia) había equiparado el comportamiento de los insumisos con el de los terroristas. Y en ambos casos se comete la misma **falacia** —lo que he llamado la «falacia de la analogía»— consistente en no distinguir entre «una relación de semejanza» y «una semejanza de relaciones». Porque el Consejo no estaba identificando las decisiones judiciales con los presuntos delitos policiales, sino que lo que equiparaba era la relación que se da entre decisiones judiciales y falta de eficacia en la represión del delito, por un lado, y la relación entre presuntos delitos policiales e incremento de la delincuencia, por el otro. Y el ministro de Justicia, obviamente, no estaba comparando —y, menos aún, equiparando— los insumisos a los terroristas, sino la relación que se da entre la conciencia de un insumiso y su absolución, por un lado, y la conciencia de un terrorista y su posible absolución, por el otro. En ambos casos, lo que se equipara no son los términos (decisiones judiciales y delitos policiales; insumisión y terrorismo), sino las relaciones entre esos términos y otros términos (falta de eficacia en la persecución del delito; absolución). Para poner un ejemplo que quizás permita ver las cosas todavía con mayor claridad: si alguien afirmara que «*Copito de nieve* es al Zoo de Barcelona lo que *Chu-Lin* al de Madrid», no por ello habría que entender que está pretendiendo identificar el Zoo de Barcelona con el de Madrid o los gorilas con los osos panda.

Pero basta ya de excursos y veamos de una buena vez qué es lo que se sostiene exactamente en la sentencia de marras.

2. Una sentencia controvertida

Como se indicó en el anterior capítulo, un **caso** jurídico puede ser **difícil** de resolver por diversas razones. Básicamente, por alguna de estas cuatro: no existe (o no está claro que exista) una norma jurídica válida que se aplique al caso; la norma existe, pero su interpretación, en relación con el caso, ofrece problemas; no está claro que se hayan producido los hechos que configurarían el supuesto previsto en la norma; los hechos sí que se han producido, pero su calificación jurídica resulta controvertida.

Curiosamente, el caso que nos ocupa no parecería entrañar en principio ninguna de estas dificultades. El artículo 2, apartado 3 de la la Ley Orgánica 8/1984, de 26 de diciembre, modificada por la Ley Orgánica 14/1985, de 9 de diciembre, establece lo siguiente: «Al que habiendo quedado exento del servicio militar, como objetor de conciencia, rehúse cumplir la prestación social sustitutoria, se le impondrán las penas de prisión menor en sus grados medio o máximo y de inhabilitación absoluta durante el tiempo de la condena.» I.A.G. fue reconocido objetor de conciencia, declarado exento del servicio militar y útil para realizar una prestación social sustitutoria. Sin embargo, cuando se le instó para realizar esa prestación (en un hogar de la tercera edad), manifestó su objeción a la prestación social sustitutoria (su «insumisión») y omitió, en consecuencia, la prestación. El juez no dice en ninguna parte de su sentencia que la norma transcrita no sea una norma válida del ordenamiento jurídico español y declara expresamente como hechos probados los que se acaba de indicar. Sin embargo, de ahí no deduce que deba condenar a I.A.G. a la pena prevista legalmente, sino que en el fallo de la sentencia le absuelve del delito de incumplimiento de la prestación social sustitutoria. ¿Cómo es esto posible?

La justificación ofrecida por el juez, esto es, las premisas de su razonamiento que le llevan a tomar esa decisión, expuestas de manera muy sintética, parecen ser éstas:

A) La norma penal aplicable al caso —y antes transcrita— configura un delito de los llamados «delitos contra un deber». Con ello el juez quiere decir que aquí no se está protegiendo ningún «**bien jurídico**» —en el fundamento primero, apartados *a*) y *b*) se descarta que lo sean la defensa nacional en su dimensión civil o la prestación social en sí misma considerada—, sino que sólo se trata de «la infracción de un deber que se quiere imponer "per se"» (fundamento primero, apdo. *c*).

B) El objetor incumplió su deber legal por imperativo «de una conciencia auténtica, adquirida no en virtud de ciertas conveniencias, sino con base en su formación religiosa y en una constante educación de sus potencias morales» (fundamento segundo, 2 *b*).

C) Esta actuación es coherente con sus planteamientos éticos, pues «el acusado no objeta el cumplimiento del servicio militar obligatorio [...] sino la existencia misma de dicho servicio [...]: en la medida que el objetor acepte la prestación social sustitutoria, estará aceptando la existencia del servicio militar obligatorio» (fundamento segundo, 2 *c*).

D) La **acción** que lleva a cabo el insumiso podríamos denominarla «**supererogatoria**», puesto que él hace más de lo estrictamente debido desde el punto de vista moral: «esta postura [...] demuestra la generosidad de su planteamiento, pues el logro que con ella pretende alcanzar el acusado no lo es para sí (él ya está exonerado del deber de cumplir el servicio militar) sino para otros». «Desde cualquier perspectiva que se utilice se concluirá que es más incómodo el sometimiento a juicio y el ingreso en un establecimiento penitenciario para cumplir una pena de dos años, cuatro meses y un día —condena respecto de la que el acusado manifestó su intención de aceptarla sin interponer recurso— que la realización de una concreta actividad social.» «No cabe atribuirle desidia a una persona que, como el acusado, muestra su solidaridad mediante la realización constante, voluntaria y gratuita de actividades sociales destinadas a ayudar a los demás» (fundamento segundo, 2 *d*).

E) La acción del acusado se inscribe dentro de un movimiento de **desobediencia civil**

> La **objeción de conciencia** y la **desobediencia civil** son supuestos en que se plantea una contradicción entre las obligaciones establecidas por el Derecho y por la moral. Entre ambos fenómenos suelen establecerse estas diferencias: 1) la objeción de conciencia no persigue la modificación de una ley o de una determinada política (como la desobediencia civil), sino tan sólo el no cumplimiento de una obligación por el objetor (por ejemplo, el servicio militar); 2) la objeción es un acto individual, mientras que la desobediencia civil sólo tiene sentido si es practicada por un número más o menos elevado de personas; 3) como consecuencia de lo anterior, la objeción de conciencia puede estar reconocida jurídicamente, pero no así la desobediencia civil: es posible reconocer a los individuos el derecho a no cumplir con una determinada obligación jurídica (por ejemplo, el servicio militar), pero lo que no podría haber es un derecho de desobediencia civil de carácter general. Se dice

tambien que la objeción de conciencia tiene carácter moral, mientras que la desobediencia civil es de carácter político, pero no es muy claro que esto sea así, pues las razones de la desobediencia civil pueden perfectamente —de hecho, suelen— ser morales. Lo que hace difícil distinguir ambos fenómenos es que suelen darse conjuntamente, como ocurre en el caso que se analiza, en el que un individuo, por un lado, se niega a cumplir un deber jurídico por razones de conciencia y, al mismo tiempo, participa en un movimiento político dirigido a cambiar una determinada política del Gobierno.

que pretende sus objetivos —la derogación de una ley— por medios no violentos: «el acusado asume, con la excepción dicha, el ordenamiento jurídico, y no se opone al Estado, pues se somete a la autoridad que lo juzga y a la decisión que se adopte, cualquiera que sea» (fundamento segundo, 2 *f*). Es decir, se trata de una desobediencia limitada tanto en cuanto a sus objetivos, como en cuanto a los medios a utilizar.

F) Todo lo anterior, en opinión del juez, plantea un conflicto entre «conciencia o ley» («individuo o sociedad», «persona o Estado») que debe resolverse en favor de los primeros de estos términos, esto es «a favor de la conciencia, que es hacerlo a favor de la persona y de su dignidad» (fundamento tercero). Esto lo fundamenta el juez: 1) en la propia naturaleza de la conciencia que impone al hombre «el compromiso de actuar conforme a sí mismo» (fundamento tercero, *a*); 2) en el carácter de derecho fundamental que, de acuerdo al artículo 16 CE, tiene la libertad de conciencia (fundamento tercero, *b*); 3) en que, de acuerdo con la Constitución, la persona no es «un resultado jurídico, sino presupuesto y fundamento del orden político y jurídico» (fundamento tercero *c*); 4) en que, de acuerdo con el artículo 10.1 CE, la dignidad de la persona es «fundamento del orden político y de la paz social» (fundamento tercero *d*; 5) en que el libre desarrollo de la personalidad se protege también a través de los derechos fundamentales de los artículos 16, 19 y 20 CE (fundamento tercero *e*).

G) En el caso en cuestión se da la **circunstancia eximente** del **estado de necesidad**

> La realización de una **acción típica** y **antijurídica** significa la lesión o la puesta en peligro de un bien jurídico penalmente protegido. Sin embargo, ese ataque a un bien jurídico puede en ocasiones estar *justificado* cuando existe un conflicto con otros bienes jurídicos a los que el ordenamiento jurídico otorga un valor superior o, al menos, equivalente. Eso es lo que ocurre en los casos de **legítima defensa** (por ejemplo, quien mata a un agresor para salvar su propia vida) y de **estado de necesidad** (por ejemplo, quien causa daños en la propiedad ajena para salvar la vida de un tercero) que son, por ello, circunstancias que eximen de responsabilidad criminal.

(art. 8, n.º 7 del Código penal), pues: 1) al incumplir la prestación social sustitutoria «su propia dignidad se encontraba en la situación de riesgo inminente»; 2) el incumplimiento era el único modo de evitar que su dignidad quedara afectada; 3) la lesión causada —y el juez señala expresamente que sería «una desmesura pensar que la defensa nacional hubiera quedado mínimamente afectada» con su acción (fundamento cuarto, *c*)— es de entidad muy inferior a la evitada; 4) el conflicto de intereses analizado no es imputable al acusado quien, por otra parte, no tenía, por razón de su oficio o cargo, obligación de sacrificarse.

3. ¿Quién se equivoca?

La polémica desatada por la sentencia es, sin duda, fácil de explicar: se trata de una decisión con una enorme trascendencia social [en la actualidad existen, al parecer, unos tres mil insumisos] y que, al mismo tiempo, parece poner en cuestión determinados valores del **Estado de Derecho**

> No todo Estado es un Estado de Derecho, sino únicamente el que cumple determinados requisitos: 1) imperio de la ley, entendida ésta como expresión de la voluntad popular; 2) división de poderes, con primacía del legislativo; 3) legalidad de la Administración; 4) garantías de los derechos y libertades fundamentales (véase Díaz, 1981). Por otro lado, el Estado de Derecho ha evolucionado desde su aparición a comienzos del siglo pasado y se suelen distinguir dos formas del mismo: el Estado liberal de Derecho y el Estado social de Derecho. En el primero, el Estado cumple funciones básicamente de garantía, lo que significa que ha de intervenir lo menos posible en la marcha de la sociedad. El Estado social, por el contrario, tiene un carácter intervencionista y benefactor: trata de guiar la sociedad y no sólo de *laisser faire*.

(fundamentalmente, el de la vinculación de los jueces al ordenamiento jurídico). Quizás esto explique también que mientras los partidarios de la decisión no parecen haber encontrado mejores argumentos en su favor que ponderar la «valentía» del juez, su «sensibilidad social», etc., los comentaristas más «esclarecidos» se situaron, en general, en contra de la decisión. Veamos, sin embargo, hasta qué punto tenían razón o no los críticos, analizando separadamente cada uno de los cuatro argumentos principales que se dirigieron contra la decisión y que podrían llamarse, respectivamente, así: **argumento de la universalidad**, de las **consecuencias**, de la **coherencia** y de la **corrección** de la decisión.

3.1. El argumento de la universalidad

El **argumento de la universalidad** es precisamente el que esgrime el ministro de Justicia —y, con él, muchos otros comentaristas de la sentencia— en las declaraciones antes recogidas. Su fuerza deriva de que un requisito que parece ha de cumplirse en todo caso para que una decisión judicial pueda considerarse justificada es que la regla general o principio en que se base —su ***ratio decidendi***— pueda universalizarse; esto quiere decir que no puede tratarse de un criterio *ad hoc*, válido sólo para esa ocasión, sino de un criterio que estemos dispuestos a aplicar también en todos los casos idénticos o sustancialmente semejantes a ése. En otro caso, es obvio que se atentaría contra el principio de igualdad de trato.

Por eso tiene sentido —pero que «tenga sentido» no quiere decir exactamente que «tenga razón»— la afirmación del ministro, quien subraya, precisamente, el absurdo que en su opinión se produciría si se universalizase el criterio utilizado por el juez (la conciencia prima sobre la ley). Se explica también el malestar que la sentencia provocó en muchas personas que, por lo demás, consideraban injusta la ley que el juez habría dejado de aplicar: «Lo que no me parece tan legítimo es que el Estado, en forma de sentencia judicial, otorgue a alguien lo que en la misma forma negó a otros, condenándoles a ser recluidos en un penal militar, y mientras ese mismo Estado, en forma de autoridades, tanto civiles como militares, en estos mismos momentos está obligando a miles de jóvenes a cumplir un servicio militar con el que no están de acuerdo...» (*El País*, «Cartas al director», 30-III-1992). Y se comprende que no pocos hayan visto en la sentencia un ejemplo de «la degradación de lo jurídico» que caracterizaría a la realidad social española de los últimos años: «No obstante —afirma Juan José López Burniol para fundamentar su discrepancia con la sentencia ("El descrédito de la ley", *La Vanguardia*, 31-III-1992)—, lo que quisiera es destacar el efecto demoledor que para el ordenamiento jurídico supone que un juez exima de responsabilidad a quien se niega a cumplir una ley válida. Porque, una vez que se comienza, ¿dónde se para? ¿Cabe —por ejemplo—, siguiendo el razonamiento, dejar de pagar aquella parte proporcional de los impuestos correspondiente al porcentaje que del presupuesto nacional está asignado a los gastos de defensa? ¿O, podría un nacionalista distraer de su cuota la parte de la misma que no regresará luego a su comunidad en forma de gasto público? ¿Por qué hay que presumir más auténtica y mejor formada la conciencia de un insumiso que la de un nacionalista?» Sin embargo, la versión mas radical del argumento de la universalidad es la que presenta Fernando Savater (en «Leyes y conciencias», *El País*, 29-III-1992): «Desde el punto de vista jurídico, la sentencia de Calvo Cabello comete el pecado antikantiano de que su universalización es contradictoria: vamos, que si Calvo Cabello acierta, no se convierte en un juez más justo, sino que resulta innecesario como juez.»

> El lector habrá advertido a buen seguro el talento literario de Savater —y, de nuevo, el talento literario o de otro tipo no es señal inequívoca de tener razón—, quien «se aprovecha» de los apellidos del juez para sugerir divertidamente que lo paradójico en este juez no está sólo en sus sentencias.

Ahora bien, el argumento de la universalidad no está, en mi opinión, bien utilizado en todos los ejemplos anteriores, por lo que sigue. El requisito de la universalidad debe valorarse, como se ha dicho, a partir de la ***ratio decidendi*** de la sentencia. Los críticos parten de que el juez basó su decisión en el criterio de que «la conciencia prima sobre la ley» y de ahí deducen, con toda razón, el absurdo a que llevaría universalizar ese criterio. Sin embargo —y aun aceptando que la fundamentación de la sentencia no es en este punto todo lo clara que debiera— me parece bastante más natural interpretar que la *ratio decidendi* del caso no lo constituye el anterior criterio, sino este otro: «Si alguien infringe un deber penal que se quiere imponer "per se" (o sea, sin que la infracción de un deber suponga un ataque a un bien jurídico), lo hace por imperativo de una conciencia auténtica, su conducta es éticamente coherente, supererogatoria, no violenta y no cuestiona el ordenamiento jurídico más que en ese punto concreto, y se dan las circunstancias del estado de necesidad, entonces, en tal caso la conciencia prima sobre la ley, en el sentido de que a esa persona no se le debe imponer una sanción penal.»

Y si tenemos esta pequeña gentileza con el juez, parece claro que las anteriores críticas desaparecen sin demasiados problemas. En el caso de los terroristas, es obvio que éstos no cumplen —cuando menos— ni con el primer requisito, pues sus acciones suponen un ataque a un bien jurídico básico, ni con el requisito de la no violencia, por lo que la crítica del ministro es —como cabía intuir— infundada. El que otros jueces hayan enviado a prisión a insumisos que estaban en la misma situación que el del caso en cuestión no es, naturalmente, un argumento que quepa esgrimir contra la sentencia; por el contrario, universalizar la regla en que el juez basó la decisión significaría, precisamente, la absolución de aquéllos. Y quienes cumplen con el servicio militar —por convicción, por comodidad o por lo que se quiera— son, simplemente, una categoría de personas que caen fuera del ámbito de la regla, como caerían también fuera quienes pretendiesen alegar fraudulentamente razones de conciencia para librarse de esa obligación: la universalización del criterio, en cuanto tal, no plantea aquí ningún problema. La objeción al pago de impuestos es un supuesto algo más difícil, pero seguramente porque reconocer algún tipo de objeción fiscal podría no estar injustificado; y, de todas formas, el criterio que estamos examinando no parece que ponga en cuestión la actual situación en este punto, dado que el pago de impuestos no parece constituir un ejemplo de deber que se pretenda imponer «per se», y que el impago sólo da lugar a una sanción penal cuando la «cuota defraudada» supere los 5 millones de pesetas. Finalmente, la objeción de Savater no resulta difícil de salvar: la inmensa mayoría de las conductas sancionadas penalmente por nuestro ordenamiento jurídico no caen bajo el ámbito de la anterior regla, por lo que, lamentablemente, vamos a seguir necesitando al juez Calvo y a los otros jueces penales aunque todos ellos decidieran seguir en este punto el criterio del primero.

3.2. El argumento de las consecuencias

El **argumento de las consecuencias** tiene bastante que ver con el anterior, pero no coincide del todo con él. El argumento universalista planteaba esta pregunta: ¿puede sostenerse sin contradicción el carácter universal del criterio aplicado por el juez en el caso? El argumento de las consecuencias, sin embargo, se plantea esta otra: ¿qué consecuencias —fácticas o normativas— produce esa decisión concreta y, sobre todo, qué consecuencias produciría la aplicación generalizada de la regla utilizada por el juez? Si se quiere, el primer argumento se centra en el *resultado* de la decisión: la introducción de un nuevo criterio o regla jurídica, mientras que el segundo se dirige a las ***consecuencias*** de ese resultado. Por ello, es posible sostener que la decisión respeta el principio de universalidad, pero tiene —o podría tener— tan malas consecuencias que no debió tomarse. Tales consecuencias negativas parecen consistir, básicamente, en lo siguiente:

1. Admitir que puede haber algún supuesto en que una ley válida pueda dejar de cumplirse por moti-

vos de conciencia implica una grave amenaza para el orden jurídico y el orden social. En las declaraciones del ministro de Justicia estaba también apuntado este problema: «El incumplimiento de la ley —sostuvo como justificación de sus anteriores declaraciones— tiene que tener algún tipo de sanción. Las leyes hay que cumplirlas y los jueces [deben] aplicarlas. De lo contrario, los ciudadanos se encontrarían en una situación de desigualdad: unos pasarían parte de sus vidas cumpliendo sus obligaciones con la sociedad y el ejército, mientras que a otros no les pasaría nada por hacer caso omiso de esas mismas obligaciones» (*La Vanguardia*, 27-III-1992). Vicente Plural («La insumisión», en *El Correo de Andalucía*, 22-III-1992) se muestra de acuerdo con el ministro en su crítica de la sentencia, precisamente porque «la doctrina de la sentencia [...] puede llevar a justificar las mayores barbaridades»: «si las leyes democráticas y constitucionales de un verdadero Estado de Derecho pueden no acatarse por motivos de conciencia, también, y por los mismos motivos, podrán dejar de acatarse las sentencias de los tribunales [...] ¿Se imaginan a dónde puede llevarnos una espiral de incumplimientos y "desacatos"?». El director del gabinete del ministro parece haber dado respuesta a esta última pregunta. Después de considerar que «lo verdaderamente relevante» en el caso es «la insumisión del magistrado autor de la sentencia», no duda en afirmar que «admitida una inaplicación de la ley, habrá que asumirlas todas», con lo que, al final, lo que desaparece es la propia idea del Derecho, al menos tal y como ahora —en nuestra cultura— la entendemos: «tras la sentencia del juez insumiso, cabe justificadamente preguntarse si en el futuro las leyes se cumplirán o si, por el contrario, habrá más jueces insumisos que decidan no aplicarlas. En fin, porque la desconfianza en el fruto de su labor presidirá las tareas de los legisladores, que no sabrán ya si las normas que elaboran servirán para algo o serán desoídas por jueces insumisos a ellas». «De prosperar esta conducta —añade— las leyes serán innecesarias, porque serán los jueces quienes decidirán lo que se debe y lo que no se debe hacer. Cierto que entonces lo decidirán ellos, y no nosotros; pero eso es en realidad lo que ahora ha hecho el juez insumiso, porque de su sentencia se deduce que es él y sólo él —y no el legislador que a todos representa— el que decide lo que es digno y lo que no lo es» (Joaquín García Morillo, 1992).

2. Una segunda consecuencia negativa deriva de la politización de la función judicial que, según algunos, se refleja en la sentencia. Así, el mismo Vicente Plural (en el artículo que se acaba de citar), afirmaba: «Premeditadamente o no, se nos está transmitiendo a los ciudadanos la idea de que, según sea el color de la asociación a la que pertenece un juez, así ha de ser el contenido de sus resoluciones. Mal puede ir un Estado de Derecho si el uso alternativo del mismo [esto es, del Derecho]

> El **uso alternativo del Derecho** fue una corriente de izquierdas integrada por teóricos y prácticos del Derecho que se desarrolló en Italia en la década de los setenta y que tuvo alguna repercusión también en España. El objetivo fundamental consistía en proponer frente al uso tradicional del Derecho —eminentemente conservador— un uso progresista que fuera favorable a las clases trabajadoras. La tesis de la indeterminación más o menos radical del Derecho (las normas jurídicas constituyen un material manipulable de acuerdo con postulados políticos; el lenguaje normativo puede interpretarse siempre de muy diversas maneras) constituye también el núcleo de un movimiento norteamericano que ha adquirido gran predicamento desde finales de los setenta y que guarda estrechas afinidades con el anterior: los «**Critical Legal Studies**».

y la ideología del juzgador pueden llevar a resultados totalmente contradictorios aplicando las mismas normas jurídicas.» Y García Morillo lanzaba este aviso para progresistas incautos que hayan saludado con alborozo la sentencia: «Sólo queda, por último, advertir a quienes creen ver en este mecanismo una fuente de aplicación de ideas progresistas un pequeño detalle: la insumisión judicial puede serlo de un juez supuestamente progresista o de otro reaccionario, porque admitida la una se abre la puerta a la otra, y el gobierno judicial podrá serlo en cualquier sentido [...] Están cambiando [quienes aplauden la sentencia] un valor seguro, el de la ley como expresión de la voluntad mayoritaria, por otro que históricamente se ha demostrado de lo más inseguro: el de la sustitución de la voluntad mayoritaria por la de un solo hombre.»

3. La última consecuencia negativa derivada de la sentencia es la erosión que la misma provoca en una institución esencial del Estado cual es el ejército. Así, refiriéndose a estas y otras sentencias «favorables» a los insumisos producidas en estos últimos meses, el secretario de Estado para la administración militar las calificaba de «preocupantes», asegurando que «no van a ser entendidas por los jóvenes que están cumpliendo la *mili*» (*El País*, 11-III-1992). Opinión esta última compartida por el abogado defensor del insumiso, quien, lógicamente, no valoró esta consecuencia de la decisión en forma precisamente negativa: «A mi entender, el revuelo que la sentencia ha causado en el Gobierno y en sectores conservadores de nuestra sociedad se ha producido porque existe un temor grande a que los sujetos que actúan por responsabilidad y con conciencia sean muchos más, hasta el punto de poner en cuestión el propio servicio militar y de obtener su desaparición» (Rois Alonso, 1992).

En mi opinión, y a pesar de la contundencia con que —como se ha visto— se expresan quienes sostienen el argumento, la sentencia puede hacer frente a todas las anteriores críticas sin demasiados problemas.

La debilidad del argumento radica en que las consecuencias a que se apela o bien están exageradas hasta un punto tal que resultan falsas o, cuando menos, muy discutibles; o bien son asumibles, en el sentido de que no sólo no son negativas, sino que cabe incluso atribuirles un valor positivo.

Por lo que se refiere a la primera de las consecuencias, no cabe duda de que los críticos tendrían razón si efectivamente el criterio que se hace jugar en la sentencia implicara lo que ellos suponen. De hecho, en la teoría del Derecho de las últimas décadas se ha sostenido con frecuencia que la existencia —y pervivencia— de un Derecho sólo requiere de los destinatarios de las normas una actitud, en general, de obediencia pasiva, mientras que por parte de los jueces se exige un mayor compromiso. Es decir, dada la especial posición que los jueces ocupan en el ordenamiento jurídico, deben adoptar también una actitud especial frente a sus normas. Y, en este sentido, resulta enteramente fundado afirmar que la «insumisión» de los jueces es muchísimo más grave para el ordenamiento jurídico que la del resto de los ciudadanos.

Pero lo que ocurre es que, en este caso, si es que se puede hablar de «insumisión» por parte del juez, se trata de una actitud que no tiene un carácter general, sino que se circunscribe a un supuesto muy concreto. El juez —como el verdadero insumiso— no cuestiona el ordenamiento jurídico español en su conjunto, ni tampoco un sector tan sensible del mismo como es el ordenamiento penal, sino, en todo caso, una de sus normas. Pero además —y esto me parece especialmente relevante— no apela para ello a criterios distintos a los del propio ordenamiento jurídico que él debe aplicar: las referencias a la justificación moral y política de la desobediencia del insumiso que se encuentran en la sentencia no juegan ningún papel central en la argumentación del juez. Lo relevante de su fundamentación —y que sea acertada o no es otra cuestión— son los argumentos dirigidos a mostrar la justificación jurídica de la desobediencia, esto es —se puede leer en el fundamento segundo, 2 *g*)— «si quienes, como el acusado, desobedecen civilmente una ley —han violado, por tanto, una ley— pueden quedar eximidos de responsabilidad penal». En definitiva, parece más bien una exageración sostener que la actitud del juez implica una seria amenaza para el ordenamiento jurídico. El argumento de «las consecuencias en cascada» o de «la pendiente resbaladiza» utilizado por los críticos me parece infundado. Hay bastantes ejemplos de normas jurídicas válidas que son «desobedecidas» —esto es, sistemáticamente inaplicadas por los jueces— y nadie parece pensar que simplemente por ello se arriesgue la **eficacia** general **del Derecho**. Por lo demás, el propio Gobierno impulsa en ocasiones la no aplicación de normas jurídicas válidas, y ello ni siquiera tiene por qué ser siempre un motivo de crítica. Recuerdo ahora un caso reciente en que el Fiscal General —y es de suponer que no en contra del criterio del Gobierno— ordenó que no prosiguieran las actuaciones de una fiscalía —especialmente celosa del respeto de la legalidad pero que, en realidad, no había hecho más que aplicar el Derecho vigente— dirigidas a investigar si en una determinada clínica ginecológica se habían realizado abortos ilegales (es decir, delictivos).

Con respecto a la segunda de las consecuencias indicadas, las consideraciones a hacer aquí son del todo semejantes a las anteriores. Es decir, la «politización» de la administración de justicia pone efectivamente en riesgo el normal y deseable funcionamiento de la realización del Derecho, pero sólo si se sobrepasan determinados niveles de tolerabilidad. Porque frente a los casos difíciles, la actitud del juez no puede ser siempre moral y políticamente neutral: la decisión del juez en este caso supone, en efecto, la adopción de una actitud ideológicamente comprometida, pero otro tanto cabría decir, en mi opinión, de los jueces que aplicando «estrictamente» la norma antes transcrita imponen a los insumisos la pena de 2 años, 4 meses y 1 día de prisión menor, o la de los que «se las arreglan» de diversas maneras para restringir drásticamente la anterior pena, pero evitando al mismo tiempo la absolución. Se podría decir que estos últimos no estarían haciendo más que «aplicar» la ideología asumida por el legislador —o, al menos, no la estarían contradiciendo frontalmente—, pero a ello cabría replicar todavía que el juez que dictó la sentencia de absolución lo hizo amparándose en la ideología contenida en la Constitución. En definitiva, la sentencia en cuestión no es, desde luego, un ejemplo de ***aplicación*** pura y simple del Derecho, pero tampoco me parece que constituya un caso radical —y rechazable— de **activismo judicial**. Por lo menos en el ámbito de la jurisprudencia del Tribunal Constitucional, pueden encontrarse ejemplos de decisiones que no traslucen un menor grado de libertad en la interpretación del Derecho. Y por mucho que la posición del Tribunal Constitucional sea, lógicamente, distinta a la del resto de los órganos jurisdiccionales, esa diferencia no es aquí relevante: si el Tribunal Constitucional falla, por ejemplo, un recurso de amparo reconociendo a una determinada persona un cierto derecho y lo hace a partir de una determinada interpretación del ordenamiento jurídico, está claro que lo que está indicando con ello es que ésa es la interpretación que debieron hacer los órganos que, antes que él, tuvieron que pronunciarse sobre el caso en cuestión.

> Como ejemplo de lo que quiero decir, creo que puede servir una sentencia de la Sala segunda del Tribunal Constitucional (204/1988) que —bien es cierto que sólo por mayoría— reconoció el amparo a la viuda de un funcionario civil a la que se había denegado el derecho a percibir la pensión extraordinaria concedida por la ley de 11

de julio de 1941 «a las viudas de funcionarios civiles muertos en determinadas circunstancias como consecuencia de su adhesión al Alzamiento Militar de julio de 1936». La recurrente estimaba discriminatorio «que los mismos beneficios no se extiendan, desde la entrada en vigor de la Constitución, a las viudas de los funcionarios civiles que se encontrasen en las mismas circunstancias cuando la muerte del esposo hubiese sido provocada por su adhesión al Gobierno republicano». Para llegar a su resolución, el Tribunal Constitucional tuvo, en primer lugar, que aplicar una norma (la contenida en la referida ley de 1941) que, obviamente, no podía seguir en vigor después de la cláusula derogatoria de la Constitución; en segundo lugar, tuvo que prescindir de la normativa aplicable al caso: la Ley 5/1979; y, finalmente, tuvo que interpretar la primera norma —la ley de 1941— de manera tal que difícilmente se podría seguir hablando ya de «interpretación», pues el tribunal declaró aplicable al caso uno de los apartados del artículo 3 de la ley en cuestión que se refería a los funcionarios civiles «que combatieron y se alzaron por el Movimiento y fueron detenidos y ejecutados». Un lector ingenuo podría hacerse la pregunta de por qué hizo eso el Tribunal Constitucional. Y la respuesta me parece que es bastante simple: porque así evitaba un resultado manifiestamente injusto, asumiendo por ello un coste no demasiado alto.

Finalmente, es cierto que si el criterio utilizado en la sentencia fuera asumido por la generalidad —o por una parte importante— de los jueces, ello produciría un gran impacto en el ejército. Pero la consecuencia de ello no parece que fuera a ser la de poner en riesgo la defensa nacional, sino la de acabar con un cierto modelo de ejército y, en particular, con el servicio militar obligatorio, lo que no tiene por qué verse como una mala consecuencia. Sólo lo sería si efectivamente, como piensan algunos, «un ejército totalmente profesionalizado» es «inviable» (Albi, 1992, p. 3). Pero esta última opinión parece, cuando menos, discutible. Personalmente, considero completamente razonable el planteamiento que hace Vicens Fisas (1992, p. 8), quien sostiene que «la forma de organizar una nueva política de defensa europea coherente con los discursos sobre desarme [...] forzosamente pasaría por disponer exclusivamente de tres tipos de fuerzas: pequeños ejércitos profesionales defensivos y no provocativos, fuerzas de paz a disposición de la ONU y fuerzas de solidaridad para actuar rápidamente ante desastres naturales». Y si esta última opinión es acertada —y, desde luego, al menos mucha gente en nuestro país piensa así— la sentencia comentada podría considerarse como una notable contribución en esta dirección.

3.3. EL ARGUMENTO DE LA COHERENCIA

El **argumento de la coherencia** se conecta estrechamente con los dos anteriores —con el argumento de la universalidad y de las consecuencias, entendidas estas últimas como consecuencias normativas— pero tiene, en cierto modo, un alcance mayor: una sentencia puede ser universalizable, producir consecuencias normativas y fácticas aceptables y, sin embargo, resultar incoherente, en el sentido de que no encaja bien en el conjunto del ordenamiento jurídico: rompe la «lógica» establecida en los principios del sistema.

La decisión tomada por el juez en el caso de los insumisos —han dicho prácticamente todos cuantos han criticado la sentencia—, al dejar de aplicar una norma válidamente establecida, se opone a los principios quizás más básicos del **Estado de Derecho**: el **principio de legalidad** y de **división de poderes**. Por otro lado, en la fundamentación de la sentencia —como hemos visto anteriormente en el apartado 2— el juez sostuvo que la disyuntiva «conciencia o ley» debía resolverse en favor de la primera, lo que suena inevitablemente a paradoja: un **sistema jurídico** —como ha escrito, por ejemplo Joseph Raz (1991, cap. 5), se caracteriza porque es *comprehensivo* (pretende autoridad para regular cualquier tipo de conducta), *pretende ser supremo* (pretende autoridad para prohibir, permitir o imponer condiciones sobre el establecimiento y funcionamiento de todas las organizaciones normativas a las que pertenecen los miembros de la comunidad) y es *abierto* (contiene normas cuyo propósito es dar fuerza vinculante dentro del sistema a normas que no pertenecen a él). Sin embargo, la paradoja desaparece si se interpreta la decisión del juez en el sentido antes sugerido: lo que quiso decir el juez no fue exactamente que la conciencia prevalece sobre la ley (es decir, que las razones jurídicas no son en este caso razones últimas y que, por tanto, pueden ser desplazadas por razones de otro tipo), sino que, dadas las circunstancias del caso, existen razones *jurídicas* de suficiente peso (razones básicamente constitucionales) para que quien viola una determinada ley por motivos de conciencia sea eximido de responsabilidad penal. Si se acepta esta premisa del razonamiento del juez, entonces su decisión sería coherente, pues la misma no parece entrar en contradicción con los principios de nuestro ordenamiento jurídico ¿Pero es esto así?

Para poder afrontar este problema con más claridad, creo que conviene partir de dos presupuestos. El primero es que el juicio de **coherencia** tiene un carácter relativo y graduable, en el siguiente sentido: una decisión es coherente —como se ha dicho— en relación con los principios del sistema jurídico de referencia; pero ocurre que a veces, en los casos difíciles, los diversos principios jurídicos pugnan entre sí, lo que significa que una decisión puede ser coherente en relación con algunos principios e incoherente en relación con otros; de lo que se trata entonces es de que la decisión sea lo más coherente posible, esto es, que sea compatible con el mayor número de principios o con los más básicos de entre ellos. El segundo presupuesto es que la crítica de que una determinada decisión —o su fundamentación— es incoherente tiene que presuponer que existe una decisión —o una fundamentación— alternativa que satisfaga mejor los requisitos de coherencia. Y parece obvio que, en opinión de los críticos, esa decisión tendría que ser la de condenar al insumiso a la pena (mínima) de 2 años, 4 meses y 1 día, sobre la base de que su conducta cae claramente bajo el supuesto de hecho de la norma aplicable al caso que establece, precisamente, esa consecuencia jurídica.

Ahora bien, aunque parece razonable aceptar que esta última decisión es más coherente que la otra en relación con el principio de legalidad y, por consiguiente, con el de primacía del poder legislativo sobre el judicial, las cosas podrían verse de otra manera si se consideraran otros valores o principios del ordenamiento jurídico. Si la decisión del juez que absuelve al insumiso resulta incoherente por no haber aplicado una norma válida, la otra decisión lo sería también en cuanto que se basa en una norma válida, pero incoherente. Es cierto que esa norma fue declarada válida, esto es, conforme a los principios constitucionales, por el Tribunal Constitucional (sentencias 160 y 161 de 1987), pero me parece que hay bastantes razones para pensar que la fundamentación (de la mayoría, no de la totalidad) del tribunal no brilló entonces por su coherencia.

Por un lado, en la argumentación del Tribunal Constitucional jugó un papel importante la tesis —en mi opinión, francamente incoherente [Atienza, 1989]—, de que el derecho de **objeción de conciencia** es un derecho autónomo, pero no fundamental; de esta manera, el tribunal operaba una minusvaloración del derecho sumamente discutible (y discutida por la doctrina). Por otro lado, la existencia de un delito —la negación a cumplir con la prestación social sustitutoria— que sólo puede ser cometido por varones, y además por varones jóvenes —como el de la negación a cumplir el servicio militar—, mueve a la sospecha de que probablemente se esté vulnerando aquí el principio de igualdad de trato: parece por lo menos discutible que la exclusión de las mujeres de la obligatoriedad del servicio militar —y, en consecuencia, de la prestación social sustitutoria— sea conforme al artículo 14 de la Constitución (Landrove, 1992, p. 15). Además, la pena prevista de prisión menor en su grado medio o máximo (de 2 años, 4 meses y 1 día a 6 años) atenta manifiestamente contra el **principio de proporcionalidad**, tal y como lo sostuvo ya el magistrado De la Vega en su voto particular a la sentencia 160 del Tribunal Constitucional antes indicada. Y ello, no sólo porque a los objetores se les impusieran penas considerablemente más duras que a los que simplemente se negaban a cumplir el servicio militar obligatorio (incoherencia que el legislador ha «resuelto» a su manera endureciendo las penas para estos últimos casos),

> Ello, en virtud de la Ley Orgánica 13/1991 de 20 de diciembre del servicio militar, que modifica el Código penal.

sino porque esa pena es superior, por ejemplo, a la que el Código penal establece para el delito de lesiones (art. 420), de estupro (art. 434) o de infanticidio (art. 410). Y, en fin, la regulación en su conjunto de la objeción de conciencia constituye un lamentable ejemplo de que, en un Estado de Derecho, las leyes no sólo son expresión de la *voluntad general*, sino también, en algunos casos, de la voluntad arbitraria de quienes nos representan. «La Ley de Objeción de Conciencia —ha escrito, por ejemplo, Claudio Movilla

("Una sentencia polémica", en *El Correo Español. El Pueblo Vasco*, 27-III-1992)—

> Esta opinión me parece especialmente relevante, por tratarse de un juez que ocupa un lugar importante en la organización jurisdiccional española —es el presidente del Tribunal Superior de Justicia de Cantabria— y que ha mostrado —en el artículo que se cita— su discrepancia con la sentencia.

es una norma que de ningún modo sirve para cumplir las finalidades a que aparentemente responde.» «La actual configuración de la prestación social sustitutoria —opina otro autor (Cámara, 1992, p. 6)— no responde tanto a la obtención de una rentabilidad social con la cobertura de acciones de solidaridad que de otro modo no se cumplirían, cuanto a satisfacer objetivos estatales *perfeccionistas*, esto es, la consecución gratuita de ideales de excelencia consistentes en obtener a toda costa satisfacción y obediencia (y si no es así, el castigo) de quienes cuestionan, aunque sea razonadamente y con atendible fundamento, las obligaciones generales mal concebidas y peor articuladas e instrumentadas.»

En definitiva, me parece que no pocos juristas teóricos y prácticos (y con independencia de que estén de acuerdo o no con la sentencia que absuelve al insumiso) consideran que la norma aplicable al caso es profundamente incoherente con los principios de nuestro sistema jurídico. ¿Y puede ser coherente una decisión que se basa en una norma que claramente no lo es?

3.4. EL ARGUMENTO DE LA CORRECCIÓN

Finalmente, queda por examinar el que he llamado **«argumento de la corrección»** y que, en relación con la sentencia, puede hacerse jugar de dos maneras distintas.

Por un lado, cabe sostener que el juez ha aplicado incorrectamente el criterio por él mismo establecido. Así, se ha dicho que la conducta del insumiso —al parecer, de cualquier insumiso— no sólo no es generosa, sino que demuestra una «profunda insolidaridad»: «ni quiere colaborar en la defensa común, ni quiere trabajar gratuitamente en beneficio del resto de la comunidad [...] Es una postura que mal se puede amparar en auténticos escrúpulos de conciencia, ya que para ellos se ha establecido y regulado la figura de la objeción. Parece, pues, que su base es el egoísmo» (Albi, 1992, p. 3). Que la obligación que debía cumplir el insumiso del caso no afectaba en absoluto ni a su dignidad ni a su conciencia, pues no se sabe «en qué puede dañar la conciencia de nadie, por muy antimilitarista que esa conciencia sea, prestar servicios en un asilo de ancianos» (García Morillo, 1992, p. 5). Y que en este caso no cabía aplicar la eximente de **estado de necesidad** pues, por un lado, esta figura tiene un carácter excepcional, de manera que no puede entenderse con la amplitud con que se hace en la sentencia, y, por otro lado, el juez, al sostener que el cumplimiento del deber es un bien de rango inferior al imperativo de conciencia, hace una ponderación indebida, en cuanto que con ello se aparta del criterio establecido por la propia constitución (al establecer la institución de la prestación social sustitutoria), por el legislador ordinario (al dictar la Ley de Objeción de Conciencia) y por el Tribunal Constitucional (al declarar constitucional esta última ley) (Claudio Movilla, *op. cit.*). Ahora bien, las dos primeras objeciones me parecen claramente infundadas, pues presuponen que nadie puede tener razones de conciencia para objetar, no el cumplimiento del servicio militar obligatorio, sino la existencia misma de dicho servicio. La tercera objeción, por el contrario, enuncia un argumento de mucho más peso y que apunta a una cuestión que me parece esencial en todo este asunto. Pero, precisamente por ello, conviene tratarla dentro de la segunda versión del argumento de la corrección.

Quienes usan de esta segunda forma el argumento de la corrección no entran en la cuestión de si el juez ha aplicado mal el criterio general formulado en la sentencia. Sostienen que ese criterio es incorrecto. Y su incorrección deriva de que por mucho que el mismo sea universalizable, produzca consecuencias aceptables y sea coherente (al menos en el sentido de que los criterios alternativos no provocan un menor grado de oposición con principios básicos del ordenamiento), lo que no puede ocurrir es que un juez fundamente una decisión en un criterio que sea contrario a alguna norma legal cuya constitucionalidad haya sido declarada por el Tribunal Constitucional. Los jueces gozan de libertad para interpretar las normas jurídicas, pero dentro de ciertos límites, que en este caso han sido traspasados. Aunque las propias concepciones morales, políticas o jurídicas del juez (él puede pensar perfectamente que el Tribunal Constitucional se equivocó *jurídicamente* cuando juzgó constitucional la ley) le digan otra cosa, no puede seguir aquí su propio criterio, sino que debe aceptar el de las **autoridades**

> La noción de **autoridad** es sin duda necesaria para poder hablar de Derecho o de sistema jurídico. Cuando un juez dice que él debe fundamentar sus resoluciones en las leyes emanadas del parlamento o en la doctrina del Tribunal Constitucional, lo que hace es reconocer *autoridad* a esas instituciones. Eso quiere decir que, para los jueces, lo establecido por las Cortes o por las instancias judiciales superiores suponen razones no sólo para actuar en un cierto sentido (el indicado en esas disposiciones), sino también para excluir como guía de su conducta judicial su propia estimación de las razones aplicables al caso; esto es, el juez no puede entrar en

consideraciones acerca de lo que él estimaría como lo correcto de acuerdo con su idea de la justicia, su interpretación del Derecho, etc., sino que debe seguir lo que le dicta la autoridad para ese caso que funciona, pues, como una razón excluyente. La existencia de autoridades jurídicas —y la especial fuerza que en el Derecho tienen los **argumentos de autoridad**— cumplen un papel de gran importancia ligado al valor de la **seguridad jurídica**; si no fuera por la existencia de autoridades, resultaría imposible —o, al menos, considerablemente más difícil— prever el comportamiento de los órganos jurídicos y de los propios particulares.

No obstante, la **aplicación del Derecho** no se reduce simplemente a seguir los criterios establecidos por las autoridades. Por un lado, porque en ocasiones puede no ser claro qué sea lo establecido por la autoridad (puede haber problemas de interpretación o de relevancia). Por otro lado, porque no todas las normas jurídicas funcionan como **razones excluyentes** (Atienza/Ruiz Manero, 1991). En concreto, funcionan como *razones excluyentes* las normas a las que hemos denominado **reglas**, pero no así los **principios**. Las reglas se caracterizan por ordenar un curso de acción determinado cuando se dan unas condiciones de aplicación también determinadas; por ejemplo, la norma que establece que, por un mismo trabajo, la mujer debe recibir el mismo salario que el hombre. Pero el Derecho no sólo contiene normas de este tipo, sino también *principios* que, a su vez, pueden ser de dos clases. Los **principios en sentido estricto** que establecen que «A es un valor», sin indicar cuáles son las condiciones en las que el valor A prevalece frente a otros valores concurrentes asimismo reconocidos por el Derecho; por ejemplo, el principio de igualdad ante la ley y de no discriminación por razón de sexo. Y las **directrices** o normas programáticas que establecen que «B es un fin a alcanzar» sin indicar una jerarquía entre el fin B y otros fines asimismo declarados por el Derecho; por ejemplo, la deseabilidad de que todos los españoles tengan una vivienda digna. Las normas de estos últimos tipos no pueden, a diferencia de las *reglas*, operar como *razones excluyentes*: suministran a los órganos de aplicación razones para tomar una determinada decisión, pero que deben ponderarse en relación con otras razones (provenientes de otros principios y fuentes del ordenamiento jurídico).

a las que se encuentra sometido. O, dicho todavía de otra forma: el juez no puede guiarse aquí por **razones sustantivas**, sino por **razones formales**. Lo correcto en este caso hubiese sido aplicar el apartado 3 del artículo 2 de la ley tantas veces citada, y condenar al insumiso a una pena mínima de 2 años, 4 meses y 1 día de prisión menor, porque ése era, para el caso en cuestión, el sentido de la disposición establecida por el poder legislativo y convalidada por el Tribunal Constitucional.

Ahora bien, llegados a este punto, lo que cabe preguntarse es si las cosas tienen que ser necesariamente así, esto es, si los jueces no pueden, en algún caso, ir más allá de lo que podría llamarse «**racionalidad formal**» en la fundamentación de sus decisiones. Este tipo de racionalidad podría definirse como sigue (Atienza, 1989a): una decisión jurídica está racionalmente justificada si y sólo si: 1) respeta los principios de consistencia (en el sentido de que no comete errores de tipo lógico), de universalidad y de coherencia; 2) no elude la utilización como premisa de alguna fuente del Derecho de carácter vinculante; 3) no desconoce la existencia de hechos probados en la forma debida, y 4) no utiliza como elementos decisivos de la fundamentación criterios éticos, políticos, etc., no previstos específicamente (aunque pudieran estarlo genéricamente) por el ordenamiento jurídico.

Mi opinión es que hay ocasiones en que los jueces pueden (y deben) adoptar decisiones que van más allá de los límites fijados en esos requisitos. O, para ser más exactos, a diferencia de los límites establecidos en los tres últimos requisitos, los del primero son infranqueables, pero lo que ocurre es que, con frecuencia, surgen casos para los cuales hay más de una posible decisión que respeta esos límites. Ahora bien, una decisión que cae fuera de la racionalidad formal no es por ello una decisión arbitraria. Entre la racionalidad formal y la arbitrariedad —la irracionalidad— hay un terreno intermedio que a veces se llama «**razonabilidad**» y que propongo definir como sigue: una decisión jurídica es razonable si y sólo si: 1) se toma en situaciones en que no se podría, o no sería aceptable, adoptar una decisión que respete los criterios de la racionalidad formal; 2) logra un equilibrio óptimo entre las distintas exigencias que se plantean en la decisión, y 3) obtiene un máximo de consenso. Veamos si la decisión del juez cumplió o no con estos tres últimos requisitos.

El primero de ellos enuncia el carácter subsidiario o excepcional que ha de tener la utilización de criterios de razonabilidad. En el caso que nos ocupa, el abandono de la racionalidad formal (la vulneración del requisito 2), producido por haber dejado de aplicar una norma válida del sistema sólo estaría justificado si, en efecto, no era posible *hacer justicia de acuerdo con el Derecho*. Obviamente, no es posible entrar aquí a discutir en detalle qué significa afirmar que una norma o una decisión jurídica es injusta. Pero lo que sí cabe es efectuar un breve repaso de lo que otros jueces, en casos semejantes, hicieron... para llegar a la conclusión de que el juez que absolvió al insumiso no tenía ante sí ninguna otra decisión alternativa que le permitiera hacer justicia sin vulnerar los requisitos de la racionalidad formal. Pues, en efecto, las otras decisiones posibles parecen ser éstas: *a)* aplicar estrictamente la ley y, en consecuencia, condenar al insumiso a una pena mínima de 2 años, 4 meses y 1 día; *b)* aplicar la ley —por tanto, condenar en los anteriores términos— y elevar una petición de indulto al Gobierno (cuando se ha hecho, la petición no ha sido atendida); *c)* aplicar la ley, pero rebajar drásticamente la pena —a menos de 1 año— para que el objetor no tenga que ingresar en prisión (pero de esta forma no se aplica correctamente —de acuerdo con la racionalidad formal— la ley y es más que dudoso que se haga justicia); *d*) absolver al insumiso utilizando una fundamentación diferente a la de la sentencia comentada (el único caso que conozco —en que se absolvía al insumiso por falta de lesión del **bien jurídico** protegido— utiliza una fundamentación que, en el fondo, no difiere mucho de aquélla y que, desde luego, va más allá de la racionalidad formal).

Me estoy refiriendo a un auto de archivo (de 20-XI-1991) y a otro resolviendo el recurso de reforma interpuesto contra el anterior (de 8-I-1992) en los que el titular del Juzgado n.° 38 de Madrid, Ramón Sáez, justificó la absolución en la «ausencia de **tipicidad**», esto es, en que la acción del insumiso «no lesionó el bien jurídico protegido» que, en su opinión, no puede ser otro que «la defensa de España en su modalidad de defensa civil». Podría decirse que la diferencia entre esta fundamentación y la que exhibe la sentencia del juez José Luis Calvo es que la primera establece un criterio que puede considerarse más simple y menos ideológico que el de la segunda: la acción del insumiso no es delictiva simplemente si con ella no se atenta contra la defensa de España en su modalidad de defensa civil. Pero este criterio —en principio preferible a aquél— me parece que podría llevar a condenar a insumisos que se hubiesen negado a realizar alguna prestación que sí tuviese que ver con la defensa de España en su modalidad de defensa civil (pues ésta probablemente no sea una clase vacía); en este aspecto, puede considerarse menos radical que aquél y de **universalización** problemática: la misma conducta —negarse a realizar la prestación social sustitutoria— sería en unos casos delictiva y en otros no, según el tipo de prestación exigida por la Administración. En todo caso, el auto ha sido revocado por otro de la sección sexta de la Audiencia Provincial de Madrid (de 14-II-1992), básicamente por las siguientes razones que ya he tenido ocasión de criticar: 1) «colisiona con la doctrina establecida en este tema por el Tribunal Constitucional»; 2) «el cumplimiento de la Ley no puede quedar sujeto a las opiniones o creencias, por muy respetables que éstas sean, de los ciudadanos», y 3) «si la negativa a efectuar la prestación social sustitutoria, por razón de objeción de conciencia, no lleva aparejada su incriminación penal, ello afectaría al principio de igualdad respecto a los demás ciudadanos que se encuentran cumpliendo su servicio militar».

El segundo de los requisitos plantea, en mi opinión, el auténtico nudo gordiano del caso. En la teoría del Derecho se suele distinguir —como hemos visto repetidamente— entre **casos fáciles** y **casos difíciles**. Un caso es fácil cuando, aplicando los criterios de lo que he llamado «racionalidad formal», el resultado es una decisión no controvertida. Un caso, por el contrario, es difícil cuando, al menos en principio, puede recibir más de una respuesta correcta: el caso plantea la necesidad de armonizar entre sí valores o principios que están en conflicto, y se presentan diversas soluciones capaces de lograr un equilibrio, en cuanto que no sacrifican ninguna exigencia que forme parte del contenido esencial de los principios o valores últimos del ordenamiento. Ahora bien, esa clasificación usual debe, en mi opinión, ser enriquecida añadiéndole un nuevo miembro: el de los **casos trágicos**. Un caso es trágico, precisamente, cuando en relación con el mismo no cabe tomar una decisión que no vulnere algún principio o valor fundamental del sistema. Y esto es precisamente lo que ocurre en el caso del insumiso (y por lo que no encajaba en los supuestos de casos difíciles señalados): que los jueces —o, al menos, algunos jueces— no se enfrentan aquí con un simple problema de elección entre diversas soluciones alternativas, sino con un verdadero dilema: o sacrifican el principio de legalidad y de subordinación del poder judicial al legislativo, o sacrifican el principio de libertad de conciencia, de proporcionalidad de las penas, de exclusiva protección penal de bienes jurídicos, etc. Todavía más simple: o hacen justicia, o aplican la ley.

Pero esto es también justamente lo que parecen no ver muchos críticos de la sentencia que reconocen que la ley que debía aplicar el juez era una ley «impresentable», «injusta», etc., pero no parecen querer ver cuáles son las consecuencias de aplicar «correctamente» una norma injusta ¿O es que estarían dispuestos a sostener que los jueces —también los de un Estado de Derecho— tienen la obligación (¿quizás moral?) de dictar resoluciones que consideran gravemente injustas? ¿O se trata de que, llegado el caso —como éste de los insumisos— al juez que pretende ser decente no le queda otra alternativa que dimitir? ¿Se imaginan quiénes acabarían siendo los jueces no dimisionarios? ¿O quizás se está pretendiendo decir que el juez debe limitarse a aplicar las leyes sin meterse en honduras éticas o de otro tipo? ¿Es ése el mejor modelo de juez para una sociedad que, después de todo, no puede arreglárselas sin jueces?

En mi opinión —y con esto paso a referirme al tercero de los requisitos de «decisión jurídica razonable»—, el juez no podía, en el caso en cuestión, dictar una resolución que satisficiera todas las exigencias que el Derecho —ampliamente entendido— le planteaba, y optó, de manera muy razonable, por el mal menor: evitó cometer una injusticia grave —castigar con una pena considerable una acción no sólo no reprobable moralmente, sino supererogatoria— y lo hizo afectando en la menor medida posible al ordenamiento jurídico. He dicho que el tercer requisito consistía en que la decisión (en cierto modo para «compensar» su déficit de racionalidad formal) tenía que ser acreedora a un máximo de **consenso**. Se me dirá que la resolución del juez no ha suscitado precisamente un gran acuerdo, en especial dentro de la **comunidad jurídica** (su revocación por parte de la Audiencia provincial era del todo previsible).

El Ministerio Fiscal interpuso recurso de apelación contra la sentencia. La sección segunda de la Audiencia

Provincial de Madrid (en sentencia n.º 491 de 6 de octubre de 1992) revocó la sentencia del juzgado y condenó a I. A. G. a la pena de cuatro meses de arresto mayor al considerar que en la comisión del delito había concurrido la circunstancia *atenuante* analógica de **estado de necesidad**; esto es, en opinión del tribunal no se daban todos los requisitos del estado de necesidad (lo que implicaría apreciar una circunstancia *eximente* de responsabilidad), pero sí los suficientes elementos (el tribunal entendió que se había producido un conflicto de intereses que ocasionó una mengua en la libertad del sujeto agente) como para considerar de aplicación el apartado 10 del artículo 9 del Código penal que establece que atenúa la responsabilidad criminal «cualquier otra circunstancia de *análoga* significación que las anteriores» (y el estado de necesidad incompleto es una circunstancia atenuante). Es fácil ver que esta solución transmite la sensación de que se ha aplicado el Derecho y, al mismo tiempo, no tiene prácticamente consecuencias negativas para el condenado, pues una pena inferior a un año (si no se da alguna circunstancia específica como la de ser reincidente) no implica el ingreso en prisión.

Unos días antes (en sentencia n.º 485 de 1 de octubre de 1992), la sección 16 de la misma Audiencia Provincial de Madrid había revocado una sentencia de un juez de instrucción que, en un caso semejante, había apreciado también una atenuante analógica muy cualificada (en este caso, la de haber obrado «por causas o estímulos tan poderosos que hayan producido arrebato, obcecación...») y condenado a un insumiso a la pena de cuatro meses de arresto mayor. La Audiencia Provincial impuso en este caso la pena de dos años, cuatro meses y un día de prisión menor.

Pero a ello cabe responder que a lo que aquí se apela no es a un **consenso** de tipo **fáctico**, sino de tipo **racional**. Y, en mi opinión, todo lo dicho hasta aquí lleva a considerar que, dadas las circunstancias, la decisión adoptada por el juez sería también la que adoptarían los participantes en un discurso que se guiara por reglas de discusión racional y en el que no se tratara de establecer normas jurídicas, sino de aplicarlas; si se tratara de lo primero, no cabe duda de que el acuerdo se produciría en el sentido de modificar una normativa que sitúa a los jueces ante un verdadero dilema moral.

Cuestiones

1. Vuelva a leer con cuidado el ejemplo de «falacia de la analogía» señalado al comienzo del capítulo. Trate de precisar lo que se entiende por falacia. ¿Es simplemente un mal argumento? Ponga ejemplos de falacias.
2. ¿Considera que el Derecho penal debería prescindir de la prisión? ¿En qué casos? ¿Cuáles cree que podrían ser las alternativas a la prisión? ¿Qué funciones cumplen las penas? ¿Está justificado el castigo? Véase Roxin, 1989.
3. ¿Qué opina sobre la desobediencia civil? ¿En qué casos le parece que está justificada? ¿Deben sancionarse los actos de desobediencia civil? ¿Y los supuestos de objeción de conciencia? Desde el punto de vista moral, ¿debe prevalecer la conciencia sobre la ley? ¿Debemos obedecer siempre al Derecho? ¿Y si se trata del Derecho de un Estado democrático? Consúltese Calvo, 1992; Fernández, 1987; Malem, 1988; Muguerza, 1989.
4. ¿Qué actitud hacia las normas jurídicas deben adoptar los jueces en un Estado de Derecho? ¿Deben limitarse a aplicar estrictamente las leyes o pueden también ir más allá de la letra de la ley? ¿Hasta dónde llega la libertad del intérprete? ¿O no hay límites para la interpretación? ¿Es mejor el gobierno de los jueces o el gobierno de las leyes? ¿Por qué? ¿Podríamos prescindir de los jueces? ¿Y del Derecho?
5. ¿Qué decisión habría adoptado —de ser juez— en el caso del insumiso? ¿Cómo la habría argumentado? ¿Cree que debería cambiarse la regulación del delito de insumisión? ¿En qué sentido? ¿Qué debe hacer un juez cuando tiene que aplicar normas que él considera injustas? Véase Lucas, 1992.
6. Respecto al problema planteado por los insumisos, las decisiones adoptadas por diversos jueces y Audiencias provinciales difieren considerablemente entre sí. ¿Le parece que eso es un serio inconveniente o, por el contrario,

lo juzga de manera positiva, ya que eso revela el pluralismo existente sobre la problemática en cuestión? Una de las funciones del Tribunal Supremo (pero no todos los casos llegan hasta el Supremo; por ejemplo, en el delito de insumisión la última instancia son las Audiencias provinciales) es unificar la doctrina jurisprudencial. ¿Le parece que ésa es una función positiva? ¿Por qué?

7. ¿Considera que el consenso puede ser un criterio para juzgar sobre la corrección de una decisión? ¿El consenso de quién: de la gente en general o de los expertos en Derecho? ¿Qué diferencia existe entre el consenso fáctico y el consenso racional? ¿Qué condiciones tendrían que darse para que una discusión fuera realmente racional?

8. Trate de precisar cómo se usa en el texto la expresión *coherencia*. ¿Es lo mismo coherencia que consistencia lógica? ¿Por qué es importante la coherencia en el Derecho? ¿O no lo es?

Capítulo sexto

NACIONALES Y EXTRANJEROS. LAS (SIN)RAZONES DE UNA DISCRIMINACIÓN

1. **Xenofobia, racismo y emigración en Europa**

Durante el verano y el otoño de 1992, los periódicos publicaron un buen número de noticias encabezadas por titulares como los siguientes: «Mil neonazis alemanes queman un centro de refugiados.» «A los gritos de ¡Alemania para los alemanes! y ¡Fuera esos cerdos que piden asilo!, cientos de filonazis recorrieron las calles de la capital sajona [Dresde].» «Durante este año se han producido [en Alemania] más de mil ataques contra extranjeros.» «Diez mil alemanes protestan contra la violencia xenófoba ante un campo de concentración nazi.» «Algunos de los manifestantes portaban pancartas con esta inscripción: ¡Extranjeros, por favor, no nos dejéis solos con estos alemanes!» «Hallados en aguas de Tarifa los cadáveres de tres inmigrantes que habían sido echados de una patera.» «Detenidas 62 personas que habían desembarcado ilegalmente en las costas de Cádiz.» «La imparable caravana del sur: 195 magrebíes en una sola patera.» «Los cadáveres de emigrantes magrebíes y centroafricanos ahogados en las aguas del estrecho de Gibraltar se amontonan al pie del muro europeo.» Etc., etc.

Para poder entender cabalmente esas noticias (el rechazo violento de los extranjeros por parte de un sector de la población alemana —y, por cierto, Alemania no es el único país donde la xenofobia parece haber prendido en los últimos tiempos: algo parecido ha ocurrido también en Francia y, con diversas intensidades y características, en otras partes de Europa—; el riesgo para sus vidas que están dispuestos a asumir quienes desean emigrar a Europa desde el continente africano; las reacciones que los hechos anteriores provocan en la opinión pública de los propios países europeos) se necesita, como ocurre siempre, poseer otra serie de informaciones que vienen a configurar algo así como la explicación de tales aconteceres.

Una parte de esa información relevante para comprender la acción social es inequívocamente jurídica: Alemania posee la legislación más generosa de entre los países europeos en materia de refugio y asilo y su Constitución —la llamada Ley Fundamental de Bonn, establecida poco después de terminada la guerra, en 1949— establece en su artículo 16.2: «Ningún alemán podrá ser entregado al extranjero. Los perseguidos políticos gozarán del derecho de asilo.» Ello ha hecho que el número de demandantes de asilo —y no sólo por razones políticas o ideológicas, sino simplemente económicas— crezca sin cesar. Al parecer, en los nueve primeros meses de 1992 habían entrado en Alemania unos 400.000 peticionarios de asilo a los que las administraciones locales deben alojar y sostener en tanto se resuelven sus expedientes. Y en España, la legislación en materia de extranjería —en particular, en relación con la entrada al país de trabajadores extranjeros no comunitarios— es cada vez más restrictiva: la Ley orgánica 7/1985, de 1 de julio sobre derechos y libertades de los extranjeros en España establece en su artículo 11.1 que «los extranjeros podrán entrar en el territorio español, siempre que se hallen provistos de la documentación requerida y de medios económicos suficientes»; en el reglamento de ejecución de la ley (de 26 de mayo de 1986) se especifica, también en su artículo 11.1, que «los funcionarios encargados de efectuar los controles de entrada podrán exigir a los extranjeros que acrediten la posesión de recursos económicos o medios de vida suficientes para su sostenimiento durante el período de permanencia en España»; y, finalmente, la Orden del Ministerio del Interior de 22 de febrero de 1989 establece cuál es la cuantía mínima de recursos que deben acreditar «los nacionales de países estadísticamente más sensibles a la emigración ilegal en España»: «*a*) Para su sostenimiento, durante su estancia en España, la cantidad de 5.000 pesetas —o su equivalente legal en moneda extranjera— multiplicada por el número de días que pretendan permanecer en España y por el número de personas de familia o allegados que viajen juntos; la cantidad a acreditar deberá alcanzar, en todo caso, un mínimo de 50.000 pesetas con independencia del tipo de estancia previsto. *b*) Para regresar al país de procedencia o para trasladarse en tránsito a terceros países, el billete o billetes nominativos, intransferibles y cerrados, en el medio de transporte que pretendan utilizar.»

La otra información relevante es de carácter económico, político, cultural, etc. Así, la unificación alemana, unida a la crisis económica mundial, ha llevado a una situación de dificultades económicas y, en general, de falta de perspectivas a un sector considerable de la población de la nueva Alemania; es significativo, en este sentido, el hecho de que las reacciones xenófobas son mucho más virulentas en los territorios que formaron parte de la antigua República Democrática Alemana. Además de estos factores, es probable que la reciente historia de Alemania y quizás también las peculiaridades de la psicología social de ese pueblo ayuden a entender lo que ahora está pasando allí con los extranjeros. Y, por lo que se refiere a España, hay por lo menos un par de datos que ayudan decisivamente a entender el trato que se está dispensando a los inmigrantes magrebíes, latinoamericanos y, en general, del tercer mundo. El primero es que en los últimos años —más o menos, en las dos últimas décadas— España ha pasado, de ser un país de emigración, a convertirse en un país de inmigración: los extranjeros no vienen aquí ya únicamente como turistas, sino también —y cada vez más— como trabajadores; ello, por otro lado, está teniendo lugar en un contexto de recesión del mercado laboral y de crisis económica generalizada, pero que afecta con mucha mayor intensidad al tercer mundo. El otro acontecimiento decisivo ha sido nuestro ingreso en la Comunidad Europea, que ha convertido a España en la frontera con el sur, vale decir, con el subdesarrollo, con la pobreza; nuestros socios comunitarios nos exigen cada vez con mayor fuerza que ejerzamos una función de cancerberos de la «casa europea».

La conjunción de factores jurídicos y sociales a que me he referido suministra, pues, una (primera) explicación de los hechos recordados al comienzo del capítulo. Pero esa explicación podría proseguirse todavía más allá. Por ejemplo, cabría preguntarse qué tipo de conexión guardan entre sí los factores jurídicos y sociales mencionados: por un lado, la regulación jurídica vigente en materia de extranjería en Alemania y en España parece operar como auténtica causa de la aparición de problemas sociales como la xenofobia o la emigración ilegal; por otro lado, esas mismas regulaciones jurídicas han estado sin duda determinadas por problemas sociales que se pretendían de esa forma resolver o, al menos, paliar; y eso explica que, cuando no se logra este objetivo, se empiece a plantear la conveniencia de modificar tales regulaciones, como ocurre en Alemania a propósito del artículo de la Constitución antes recordado. En definitiva, el Derecho es uno de los componentes más importantes de cualquier sistema social e interacciona de múltiples formas con los otros elementos o subsistemas sociales: el político, el económico, el cultural, etc. La explicación de fenómenos sociales como los anteriores es, pues, una tarea compleja y en donde los factores jurídicos aparecen al mismo tiempo como causa y efecto en relación con los otros condicionamientos sociales.

Ahora bien, el carácter un tanto ubicuo del Derecho (pues no hay prácticamente ningún sector de la acción social en el que lo jurídico no incida de una u otra forma) permite entender también que cumpla **funciones sociales** muy variadas: controlar las conductas desviadas, redistribuir recursos, legitimar el poder, asegurar el orden, resolver conflictos, supervisar el buen funcionamiento de los otros subsistemas sociales, etc. Esa pluralidad de funciones se realiza, por otro lado, en dos instancias o momentos distintos de la vida del Derecho: el de la **producción** de normas jurídicas y el de la **aplicación** o utilización de esas normas para la resolución de casos. Desde cada una de esas dos instancias (que —simplificando— podríamos decir son, respectivamente, la del **legislador** y la del **juez**), el Derecho se ve, inevitablemente, de manera distinta: para los legisladores, el problema a resolver es el de cuándo, de qué manera, con qué contenidos, etc., deben establecerse nuevas normas jurídicas o suprimirse —**derogarse**—

> La existencia de una legislatura se conecta, pues, con el carácter *dinámico* que tienen los sistemas jurídicos desarrollados. A diferencia de la moral social o de los ordenamientos jurídicos meramente consuetudinarios, los sistemas jurídicos de carácter dinámico contienen procedimientos —normas— para modificar el propio sistema, esto es, para introducir nuevas normas y para dejar sin efecto normas hasta entonces vigentes. A esta última ope-

ración se la llama **derogación** y puede llevarse a cabo de forma **expresa** o **tácita**. Una derogación tácita tiene lugar, por ejemplo, cuando se dicta una nueva normativa que resulta incompatible con la anterior (pues las leyes posteriores en el tiempo prevalecen sobre las anteriores en virtud del principio de *lex posterior*). La derogación expresa, a su vez, puede ser **específica** o **genérica**: la específica tiene lugar mediante cláusulas que contienen fórmulas como la siguiente: «Queda derogado el artículo X de la ley *Y*»; las derogaciones (expresas) genéricas suelen plasmarse en cláusulas del siguiente tenor: «Quedan derogadas cuantas disposiciones se opongan a lo dispuesto en la presente ley.»

normas hasta entonces vigentes; para los jueces, el problema consiste en cómo utilizar las anteriores normas —el Derecho vigente— para dictar resoluciones a la vista de determinados hechos que han tenido lugar y que configuran un caso —un problema— concreto y determinado. De alguna forma, podría decirse que la perspectiva del legislador es la del arquitecto que diseña los planos para conformar de una determinada manera la realidad social; mientras que la del juez —y, en general, la perspectiva de los órganos aplicadores del Derecho— es la de quien tiene que ejecutar el proyecto e ir resolviendo, de acuerdo con las instrucciones ahí contenidas, los diversos problemas que plantea su puesta en práctica. En los anteriores capítulos del libro hemos venido contemplando el Derecho esencialmente desde la perspectiva del juez. Ahora ha llegado el momento de asumir el otro punto de vista, el del legislador.

2. **Legisladores y jueces. ¿Qué son las fuentes del Derecho?**

Pero antes de abordar propiamente el problema de la legislación, conviene hacer algunas indicaciones previas y, quizás también, recordar algo ya indicado anteriormente.

En el capítulo primero se había dicho que la diferencia entre el papel de **juez** y de **legislador** no tiene siempre perfiles completamente nítidos, pues los jueces —o algunos jueces y en ciertas ocasiones— realizan también una función que es la que parece caracterizar a los legisladores: la de establecer normas generales y abstractas que vinculan en el futuro a los otros órganos judiciales y, hasta cierto punto, también a ellos mismos. Esto es incuestionablemente cierto, pero —como también se advertía entonces— no debe llevarnos a pensar que entre una y otra función no hay diferencias relevantes. Por un lado, los jueces establecen esas normas con ocasión de la resolución de casos concretos, mientras que los legisladores operan, por así decirlo, en abstracto. Por otro lado, el legislador puede, en principio, modificar en cualquier momento sus disposiciones, lo que no ocurre con los jueces. Y, finalmente —cabría añadir—, los legisladores están situados, en el sistema jurídico, en un lugar de mayor jerarquía que los jueces, puesto que estos últimos sólo pueden dictar normas jurídicas dentro de los límites establecidos por los primeros; esto, sin embargo, es en general cierto, pero tiene excepciones: el legislador —el legislador ordinario, no el constituyente— puede estar vinculado por normas que él no puede modificar —la Constitución— y, en ocasiones —como, por ejemplo, en nuestro país—, también por las interpretaciones que de la misma lleva a cabo el Tribunal Constitucional.

Dicho de otra manera, tanto las **leyes** como la **jurisprudencia** (el conjunto de las *rationes decidendi*

> La ***ratio decidendi*** de una sentencia es la regla general o el principio que sirve de fundamento al fallo. Lo que vincula como **precedente** es precisamente lo establecido

ahí, y no las consideraciones efectuadas *obiter dicta*, es decir, de manera circunstancial y que, por tanto, pueden dejarse de lado en casos posteriores. Por lo demás, no siempre resulta claro fijar cuál fue la *ratio decidendi* y cuál los **obiter dicta** de una resolución.

de las resoluciones judiciales) constituyen razones que —según hemos visto en los capítulos anteriores— los órganos de aplicación utilizan para justificar sus decisiones sobre los casos que han de resolver; y a esas razones —que no son otra cosa que normas— se las suele llamar **fuentes del Derecho**. La ley y la jurisprudencia son, además, fuentes del Derecho de origen deliberado y cuya fuerza vinculante varía de un sistema de Derecho a otro y según cuál sea la posición jerárquica que ocupe el órgano que la ha producido. Así, por ejemplo, en nuestro ordenamiento jurídico la ley sobre derechos y libertades de los extranjeros en España a que antes me referí, ocupa un lugar inferior al de la Constitución y al de la jurisprudencia del Tribunal Constitucional, pero es jerárquicamente superior al decreto que aprobó el reglamento de ejecución de la misma, y este último, a su vez, se halla por encima de la orden ministerial sobre los medios económicos que han de acreditar los extranjeros para entrar en España. Esa ordenación jerárquica implica que si existiera oposición entre el contenido de las diversas fuentes, dicho conflicto debe resolverse en favor de la de mayor rango.

Como se indicó anteriormente, las dos características básicas que permiten definir un conjunto de normas como un **sistema** es la **plenitud** (ausencia de **lagunas**) y la **consistencia** o coherencia lógica (ausencia de **contradicciones**). El criterio seguramente más importante para resolver las antinomias, las contradicciones normativas, es el de **jerarquía** o de *lex superior* que establece que la norma de grado superior prevalece sobre la inferior. Pero además, los ordenamientos jurídicos contienen

—en forma expresa o implícita— otros dos criterios de resolución de contradicciones: el de **temporalidad** o de *lex posterior*, según el cual la norma posterior en el tiempo prevalece sobre la anterior; y el de **especialidad** o de *lex especialis* que hace que la norma de contenido más específico prevalezca sobre la más genérica.

Por lo demás, en la práctica de la aplicación del Derecho —y el Derecho de extranjería es un ejemplo en que la aplicación corre a cargo básicamente de autoridades administrativas, no judiciales— lo que se «aplica» es justamente la disposición de menor rango que, naturalmente, es la que ofrece también un mayor grado de concreción.

La ley y la jurisprudencia no son, sin embargo, las únicas fuentes del Derecho. En nuestro sistema jurídico, cuando no hay ley aplicable se debe recurrir —de acuerdo con el artículo 1.3 del Código civil— a la **costumbre**, es decir, a normas jurídicas cuyo origen no es deliberado, sino que se van formando como consecuencia de la existencia de **usos sociales** a los que se atribuye carácter jurídicamente vinculante. La costumbre jurídica es, pues, algo más que un simple uso. Por ejemplo, la práctica de un comercio de admitir que un cliente devuelva un objeto previamente comprado aunque no tenga defecto alguno y no venga obligado a ello por ninguna cláusula contractual (ni por la ley) es, en principio, un simple uso: si un día dejara de practicarlo con algún comprador, lo más que podría hacer este último es darse de baja como cliente. Pero es también posible que ese uso hubiese arraigado de tal manera que la gente considerase que tiene derecho a devolver los objetos comprados (o cierto tipo de objetos) durante un determinado período de tiempo; si el comerciante no quisiera admitir la devolución, entonces se podría proceder jurídicamente contra él, puesto que hay una costumbre, una norma consuetudinaria, que ampara tal pretensión.

En nuestro Derecho (con la excepción del sistema de fuentes de la compilación navarra), la **costumbre** no puede ir nunca en contra de la **ley**. Eso quiere decir que la costumbre sólo puede operar en defecto de ley aplicable (*praeter legem*), o para desarrollar o precisar lo ya establecido por una ley (*secundum legem*). Hay, sin embargo, ejemplos de costumbres *contra legem* que sería difícil no considerar que forman parte del Derecho vigente. Por ejemplo, de acuerdo con lo establecido legalmente, las sentencias deben hacerse públicas mediante «lectura en audiencia pública» (artículo 336-7.º de la Ley de Enjuiciamiento Civil). Pero en la práctica no se lleva a cabo tal lectura, pues ello supondría una enorme rémora para el funcionamiento de la administración de justicia. Ahora bien, a nadie se le ocurriría impugnar una sentencia por la falta de este requisito.

Igualmente, cabe atribuir carácter de fuente del Derecho a las opiniones de los teóricos del Derecho —a la **doctrina jurídica**—,

> La **doctrina jurídica** o **dogmática jurídica** es, pues, distinta a la llamada doctrina legal, la fijada por el Tribunal Supremo y que vendría a consistir en el conjunto de las *rationes decidendi* de sus resoluciones.

aunque en nuestro sistema jurídico —a diferencia, por ejemplo, de lo que ocurrió en la época clásica del Derecho romano— no sea una fuente de carácter vinculante: no es infrecuente que la razón por la que un juez o un tribunal toma una determinada decisión venga dada por la opinión de la mayoría de la doctrina jurídica o la de algún jurista a quien se reconoce autoridad; pero un juez puede también prescindir de esas opiniones, a diferencia de lo que ocurre con la ley y la costumbre (respetando siempre, naturalmente, la jerarquía de fuentes: pero una cosa es que una fuente de Derecho sea o no vinculante, y otra distinta es el lugar que ocupa en relación con las demás). En el caso de la **jurisprudencia**, la situación en nuestro Derecho —a diferencia de lo que ocurre en los sistemas de *common* *law*— es menos clara: la jurisprudencia del Tribunal Constitucional y del Tribunal Supremo tiene, en la práctica, carácter vinculante

> En el caso de la del Tribunal Constitucional también en teoría, pues el (discutido) artículo 5.1 de la Ley Orgánica del Poder Judicial impone la obligación de interpretar las leyes y reglamentos de acuerdo con los criterios establecidos en las resoluciones del Tribunal Constitucional.

y difícilmente un juez tomaría una decisión que contraviniera los criterios normativos ahí establecidos —recuérdese el peso que ello tiene en el caso del insumiso del capítulo anterior—; en cuanto al resto de los tribunales, la situación varía pero, en general, los órganos inferiores procuran evitar que sus decisiones puedan ser recurridas con éxito ante los superiores, de manera que los criterios establecidos por estos últimos gozan de una considerable fuerza.

3. **El proceso de la legislación**

De la misma manera que los órganos que aplican el Derecho no son exclusivamente los jueces, quienes lo establecen legislativamente —es decir, como consecuencia de una acción deliberada y encaminada a alcanzar ciertos objetivos sociales— no son simplemente los legisladores, si por tal se entiende los órganos a quienes se atribuye formalmente el **poder legislativo** (los parlamentos, las asambleas legislativas, etc.). Como antes se ha indicado, el Derecho de extranjería en nuestro país lo aplican básicamente funcionarios del Ministerio del Interior y este Ministerio —y no las Cortes— es quien ha dictado la orden mencionada anteriormente —y otra serie de instrucciones, notas, etc., de rango inferior— que, en muchos aspectos, constituyen el Derecho que realmente se aplica en la práctica. Sin embargo —al menos en un Estado de Derecho— los jueces son quienes, en última instancia, controlan la aplicación del Derecho que efectúan los otros órganos estatales; y las normas emanadas de los órganos que no detentan «poder legislativo» están subordinadas a las leyes en sentido estricto, es decir, a las disposiciones que sí proceden de ese poder. El que las cosas sean así no constituye, naturalmente, ningún defecto, sino que, en buena medida, forma parte de la división del trabajo que impone la existencia de sociedades —y, en consecuencia, de sistemas jurídicos— cada vez más complejos.

La elaboración legislativa del Derecho se lleva a cabo de acuerdo con procedimientos que varían según el sistema jurídico de que se trate y según cual sea el rango de las normas legales. Dicho procedimiento es, naturalmente, más complejo cuando se trata de leyes en sentido estricto, esto es, de disposiciones emanadas del poder legislativo con rango de ley. Veamos brevemente cuáles fueron los diversos momentos de ese *iter legislativo* en relación con la Ley de extranjería.

El inicio del proceso puede fijarse en la redacción de un **anteproyecto** en noviembre de 1984 por parte del Ministerio del Interior. Ya anteriormente, en noviembre de 1981, el Gobierno de UCD había remitido al Congreso de los Diputados un **proyecto**

> Un **anteproyecto** se convierte en **proyecto** una vez que es aprobado por el Consejo de Ministros.

de ley orgánica de derechos y libertades fundamentales de los extranjeros en España que no llegó a cuajar por la crisis política que sobrevino poco después, pero que mostraba la existencia de un problema social que exigía una intervención legislativa. Aparte de los factores antes indicados (la conversión de España en un país de inmigración y el proceso de integración en Europa culminado a mediados de la década), la normativa vigente en la materia era considerablemente dispersa, en ocasiones contradictoria o algo peor (así, por ejemplo, el permiso de residencia era un requisito indispensable para que los extranjeros pudiesen formalizar un contrato de trabajo, pero, de acuerdo con otra de las normas vigentes entonces, el contrato de trabajo era, a su vez, condición necesaria para obtener el permiso de residencia) y en muchos casos inconstitucional, pues consistía en buena medida en disposiciones emanadas con anterioridad a la promulgación de la Constitución y que —como cabe pensar— no se distinguían por el respeto a los derechos humanos y a las libertades públicas de los extranjeros. Por otro lado, la propia Constitución, en su artículo 13.1, establecía la obligación de un desarrollo legislativo de la misma en la materia, al señalar que «los extranjeros gozarán en España de las libertades públicas que garantiza el presente Título en los términos que establezcan los tratados y la ley».

Ese anteproyecto fue la base del proyecto redactado por el Ministerio del Interior juntamente con el de Asuntos Exteriores, Justicia, y Trabajo y Seguridad Social que, aprobado por el Gobierno en Consejo de Ministros de 12 de diciembre de 1984, fue remitido a las Cortes para su tramitación parlamentaria. En el Derecho español, la **iniciativa legislativa** (según señala el artículo 87 de la Constitución) corresponde al Gobierno, al Congreso y al Senado, a las Comunidades Autónomas o al pueblo mediante la iniciativa popular (lo que exige no menos de 500.000 firmas acreditadas), pero quien la ejerce, en la mayoría de las ocasiones, es el Gobierno.

Una vez en las Cortes, el proyecto pasó por una serie de vicisitudes —hasta convertirse en ley—, las más importantes de las cuales fueron éstas. Tras su entrada, el 22 de enero de 1985, en el Congreso de los Diputados, se abrió un plazo para la presentación de **enmiendas** que finalizó el 18 de febrero. Al día siguiente, en el debate de totalidad de la ley, el Grupo Popular presentó una enmienda a la totalidad del proyecto, que resultó desestimada por un amplio margen de votos. El 13 de marzo, la **ponencia** encargada de estudiar el proyecto de ley y las (numerosas) enmiendas presentadas al mismo trasladó su informe a la **comisión** constitucional del Congreso. La comisión lo debatió en la sesión del 10 de abril y emitió un **dictamen** con el nuevo texto del proyecto (que difería muy poco del remitido por el Gobierno) y con las enmiendas y votos particulares que se mantenían para el **pleno**. Ese pleno tuvo lugar el 23 de abril, sin que se aceptara ninguna modificación con respecto al texto del dictamen de la comisión, y al día siguiente se produjo la votación final de totalidad del proyecto, que fue aprobado con 274 votos a favor, 3 en contra y 3 abstenciones. El texto aprobado por el pleno del Congreso fue remitido al Senado, en donde tuvo entrada el 10 de mayo. A partir de entonces, se abrió un plazo de enmiendas que terminó el día 16 (en total se presentaron 61 enmiendas). La ponencia nombrada al efecto terminó su informe a la Comisión de Constitución el día 23 de mayo, para que ésta emitiese el correspondiente dictamen (el día 24), al que se formularon una serie de votos particulares para ser defendidos en el pleno del Senado. Dicha sesión plenaria tuvo lugar el día 27 y en la misma se aprobó sin variación alguna el dictamen de la Comisión. El texto aprobado por el Senado (que sólo difería en cuestiones de detalle con respecto al proyecto recibido) fue remitido de nuevo, precedido de un mensaje motivado, al Congreso el día 4 de junio. Finalmente, el pleno del Congreso de los Diputados del 11 de junio aprobó el texto definitivo de la ley, que recogía íntegramente las enmiendas introducidas en el

Senado. La Ley orgánica 7/1985, de 1 de julio sobre derechos y libertades de los extranjeros en España fue **sancionada** y **promulgada** por el rey el 1 de julio y se **publicó** en el Boletín Oficial del Estado el 3 de julio. Su **entrada en vigor** tuvo lugar, de acuerdo con el artículo 2.1 del Código civil, 20 días después de su publicación.

> En nuestro país, la potestad de legislar la tiene las Cortes (y los parlamentos de las Comunidades Autónomas en el ámbito de cada territorio). Sin embargo, para que una ley aprobada por el parlamento llegue a **entrar en vigor** (comience a existir como norma jurídica que, por tanto, obliga a sus destinatarios), debe haber sido antes **sancionada**, **promulgada** y **publicada**. La Constitución (en su artículo 62) atribuye al Rey la función de sancionar y promulgar las leyes. La idea de que las leyes deben ser sancionadas (y aquí es obvio que por «sanción» no se entiende las consecuencias negativas o positivas que llevan aparejadas las normas, sino el acto consistente en refrendar una norma) por el rey para que puedan entrar en vigor obedece a una tradición en la que el monarca era colegislador con el Parlamento; en un Estado de Derecho —como el español en la actualidad—, la sanción no tiene ya más que un valor simbólico, esto es, es un puro requisito formal (de manera que, por ejemplo, el rey no podría negarse a sancionar una ley). Otro tanto ocurre con la promulgación, esto es, con la proclamación formal de la ley como tal ley y el mandato de que debe ser observada, que también corresponde al rey (y, en el marco de cada comunidad autónoma, a su presidente, que actúa en nombre del rey). En cierto modo, sanción y promulgación vienen a confundirse en nuestro Derecho. En un mismo acto, el rey sanciona, promulga las leyes y ordena su inmediata publicación. La publicación en cuanto tal, el acto consistente en hacer público el contenido de la ley, corresponde al ejecutivo y se realiza por medio del Boletín Oficial del Estado (o, en su caso, de los boletines de las comunidades autónomas). La regla general en nuestro Derecho (art. 2.1 del Código civil) es que las leyes (entendida esta expresión en su sentido amplio que incluye, por tanto, las disposiciones de carácter general de la Administración) entran en vigor a los 20 días de su completa publicación, si en las mismas no se dispone otra cosa.

4. Razón práctica y legislación

A lo largo de su (relativamente breve) tramitación parlamentaria (en la que por algo se siguió el «procedimiento de urgencia»), el texto de lo que luego sería la Ley de extranjería fue —como se ha visto— objeto de no pocos debates en sesiones de comisión y de pleno, y —es de suponer— objeto también de más de una negociación entre representantes de los diversos grupos parlamentarios. Además, el texto había sido ya discutido en una fase previa que podríamos llamar prelegislativa, en el transcurso de su elaboración ministerial (sobre todo, en el Ministerio del Interior). Y siguió siendo objeto de discusiones después de su entrada en vigor —en su fase **postlegislativa**—, en particular por parte de los dogmáticos del Derecho, de los cultivadores del **Derecho internacional privado**.

El **Derecho internacional privado** regula las relaciones de Derecho privado en que aparece un elemento de extranjería: por ejemplo, un matrimonio en que los cónyuges no tienen la misma nacionalidad; una herencia en que el causante deja bienes en país extranjero; la compra de un bien en país extranjero que al ser consumido en el propio causa una serie de daños, etc. El Derecho de extranjería es, en rigor, una parte del Derecho interno (del Derecho administrativo), pero, por razones comprensibles, de su estudio se ocupan fundamentalmente internacionalistas. El Derecho internacional privado se contrapone al **Derecho internacional público** que regula las relaciones entre los Estados y las organizaciones supraestatales.

La distinción entre **Derecho público** y **Derecho privado** es una de las más básicas y más discutidas en la doctrina jurídica. En principio, el Derecho privado es el que regula las relaciones entre particulares y está integrado por el Derecho civil y el Derecho mercantil. El Derecho público, por el contrario, regula las relaciones en las que interviene el Estado, como ocurre con el Derecho administrativo, el Derecho constitucional o el Derecho penal. Pero el problema es que no es nada fácil precisar en qué consiste esa distinción. Fundamentalmente, se han ensayado dos criterios de solución, lo que ha dado lugar a otras tantas teorías. De acuerdo con la primera —la **teoría de los intereses**—, la distinción entre interés privado / interés público permitiría a su vez distinguir entre las normas de Derecho privado —dirigidas a proteger intereses de los particulares— y las de Derecho público. Pero el problema es que no parece haber ninguna institución jurídica ajena por completo a algún interés público (por ejemplo, en el Derecho de contratos también opera —como límite a la autonomía de la voluntad— la idea de orden público); y, por otro lado, en cualquier institución de carácter público (por ejemplo, la administración tributaria) entran en juego intereses privados que (hasta cierto punto) deben protegerse. La segunda teoría —la **teoría de los sujetos**— viene a sostener que el Derecho privado regula relaciones en las que ambas partes son personas privadas, mientras que, en el Derecho público, al menos una de las partes es una persona pública. Sin embargo, la Administración pública puede actuar en ocasiones como un simple particular (por ejemplo, cuando efectúa cierto tipo de contratos). Podría decirse entonces que son relaciones de Derecho público aquellas en que una de las partes está investida de poder público, de *imperium*, mientras que en el otro polo de la relación están los ciudadanos. Pero a ello cabría objetar que hay normas que se consideran de Derecho público, pero que no se refieren a una relación con los ciudadanos (por ejemplo, las que regulan el funcionamiento del parlamento); o bien normas que regulan relaciones entre entidades administrativas que se sitúan en un mismo nivel de jerarquía y en donde no parece darse la relación de subordinación que presupone este criterio.

El problema de la distinción entre Derecho público y Derecho privado (que tiene importancia práctica, pues en la tradición romano-germánica —a diferencia de lo que ocurre en el *common law* [Puig Brutau, 1980, p. 35]— son tribunales distintos los que conocen de unas u otras cuestiones) puede aclararse conceptualmente una vez que se acepta que ambas nociones —si se pretenden usar con alguna precisión— no permiten clasificar las normas jurídicas en forma exhaustiva. Como dice Ross (1963), la relación que guardan entre sí es parecida a la que puede establecerse entre los canarios y los elefantes en relación con los animales. Así, cabría decir —ésta es la propuesta de Ross— que el Derecho privado es aquella parte del Derecho cuya observancia puede quedar asegurada mediante procedimientos civiles entre particulares; que el Derecho público es el que rige la organización y ejercicio de la autoridad pública; y que hay sectores del Derecho que no pueden incluirse claramente bajo una de estas dos categorías.

Desde el punto de vista argumentativo, cada una de esas fases —prelegislativa, legislativa y postlegislativa— tiene características propias, puesto que el papel que asumen los participantes en la discusión es diferente, al igual que lo son los presupuestos de que se parte en cada caso, los objetivos a lograr, los destinatarios de la argumentación, etc. De todas formas, el proceso de producción de las leyes —la legislación— puede contemplarse de una manera relativamente unitaria si se considera que el mismo consiste en una serie de interacciones que tienen lugar entre los edictores, los destinatarios, el sistema jurídico, los fines y los valores, y que dan lugar a diversas nociones o niveles de racionalidad, desde los que pueden evaluarse las leyes (Atienza, 1989a).

Desde una perspectiva muy abstracta, puede decirse que los **edictores** son los autores de las normas; los **destinatarios**, aquéllos a quienes éstas se dirigen; el **sistema jurídico**, el conjunto del que forma parte la nueva ley; los **fines**, los objetivos o metas (entendidos en el sentido más amplio) que se persiguen al establecer las leyes, y los **valores**, las ideas que sirven para justificar dichos fines. Los diversos niveles o ideas de racionalidad a que antes aludía serían éstos: una **racionalidad lingüística**, en cuanto que el emisor (el edictor) debe ser capaz de transmitir con fluidez un mensaje (la ley) al receptor (el destinatario); una **racionalidad jurídico-formal**, pues la nueva ley debe insertarse armoniosamente en un determinado sistema jurídico; una **racionalidad pragmática**, pues la conducta de los destinatarios tendría que adecuarse a lo prescrito en la ley; una **racionalidad teleológica**, pues la ley tendría que alcanzar los fines sociales perseguidos, y una **racionalidad ética**, pues las conductas prescri-

	Editores	Destinatarios	Sistema jurídico	Fines	Valores
R_1	Emisor	Receptores del mensaje (legal)	Conjunto de enunciados (mensajes) y de canales para transmitirlos	Claridad, precisión	Comunicación
R_2	Órgano al que se le atribuye capacidad de producir Derecho legislado	Individuos y órganos a los que se dirigen las leyes	Conjunto de normas (en sentido amplio) válidamente establecidas	Sistematicidad, plenitud y coherencia	Seguridad, previsibilidad
R_3	Órgano al que se le presta obediencia (soberano)	Burocracia e individuos que prestan obediencia (súbditos)	Conjunto de normas eficaces (o bien de comportamientos)	Cumplimiento del Derecho. (traducción de las normas en acciones)	Mantenimiento del orden, eficacia
R_4	Portadores de intereses sociales (particulares, grupos de presión, etc.)	Afectados por la regulación del interés o necesidad social	Conjunto de medios para conseguir fines sociales	Cumplimiento de objetivos sociales: redistribución de la riqueza, aumento o disminución de la protección social, reducción del desempleo, mantenimiento de ventajas políticas, económicas, etc.	Eficiencia social
R_5	Autoridad legítima	Obligados moralmente a obedecer las leyes	Conjunto de normas, acciones e instituciones evaluables éticamente	Libertad, igualdad, justicia	Naturaleza, dignidad humana, consenso, etcétera.

tas y los fines de las leyes presuponen valores que tendrían que ser susceptibles de justificación ética. El cuadro de la página 200 puede ayudar, quizás, a hacerse una idea de conjunto más clara de todo ello.

Ahora bien, si esto es así, entonces habría que pensar también que los argumentos utilizados en las diversas fases de discusión de una ley tendrían que ser, precisamente, de alguno de (o de alguna combinación de) los siguientes tipos: lingüísticos, jurídico-formales, pragmáticos, teleológicos y éticos. Veamos algunos ejemplos de esos argumentos volviendo de nuevo a la Ley de extranjería.

4.1. Racionalidad lingüística

La **racionalidad lingüística** —como hemos visto— implica que la legislación se ve como un proceso de comunicación, y la ley como una serie de enunciados —el mensaje o el contenido de la comunicación— que deben ser suficientemente claros, de manera que no contengan términos o frases **ambiguas** (que puedan interpretarse de más de una forma) o conceptos intolerablemente **vagos** (esto es, que generen una incertidumbre excesiva en cuanto a la determinación de su campo de aplicación).

> **Ambigüedad** y **vaguedad** son conceptos distintos: la ambigüedad se predica de las palabras y la vaguedad de los conceptos designados por ellas. Así, una expresión es ambigua si puede usarse en diversos sentidos; por ejemplo, «Derecho» es una palabra ambigua, porque puede significar «conjunto de normas», «facultad de hacer una determinada acción», etc. Un concepto (por ejemplo, el concepto de Derecho objetivo, el Derecho como conjunto de normas) es vago cuando no están bien determinadas las notas que lo caracterizan (por ejemplo: ¿es la coacción un requisito necesario para poder hablar de Derecho?) o bien no puede establecerse con precisión cuál es el campo

de aplicación del concepto (¿es Derecho el Derecho internacional [público], la reglamentación de las sociedades primitivas o el Derecho canónico?).

Por otro lado, la estructura de la ley, es decir, la división de la misma en **títulos, secciones, capítulos** y **artículos** contribuye también a hacer más accesible su contenido. Así, por ejemplo, la Ley de extranjería consta de 36 artículos distribuidos en un título preliminar (de «disposiciones generales» en las que se define el concepto de extranjero, se determina el ámbito de aplicación de la ley, etc.) y siete títulos más: el primero, sobre derechos y libertades de los extranjeros; el segundo, sobre el régimen de entrada (capítulo primero) y sobre las situaciones en que los extranjeros pueden estar en nuestro país (capítulo segundo); el tercero, sobre trabajo y establecimiento, con las condiciones para obtener el permiso de trabajo; el cuarto, sobre salidas del territorio español —salidas voluntarias o expulsiones—; el quinto, sobre regímenes especiales —apátridas, extranjeros no documentados, iberoamericanos y asimilados o estudiantes extranjeros—; el sexto, sobre infracciones y sanciones, incluida la expulsión de España; y el séptimo, sobre garantías y régimen jurídico. El **texto articulado** va precedido de un **preámbulo** y tras él figuran dos **disposiciones adicionales**, tres **transitorias**, dos **finales** y una **derogatoria**.

> En las leyes pueden distinguirse tres partes: el **preámbulo** o **exposición de motivos**, que contiene las finalidades que persigue la ley y su justificación; la **parte dispositiva**, esto es, el conjunto de artículos que expresan las normas —los medios— con que se pretende alcanzar esos objetivos; y la **parte final**, en la que pueden distinguirse diversos tipos de **disposiciones**: **adicionales** (que contienen regímenes jurídicos especiales, preceptos residuales, etcétera), **transitorias** (reglas de Derecho transitorio), **finales** (cláusulas de entrada en vigor, habilitaciones para

dictar reglamentos, etc.) y **derogatorias** (cláusulas de derogación del Derecho vigente). En relación con la Ley de extranjería, un ejemplo de disposición adicional es la que autoriza al Gobierno para actualizar la cuantía de las multas; de disposición transitoria, la que concede un plazo de tres meses para regularizar su situación a los extranjeros que se encuentren en España insuficientemente documentados en la fecha de entrada en vigor de la ley; de disposición final, la que establece la obligación del Gobierno de dictar el reglamento de ejecución de la ley; y de disposición derogatoria, la que deja sin vigor una serie de leyes específicas aplicables hasta el comienzo de la vigencia de la Ley de extranjería; es interesante reparar en que las disposiciones derogatorias suelen concluir con una cláusula genérica —y, en realidad, superflua, habida cuenta de la vigencia del principio de *lex posterior*— que declara derogadas «cuantas disposiciones de igual o inferior rango se opongan a lo dispuesto en la presente ley». Todas las leyes constan necesariamente de una parte dispositiva (aunque contenga un solo artículo) que puede estar dividida en secciones, capítulos, títulos y libros. Pero tanto el preámbulo como la parte final (o algún tipo de disposición de la parte final) pueden faltar (véase Gretel, 1989).

No pocas de las enmiendas presentadas por los grupos de la oposición al proyecto de Ley de extranjería se basaban fundamentalmente en argumentos de tipo lingüístico. Así, en el pleno del Congreso de los Diputados en que se discutió el dictamen de la Comisión, el representante del Grupo Popular defendió, entre muchas otras, una enmienda al artículo 18 (situado dentro del título tercero), que es el que se refiere a las circunstancias que se apreciarán para la concesión y renovación del permiso de trabajo; concretamente, el apartado 1, letra *c*), establece que se ha de atender al «régimen de reciprocidad en el país de origen del extranjero». El diputado en cuestión entendía que esa expresión («país de origen») debía ser aclarada «porque este país de origen puede ser equívoco», y que debía ser sustituida por «trato de reciprocidad en el país cuya nacionalidad ostente el extranjero», ya que «el dato importante a la hora de la reciprocidad no es la nacionalidad de origen, sino la nacionalidad que actualmente se ostente». Se trataba, por tanto, de evitar la utilización de un término, «país de origen», que podía resultar **ambiguo** cuando el extranjero hubiese tenido más de una nacionalidad y, por tanto, su «nacionalidad de origen» no coincidiese con su «nacionalidad actual». Esa enmienda no fue ni siquiera tomada en consideración, en el turno de réplica, por el representante del Grupo Socialista; fue de nuevo planteada en el Senado, pero tampoco allí corrió mejor suerte, a pesar de que cualquiera podría decir que significaba una mejora en la redacción del texto de la Ley.

La utilización de términos ambiguos, de todas formas, suele encerrar menos peligros que la inclusión en las leyes de conceptos excesivamente **vagos** (un cierto grado de vaguedad es muchas veces inevitable). Así, el artículo 26.1, al indicar las causas por las que los extranjeros podrán ser expulsados de España, recoge —en la actual letra *c*)— el siguiente supuesto: «estar implicados en actividades contrarias al orden público o a la seguridad interior o exterior del Estado o realizar cualquier tipo de actividades contrarias a los intereses españoles o que puedan perjudicar las relaciones de España con otros países». Un diputado del Grupo Mixto del Congreso —la misma enmienda volvió a formularse también, y también infructuosamente, en el Senado— propuso retirar «los términos que aluden a los intereses españoles y a las relaciones de España con otros países, por su excesiva ambigüedad [el término exacto sería "vaguedad"], para evitar que la seguridad y estancia de los extranjeros estén sometidas a los avatares de la política exterior de los sucesivos Gobiernos». El diputado socialista encargado de replicar a la enmienda no fue, sin embargo, de la misma opinión: «Dice que ello es genérico. Yo creo que no es genérico y que el concepto de intereses españoles o de relaciones de España con otros países es un concepto preciso, aunque amplio, y que tiene suficiente magnitud y calidad como para que ningún Gobierno pudiera utilizarlo frívolamente contra ningún extranjero. Entendemos, por tanto, que es un bien colectivo de gran importancia que debe ser protegido. Dicho de otro modo, nunca debe tolerarse que cualquier extranjero pueda atentar contra algo tan claro como los intereses españoles o las relaciones de España con otros países.»

Las últimas frases no constituyen, desde luego, un modelo de buen argumento, sino más bien un ejemplo de **petición de principio** (el diputado presupone lo que trata de probar y no da ninguna razón de por qué son precisos esos conceptos), pero hay que reconocer también que los problemas de vaguedad son, en general, más difíciles de resolver que los de ambigüedad. En cualquier caso, la indeterminación lingüística puede reducirse a un mínimo si se utilizan técnicas adecuadas y no se desea generar imprecisión (lo que no siempre ocurre). Para mostrar cómo se pueden detectar y evitar muchas de las imprecisiones de un texto legislativo, podemos partir del mismo artículo 26.1 que, en su letra *d*), recoge la siguiente causa de expulsión: «Los extranjeros podrán ser expulsados de España por resolución del Director de la Seguridad del Estado cuando incurran en alguno de los supuestos siguientes.[...] *d*) Haber sido condenados, dentro o fuera de España, por una conducta dolosa que constituya en nuestro país delito sancionado con pena privativa de libertad superior a un año, salvo que sus antecedentes penales hubieran sido cancelados.»

Este artículo —o este fragmento de artículo— puede ser interpretado de más de una manera: es, pues, ambiguo. Para ver en qué consiste la ambigüedad, conviene tener en cuenta que las **normas** tienen una estructura condicional: si se da A (**supuesto de hecho** de la norma), entonces debe (o no debe, o puede) suceder B (**consecuencia jurídica**).

En la terminología de Von Wright (1970), el **supuesto de hecho** serían las **condiciones de aplicación** de la norma; la **consecuencia jurídica**, el **contenido** de la norma; y lo que une el supuesto de hecho a la consecuencia, el **operador deóntico** (obligatorio, prohibido y permitido). Esos tres elementos constituyen el **núcleo normativo**. En forma análoga, Alchourrón y Bulygin (1974) entienden las normas como correlaciones entre **casos** y **soluciones**. Los casos se definen a partir de una serie de **propiedades relevantes** («haber sido condenado en España a pena superior a un año»; «haberlo sido por conducta dolosa», etcétera). Y las soluciones están integradas por el **contenido normativo** («ser expulsado de España...») y el **carácter normativo** («permitido»).

En nuestro caso, la consecuencia jurídica está clara, pero no así el supuesto de hecho, pues en el Código penal español, la pena de prisión menor va de 6 meses y 1 día a 6 años; por lo tanto, alguien puede ser condenado a esa pena y serlo tanto por un período inferior como superior a un año. Si vemos las cosas más de cerca, las **propiedades** que hay que tomar en cuenta a efectos de determinar el **supuesto de hecho** de la norma serían, además de la de tratarse de un extranjero, éstas:

a) haber sido condenado en España a pena superior a un año;

a') haber sido condenado en España a pena inferior a un año;

b) haber sido condenado fuera de España a pena superior a un año;

b') haber sido condenado fuera de España a pena inferior a un año;

c) haber sido condenado por una conducta dolosa;

d) que constituya en España delito sancionado con pena superior a un año (es decir, con pena de prisión menor o superior);

e) que sus antecedentes penales estén cancelados (N_e —en el gráfico que figura a continuación— significa: que sus antecedentes penales *no* estén cancelados).

Y la **consecuencia jurídica** la constituye una conducta —o el resultado de una conducta—:

f) ser expulsado de España por resolución del Director de la Seguridad del Estado,
que está **permitida**

> **Permitido** no es lo mismo que **facultativo**. Una acción (por ejemplo, hacer testamento) es facultativa porque está permitido hacerla y está permitido también no hacerla (omitir hacer testamento). Pero es posible que una acción esté permitida pero no así la omisión correspondiente que podría no estar permitida (en cuyo caso decimos que la acción en cuestión es **obligatoria**: por ejemplo, auxiliar al que está en peligro inminente y grave de perder la vida) o bien poseer un estatus deóntico no bien definido (por ejemplo, en el plano moral, enviar ayuda a los países del tercer mundo).

por el artículo en cuestión (P_f significa entonces: «poder ser expulsado de España por resolución del director de la Seguridad del Estado»).

Si utilizamos ahora, para representar esta norma, un simple diagrama de flechas (en el que lo que figura a la izquierda de la punta de la flecha es el supuesto de hecho, y lo que figura a la derecha la consecuencia jurídica), es fácil ver que el texto del artículo podría interpretarse, por lo menos, de estas tres formas:

1)

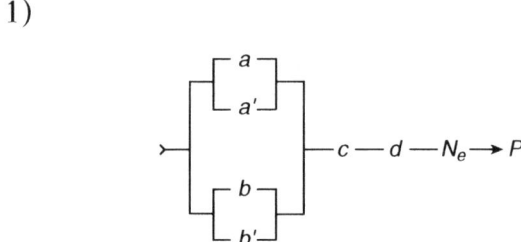

2)

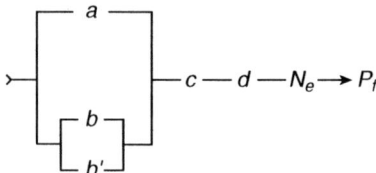

3)

$$\rightarrowtail \left[\begin{array}{c} a \\ \\ b \end{array}\right] - c - d - N_e \rightarrow P_f$$

Según la primera interpretación, la expulsión podrá producirse si el delito cometido está castigado en España con pena de prisión menor o superior, y con independencia de si la condena real en España o en el extranjero ha sido superior o inferior al año. Según la segunda interpretación, la expulsión podrá producirse en todos los casos anteriores, salvo en el supuesto de que el extranjero haya sido condenado en España a pena inferior a un año. Y de acuerdo con la tercera, se eliminaría un nuevo supuesto: que el extranjero haya sido condenado fuera de España a pena inferior a un año.

> En realidad, cabría todavía lógicamente una cuarta interpretación, pero que sería poco razonable admitir: que la expulsión se pudiera producir si ha sido condenado en el extranjero a pena inferior a un año, pero no si la condena hubiera tenido lugar en España.

Ahora bien, si lo que se desea expresar es precisamente esta última idea, entonces podría usarse seguramente con ventaja (y prescindo del resto de las causas de expulsión que se fijan en las otras letras del apartado del artículo) una redacción como la siguiente:

> «SI:
> 1. Un extranjero ha sido condenado en España o fuera de España a pena superior a un año, y
> 2. por una conducta dolosa, y
> 3. que constituye en España delito sancionado al menos con pena de prisión menor, y
> 4. sus antecedentes penales no han sido cancelados
> ENTONCES:
> 5. Podrá ser expulsado de España por resolución del director de la Seguridad del Estado.»

Esta forma de redacción —de redacción normalizada [Allen, 1980]— puede parecer muy poco elegante, pero ayuda a eliminar muchas imprecisiones y facilita la comprensión de los textos legales al mostrar de una forma explícita la estructura interna de las normas.

4.2. Racionalidad jurídico-formal

Otro de los tipos de argumentos que se pueden encontrar en la discusión parlamentaria de la Ley de extranjería se conecta con el nivel de **racionalidad** que había llamado **jurídico-formal**. Desde esta perspectiva, legislar racionalmente significa hacerlo respetando los criterios de forma y de contenido establecidos por el propio ordenamiento jurídico y procurando que la nueva ley se integre armónicamente en el mismo. Esa exigencia de sistematicidad, por otro lado, puede contemplarse tanto desde un punto de vista interno (esto es, considerando únicamente la ley en cuestión o el campo concreto que regula), como externo (considerando también el resto de las reglas y principios del ordenamiento jurídico y, en particular, las de jerarquía superior, las normas constitucionales). En la medida en que una ley sea **sistemática** (no deje vacíos de regulación —o **lagunas**—, ni genere tampoco contradicciones —**antinomias**—) se puede decir también que produce seguridad: cada cual puede prever —en términos normativos— las consecuencias de su conducta o las de la ajena. La **seguridad jurídica** es, obviamente, uno de los valores fundamentales del Derecho —aunque no el único—, y en él descansan muchos de los argumentos utilizados tanto en la aplicación como en la producción de normas jurídicas.

En la enmienda a la totalidad presentada por el Grupo Popular, el argumento decisivo fue precisamente el de la seguridad jurídica. En su intervención ante el pleno del Congreso, el representante de ese grupo se mostró de acuerdo con los objetivos que perseguía el proyecto de ley y, en particular, con el de procurar un máximo de seguridad jurídica a que hacía referencia la exposición de motivos —luego rebautizada como «preámbulo»— de la ley. Sin embargo, en su opinión —y es una opinión mantenida después por el grupo en la discusión en comisión y en el pleno—, de aprobarse así la ley, se generarían innumerables lagunas, dado que el texto de la misma hacía constantes remisiones —y en aspectos fundamentales— a su desarrollo reglamentario: «¿Qué preceptos de la ley pueden llevar la seguridad jurídica al ánimo de los extranjeros que obtengan un permiso de residencia y trabajo a la hora de su renovación —porque los requisitos de la renovación serán declarados reglamentariamente—, o a un estudiante extranjero cuya residencia le puede ser denegada al no renovársele el permiso, cuando necesita la seguridad de un plazo de varios años para poder acabar sus estudios? La seguridad jurídica exige que todo esto quede perfectamente regulado en la ley y no se remita a un reglamento posterior.» «Es por esto precisamente —añadía— y no por otras razones por lo que solicitamos se devuelva al Gobierno [el proyecto] para que se regulen en la ley, y no en ulterior reglamento, aspectos como los citados, que limitan derechos, libertades y deberes fundamentales de los extranjeros en España.»

Alguien podría pensar que esa preocupación porque los límites se contuvieran en el texto de la ley no se extendía a los límites en sí mismos considerados. Como ya sabemos, el proyecto no fue devuelto al Gobierno, sino que al cabo de unos meses —y con modificaciones insignificantes— fue aprobado como ley por una amplísima mayoría de votos, que incluía los de los representantes del Grupo Popular... Cuando, sin embargo, había motivos para pensar que la ley generaba inseguridad jurídica en un sentido bastante más grave, esto es, en cuanto que contradecía determinados preceptos constitucionales.

El argumento de que la ley —o el proyecto de ley— era inconstitucional en varios de sus extremos fue utilizado enfática, pero inútilmente, por algunos representantes del Grupo Mixto en el Congreso y en el Senado. El que más se distinguió en la crítica de la ley por ese motivo fue, probablemente, el entonces diputado comunista Fernando Pérez Royo. Aquí me voy a limitar únicamente (y por las razones que luego se verán) a recoger sus argumentos —vertidos en el pleno del Congreso de 23 de abril— en favor de la inconstitucionalidad de los artículos 7, 8 y 34 de la ley.

El artículo 7 del proyecto —y luego de la ley— reconocía a los extranjeros que se hallaran legalmente en territorio español el **derecho de reunión y de manifestación** pero, en su inciso segundo, lo limitaba en el sentido de que establecía la obligación de «solicitar del órgano competente su autorización, el cual podrá prohibirlas si resultaran lesivas para la seguridad o los intereses nacionales, el orden público, la salud o la moral públicas o los derechos y libertades de los españoles». En su intervención, el diputado al que me he referido argumentó que el requisito de la autorización previa contravenía el artículo 21.1 de la Constitución «que reconoce a todos, es decir, a todas las personas, españolas y extranjeras, el derecho de reunión pacífica y sin armas, eximiendo de autorización previa el ejercicio de este derecho, y estableciendo, sólo para el caso de reuniones en lugares de tránsito público y manifestación, la obligación de dar comunicación previa a la autoridad».

> Artículo 21.1 de la Constitución española: «Se reconoce el derecho de reunión pacífica y sin armas. El ejercicio de este derecho no necesitará autorización previa.»

A ello añadía que el artículo 3.1 de la Ley orgánica (9/1983, de 15 de julio) reguladora del derecho de reunión «exonera de la necesidad de autorización a todo tipo de reunión, sin hacer referencia alguna a aquellas que sean promovidas o en las que participen extranjeros»; y señalaba también que la jurisprudencia del Tribunal Constitucional «advierte que la modulación del ejercicio de un derecho por razones de nacionalidad no puede vaciar de contenido y sentido la titularidad del mismo». Por otro lado, en relación con las causas de posible prohibición, proponía suprimir «la referencia a los derechos y libertades de los españoles por razones de obviedad, ya que el ejercicio de todo derecho está limitado por el respeto a los derechos de los demás, sean éstos españoles o extranjeros».

La argumentación en relación con el artículo 8 del proyecto era muy parecida. En el apartado primero se reconocía el **derecho de asociación** pero, a continuación, en el apartado segundo, se establecía que «el Consejo de Ministros, a propuesta del ministro del Interior, previo informe del de Asuntos Exteriores, podrá acordar la suspensión de las actividades de las asociaciones promovidas e integradas mayoritariamente por extranjeros, por un plazo no superior a seis meses, cuando atenten gravemente contra la seguridad o los intereses nacionales, el orden público, la salud o la moral pública o los derechos y libertades de los españoles». Eso, en opinión del diputado Pérez Royo, iba en contra del n.º 4 del artículo 22 de la Constitución,

> Artículo 22.4 de la Constitución española: «Las asociaciones sólo podrán ser disueltas o suspendidas en sus actividades en virtud de resolución judicial motivada.»

puesto que se deja «a la discrecionalidad de la Administración el acuerdo de suspensión, que debe corresponder a la autoridad judicial, ya que a estos efectos el texto constitucional equipara disolución y suspensión».

Finalmente, el artículo 34, después de establecer que «las resoluciones administrativas adoptadas en relación con los extranjeros serán recurribles con arreglo a lo dispuesto en las leyes», añadía en su inciso segundo: «En ningún caso podrá acordarse la suspensión de las resoluciones administrativas adoptadas de conformidad con lo establecido en la presente Ley.» A propósito de este artículo, lo que se proponía en la enmienda era suprimir este segundo inciso, porque «a cualquier decisión judicial que verse sobre esta materia se le debe reconocer la virtualidad suficiente como para suspender anteriores resoluciones administrativas». La argumentación de Pérez Royo no es aquí demasiado explícita, seguramente porque las intervenciones en los debates parlamentarios —como se sabe— están temporalmente limitadas y el diputado en cuestión acababa de oír por parte del presidente de la sesión el ruego de «vaya terminando». De todas formas, otro de los diputados del Grupo Mixto, Juan María Bandrés, había defendido también la supresión de ese párrafo, con estas razones: «Nos parece muy duro que la norma establezca la imposibilidad de poder suspenderse, por la propia autoridad que la ha impuesto o por una autoridad superior jerárquicamente, ya sea administrativa o judicial, esta resolución administrativa. Nos parece muy duro, e incluso lesivo para las propias facultades que tiene quien toma la resolución, quien es su superior en la escala administrativa o quien es su superior jurisdiccionalmente en la vía judicial. Creemos que en la mayoría de los casos la única garantía del recurso es la suspensión de la resolución administrativa. Si no es posible suspenderla, como dice la ley, a juicio del propio órgano judicial que entiende del recurso, se puede afirmar que, en muchos casos, el recurso es absolutamente inoperante y no tiene sentido.» También el Grupo Popular había propuesto —en la correspondiente enmienda presentada tanto en el Congreso como en el Senado— una modificación de ese inciso, que debería quedar así redactado: «Sólo podrá acordarse la suspensión de las resoluciones administrativas adoptadas de conformidad con lo dispuesto en esta ley cuando puedan originar perjuicios de difícil o imposible reparación al extranjero residente.» Con ello se trataba de suavizar la dureza de la medida para casos en que «pueden existir problemas de índole humana trascendente», por ejemplo, en supuestos de expulsión de extranjeros; y se trataba también de acomodarse a la legislación y a la jurisprudencia vigente en la materia que —en opinión de ese grupo— admitía la posibilidad de suspensión de las resoluciones administrativas aunque con un «criterio restrictivo».

La razón de que me haya referido únicamente a estos tres artículos del proyecto (en la discusión parlamentaria se adujo también la posible inconstitucionalidad de otros que limitaban el derecho de huelga o el derecho de sindicación de los extranjeros o que infringían el principio *non bis in idem*,

> El **principio *non bis in idem*** prohíbe que a un individuo pueda sancionársele dos veces por una misma conducta.

pues al extranjero que cometiera un delito no sólo se le castigaría con la correspondiente sanción penal, sino también con la expulsión del territorio nacional fijada por uno de los artículos de la ley) es la siguiente. Después de que se aprobara la ley —sin que se aceptase ninguna de las enmiendas indicadas—, el Defensor del Pueblo presentó, el 3 de octubre de 1985, un recurso de inconstitucionalidad contra los tres artículos antes mencionados, y también contra el artículo 26.2. Lo que alegaba en relación con los artículos 7 y 8 eran, sustancialmente, los mismos argumentos —expuestos *in extenso*— que se acaban de reproducir. A propósito del artículo 34, el Defensor del Pueblo señalaba que su inciso segundo vulneraba el artículo 53 de la Constitución, es decir, el derecho a la tutela de los derechos y libertades constitucionales. Y en relación con el artículo 26.2, la argumentación era la siguiente: ese artículo comienza señalando que, cuando incurran en determinadas causas de expulsión (hallarse ilegalmente en territorio español, estar implicado en actividades contrarias al orden público o a la seguridad del Estado o carecer de medios lícitos de vida, ejercer la mendicidad o desarrollar actividades ilegales), «se podrá proceder a la detención del extranjero con carácter preventivo o cautelar mientras se sustancia el expediente». Después, en su inciso segundo, añade: «La autoridad gubernativa que acuerde tal detención se dirigirá al Juez de Instrucción del lugar en que hubiese sido detenido el extranjero, en el plazo de setenta y dos horas, *interesando* el internamiento a su disposición en centros de detención o en locales *que no tengan carácter penitenciario*. [...] El internamiento no podrá prolongarse por más tiempo del imprescindible para la práctica de la expulsión, sin que pueda exceder de cuarenta días (la cursiva es mía).» El Defensor del Pueblo entendía básicamente que con ello se vulneraba el artículo 25.3 de la Constitución que prohíbe a la Administración civil imponer sanciones que impliquen privación de libertad.

La sentencia del pleno del Tribunal Constitucional (de 7 de julio de 1987) declaró inconstitucionales el artículo 7 (el inciso «y solicitar del órgano competente su autorización»), el artículo 8.2 y el artículo 34.2 (el inciso «en ningún caso podrá acordarse la suspensión de las resoluciones administrativas adoptadas de conformidad con lo establecido en la presente Ley»). En relación con el artículo 26.2, párrafo segundo, estimó que no era inconstitucional siempre y cuando se entendiese con el alcance y sentido que indica el fundamento jurídico primero de la sentencia y que, básicamente, consiste en que el término «interesar» «ha de ser entendido como equivalente a demandar o solicitar del juez la autorización para que pueda permanecer detenido el extranjero más allá del plazo de setenta y dos horas»; ello quiere decir que «la disponibilidad sobre la pérdida de libertad es judicial, sin perjuicio del carácter administrativo de la decisión de expulsión»; además, el tribunal precisó que el internamiento del extranjero debía regirse por el principio de excepcionalidad, que la decisión judicial en relación con la medida de internamiento ha de ser «adoptada mediante resolución judicial motivada» y que «el internamiento ha de ser en centros o locales "que no tengan carácter penitenciario", garantía adicional que trata de evitar que el extranjero sea sometido al tratamiento propio de los centros penitenciarios».

Aunque tres magistrados del tribunal formularon un voto particular en el que discrepaban de la opinión expresada en la sentencia en relación con los artículos 7 y 8.2 (que ellos consideraban plenamente constitucionales), la mayoría de la doctrina jurídica se ha mostrado de acuerdo con la decisión del Tribunal Constitucional e incluso no pocos autores han indicado que el recurso del Defensor del Pueblo era más bien modesto, pues existían «otros aspectos de la ley de notoria inconstitucionalidad» (Fernández Rozas, p. 41). Pero entonces, la pregunta que podría formularse es la siguiente: ¿Cómo es posible que las Cortes —en donde no faltan precisamente parlamentarios que sean juristas de profesión— hayan aprobado casi por unanimidad normas que tanto los tribunales como la doctrina jurídica —de manera ampliamente mayoritaria— han considerado luego —y, en algunos casos, durante la tramitación de la ley— inconstitucionales? ¿Cómo puede ser que a argumentos iguales o sustancialmente semejantes se les otorgue un valor muy diferente según que sean emitidos en el Parlamento o en otras instancias jurídicas?

Una respuesta a estos interrogantes (o parte de la respuesta a los mismos) es que la argumentación jurídica tiene características distintas en cada uno de los tres contextos principales en los que se produce: el legislativo, el judicial y el de la dogmática jurídica; más adelante trataré de esta cuestión con algún detalle. Pero además, pudiera también ser el caso de que la discusión parlamentaria de las leyes presente aspectos que la alejen de lo que podría considerarse una **discusión** plenamente **racional**. Algunos de esos defectos son seguramente inevitables: el tiempo con que se cuenta en la discusión es —debe ser— limitado, al igual que lo es también la información disponible; no cabe tampoco —por definición de lo que es un parlamento, esto es, una cámara de representación— que en las discusiones puedan participar todos los interesados; quienes participan en la misma —los parlamentarios— no se guían siempre por intereses universalizables, sino que se mueven muchas veces por intereses partidistas; e incluso cuando persiguen sinceramente lo que consideran intereses universalizables —el bien común— no cabe descartar que se produzcan discrepancias de opinión, pues ellos tienen ideologías y concepciones de la vida contrapuestas. Pero otros defectos podrían quizás ser corregidos, porque no son una característica general de todos los debates parlamentarios, sino de los que se producen en determinados parlamentos y en determinadas situaciones. Algunas de esas medidas podrían consistir en suprimir o en remodelar instituciones —como el Senado— que no parecen jugar más papel que el de retrasar la entrada en vigor de una ley; o bien en modificar el propio Derecho parlamentario. Por ejemplo, podría pensarse en dar más protagonismo al debate en el pleno que al que se desarrolla en las comisiones (en el que no participan todos los parlamentarios; en particular, los que representan a grupos minoritarios). O en acabar con la práctica de la disciplina de voto (que lleva a que se vote no según las razones oídas, sino según quién sea —a qué partido político pertenezca— quien las emita) lo que, a su vez, implicaría cambios en el Derecho electoral (por ejemplo, terminar con las listas cerradas, hacer pequeñas circunscripciones que eligieran un solo miembro para el Parlamento, etc.).

4.3. Racionalidad pragmática

El tercer nivel de racionalidad a que me había referido es el de la **racionalidad pragmática**. De lo que aquí se trata es de que la conducta de los destinatarios —autoridades y particulares— se adecue a lo prescrito en las leyes; esto es, que las leyes no sean sólo enunciados lingüísticos o directivas —normas— formalmente válidas, sino también Derecho en acción, **Derecho eficaz**. Ahora bien, una ley —o parte de una ley— puede resultar ineficaz por factores de tipo subjetivo u objetivo: en el primer supuesto, los destinatarios no están suficientemente motivados para cumplir las leyes (la ley —cabría decir— no ha establecido **sanciones** —negativas y positivas— adecuadas, no ha sido suficientemente conocida, etc.); en el segundo, la ley no se puede cumplir por falta de medios objetivos (por ejemplo, por falta de cobertura financiera o administrativa). Pondré ahora algunos ejemplos de argumentos utilizados durante la tramitación parlamentaria de la Ley de extranjería o con posterioridad a su entrada en vigor y que se refieren a alguno de estos dos aspectos o a ambos conjuntamente.

Uno de los argumentos más utilizados por el Grupo Popular a lo largo de toda la tramitación parlamentaria fue el señalar que la ley era oportuna, pero incompleta hasta que no se dictara el correspondiente reglamento de ejecución de la misma. Y ese carácter incompleto (a que nos hemos referido en el apartado anterior) tendría también consecuencias en cuanto a su eficacia: «Lo que también es cierto —sostenía el diputado Montesdeoca Sánchez en la sesión del pleno de 23 de abril— es que cuando esta ley entre en vigor [...] no será eficaz, al menos ése es nuestro temor, porque al ser difícil su interpretación, va a ser de difícil aplicación tanto para la Administración que la va a aplicar, como para los extranjeros a los cuales va a ser aplicada. Y al ser difícil su interpretación, habrá que remitirse a normas reglamentarias ya existentes, profusas, amplias y contradictorias, por lo cual hemos insistido en la necesidad de suprimir toda referencia a reglamentos indeterminados y hacer una referencia al reglamento de ejecución de esta ley, y en la necesidad de que en la disposición final primera se exija al Gobierno un plazo, que hemos indicado de tres meses, para que dicte el reglamento de ejecución de esta ley.» Como cualquiera puede adivinar, la enmienda no fue aceptada. La disposición final no fijó ningún plazo al Gobierno (el cual dictó ese reglamento antes de que transcurriera un año, el 26 de mayo de 1986), sino que establecía lo siguiente: «El Gobierno dictará el Reglamento de ejecución de la presente ley, rigiendo entre tanto, con carácter reglamentario, las disposiciones sobre la materia que no sean contrarias a lo dispuesto en esta ley.»

Por otro lado, la disposición transitoria segunda de la ley establecía la posibilidad de que los extranjeros que se encontraran en España insuficientemente documentados en la fecha de entrada en vigor de la misma pudiesen regularizar su situación «siempre que los extranjeros o los empleadores, en su caso, así lo soliciten, presentando la documentación necesaria, dentro del plazo de tres meses, a contar desde la indicada fecha». Ese plazo de tres meses —en el proyecto era inicialmente de dos—, iba a suponer, en opinión de los representantes de diversos grupos parlamentarios, que la norma resultara poco eficaz, pues no iba a ser posible que muchos extranjeros pudiesen regularizar su situación con esa premura de tiempo. El Grupo Popular, por ejemplo, propuso que el plazo, de tres meses, se contara a partir de la entrada en vigor del reglamento de ejecución. En el debate en comisión, el representante del grupo justificaba de esta forma la enmienda: «Si a los extranjeros que se encuentren insuficientemente documentados, según la disposición transitoria que viene en el proyecto de ley, se les conceden tres meses para regularizar su situación y esos tres meses son contados a partir de la entrada en vigor de esta ley, no sabemos cuáles son los requisitos, qué documentos necesitan [...] porque como hemos estado viendo [...] constantemente las normas se están remitiendo a futuras normas reglamentarias [...] se va a encontrar [el extranjero] con las lagunas que existen en la actualidad.»

«Al acudir a la Administración para ordenar sus situaciones —continuaba el mismo parlamentario, pero ahora en el debate en el pleno del Congreso— ésta posiblemente se encontrará con las lagunas correspondientes, con la confusión normativa, con tal variedad y dispersión de normas y de reglamentos que va a ser difícil unificar criterios para saber qué requisitos, qué documentos se necesitan exactamente para que un extranjero pueda legalizar su situación.» Otros grupos parlamentarios propusieron ampliar el plazo a un año (el Grupo Mixto, tanto en el Congreso como en el Senado) o a seis meses (el grupo parlamentario Cataluña al Senado). En este último caso, se argumentaba así: «No puede desconocerse la realidad social que constituye el entorno de un gran número de extranjeros en situación irregular y que no contribuye a que éstos se hallen informados con exactitud de sus derechos y posibilidades. Sólo una importante movilización de los medios de información a los que tienen acceso aquéllos a los que va destinada la norma permitirá que ésta cumpla su función. Ahora bien, es insuficiente el plazo para la información y más escaso aún para la obtención de la documentación que permitiría regularizar las situaciones, de tal forma que de mantenerse la redacción primitiva, tan sólo podrían regularizar su situación aquellos que no la tienen regularizada porque no quieren.» Y lo que ocurrió después fue que, en efecto, por estas —y quizás por otras— razones, la ley no resultó en este punto muy eficaz. Esa posibilidad —que, en realidad, implicaba una obligación— de regularizar su situación fue aprovechada por un número relativamente bajo de inmigrantes, y el Gobierno tuvo que abrir —ya en el año 1991— un nuevo período de regularización en un intento —tampoco ahora del todo exitoso— de acabar con la existencia de inmigrantes ilegales.

También perseguía la finalidad de incrementar la eficacia de la ley una de las enmiendas presentadas por Pérez Royo (y luego por el Grupo Mixto del Senado) en el sentido de proponer la inclusión de un nuevo artículo que crease una Comisión de Extranjería compuesta por representantes de los departamentos ministeriales interesados y con el objetivo de coordinar la acción administrativa al respecto. El representante del Grupo Socialista rechazó la propuesta por considerar (su argumento también apelaba a la eficacia) que es «inútil, tanto desde el punto de vista económico como administrativo, crear constantemente órganos que en unas ocasiones pueden ayudar, pero en otras pueden ser una superestructura poco útil a la sociedad». Recientemente, ya en 1992, se ha anunciado la creación de una Comisión Interministerial de Extranjería y Refugiados.

Finalmente, un aspecto de la Ley de extranjería que ha planteado un considerable problema en cuanto a su aplicación ha sido la referencia que hace el artículo 26.2 —como antes se ha visto— a la posible detención de extranjeros, con vistas a su expulsión, en centros o locales «que no tengan carácter penitenciario». Y el problema es que, como no existen estos centros, la policía ha utilizado en ocasiones los calabozos de las comisarías, práctica que ha sido considerada ilegal por algunas resoluciones judiciales. En general, se puede decir que la Ley de extranjería ha resultado considerablemente problemática en cuanto a su aplicación, pues la misma se ha confiado a la Administración —básicamente, a funcionarios del Ministerio del Interior—, cuyas actuaciones no siempre parecen conformarse a la ley. «Los contenciosos en materia de extranjería —ha escrito uno de los mayores especialistas en el tema— con posterioridad a la ley de 1985 no sólo no han decrecido, sino que son sensiblemente superiores a los existentes en la etapa anterior, de supuesto vacío legal. Ciertamente, los criterios sentados por la ley prevalecen a la larga, pero para ello es necesario acudir previamente a un procedimiento costoso y dilatado del que desisten, por desconocimiento o falta de medios, muchos particulares afectados» (Fernández Rozas, página 23).

4.4. Racionalidad teleológica

Al cuarto nivel de racionalidad lo habíamos llamado **racionalidad teleológica**. Contempladas desde esta perspectiva, las leyes no son otra cosa que instrumentos para alcanzar determinados objetivos sociales. Ahora bien, uno de los problemas que pueden surgir aquí es que no siempre es fácil saber qué contenidos normativos son los más idóneos para alcanzar esos fines, o incluso si esos medios son en absoluto idóneos; por eso, la **eficacia** de una ley no es lo mismo que su **eficiencia social**: es posible que los destinatarios —particulares y autoridades— cumplan puntualmente con lo establecido pero que, sin embargo, no se alcancen los objetivos previstos. El otro tipo de problema es que esos objetivos sociales pueden, por diversas razones, no ser claros.

Si volvemos ahora a la Ley de extranjería y queremos saber cuáles son los objetivos que la misma perseguía, el recurso más obvio es acudir a su preámbulo. Una lectura del mismo permite atribuir a la ley, al menos, las siguientes finalidades: 1) cumplir el mandato constitucional del artículo 13.1 CE, según el cual los extranjeros gozarán en España de las libertades públicas que garantiza el Título I de la Constitución «en los términos que establezcan los tratados y la ley»; 2) poner orden, esto es, sistematizar un campo normativo —el del Derecho de extranjería— enormemente heterogéneo y disperso; 3) reconocer a los extranjeros «la máxima cota de derechos y libertades», para cuyo ejercicio se establecen «las mayores garantías jurídicas»; 4) terminar con la situación de ilegalidad en que muchos extranjeros se hallan en España, estableciendo un «adecuado tratamiento de la inmigración»; 5) «favorecer la integración de los extranjeros en la sociedad española»; 6) asegurar «un tratamiento preferencial en favor de los iberoamericanos, portugueses, filipinos, andorranos, ecuatoguineanos, sefardíes y de los originarios de la ciudad de Gibraltar, por darse en ellos los supuestos de identidad o afinidad cultural, que les hacen acreedores a esta consideración».

En realidad, todos los argumentos y contraargumentos que hasta ahora se han traído a colación en relación con diversos aspectos de la Ley de extranjería podrían interpretarse también como argumentos teleológicos: todas las enmiendas propuestas, así como cada uno de los textos de los artículos que al final prevalecieron, tendrían como justificación su contribución a realizar alguna (o algunas) de las finalidades antes indicadas. Esto es así porque la racionalidad legislativa —como, en general, la razón práctica— tiene un carácter estructurado: cada nivel de racionalidad es jerárquicamente superior al anterior, y los conflictos entre niveles de racionalidad deben resolverse dando la prioridad a los superiores; por eso, puede decirse que todos los argumentos destinados a que las normas resulten más claras y comprensibles, más sistemáticas y que sean en la mayor medida posible eficaces tienen fuerza si con ello se pueden cumplir mejor los objetivos sociales perseguidos.

> Por el momento dejo de lado la cuestión de que algunos de los objetivos señalados en el preámbulo de la ley no son propiamente objetivos sociales, o al menos no son objetivos últimos, sino fines que se convierten a su vez en medios con respecto a otros fines superiores (tal es, por ejemplo, el caso indicado en el punto 2: sistematizar un sector del Derecho).

Por ejemplo, si el artículo 26.2 debía estar redactado de manera no ambigua era porque de esa forma se puede asegurar una mayor sistematicidad de la ley; si determinado inciso del artículo 7 o el artículo 8.2 debían desaparecer, lo era en aras de lograr «la máxima cota de derechos y libertades» para los extranjeros (o, al menos, una cota compatible con la Constitución); si el plazo de la disposición transitoria segunda debía alargarse, era porque así se facilitaba regularizar jurídicamente la situación de los inmigrantes; etc.

Ahora bien, esta concepción estructurada de la racionalidad no suministra todavía criterios suficientes para evaluar la fuerza respectiva de cada argumento. La razón —o una de las razones— para ello es que se puede estar de acuerdo en cuáles son las finalidades de la ley —como, al menos aparentemente, ocurrió en la discusión a propósito de la Ley de extranjería— pero, sin embargo, discrepar en cuanto a cómo deben jerarquizarse esos fines. Un ejemplo de ello es la discusión a propósito de si los recursos contra resoluciones administrativas deben tener o no carácter suspensivo (el inciso segundo del artículo 34 de la ley, declarado inconstitucional luego por el Tribunal Constitucional). Las enmiendas del Grupo Popular y de los diputados del Grupo Mixto —Pérez Royo y Bandrés— daban prioridad —cabría decir— a la finalidad de tutelar los derechos y libertades de los extranjeros, mientras que el Grupo Socialista atendió sobre todo al objetivo de terminar con las situaciones de ilegalidad y facilitar, en consecuencia, la expulsión de los extranjeros. «Los tres enmendantes —sostuvo el representante de este último grupo en el debate en el pleno del Congreso— [...] desean que se suprima o, en todo caso, se matice la posibilidad de que el recurso no sea suspensivo [...] Es éste un punto realmente delicado, pero mi grupo está en la idea de que hay suficientes garantías [...] y que, habiéndose ofrecido todas esas garantías con carácter previo, una vez llega la resolución de expulsión, no debe darse ocasión a lo que podría constituir un fraude habitual de ley, alargando indefinidamente los plazos de presencia del extranjero no deseado por la autoridad en nuestro país [...] Para evitar lo que podríamos llamar fraude o abuso constante de recursos, nosotros estamos por no aceptar estas enmiendas.» «El Grupo

Popular —añadía— matiza y dice que debía ser sólo en casos de perjuicios de difícil o imposible reparación. Creemos que es un afán de detalle elogiable, pero debo decir a los ponentes del Grupo Popular que consideren cómo en esta materia todo extranjero expulsado sería siempre un sujeto que podría alegar fácilmente difícil o imposible reparación. Es una materia realmente grave en la que una persona es desplazada contra su voluntad fuera de las fronteras del Estado y siempre habría una alegación, por lo cual el detalle sería prácticamente inútil.»

Hasta aquí hemos considerado los argumentos relacionados con la adecuación del contenido de las normas a los objetivos propuestos y con la jerarquización de esos objetivos. Ahora debemos considerar el otro tipo de problema a que se hizo referencia al comienzo del apartado, a saber, que esos objetivos sociales podrían no ser claros. Las finalidades de la ley antes descritas son las que, de manera manifiesta, aparecen en el preámbulo y en la discusión parlamentaria. Sin embargo, las leyes —las normas jurídicas— suelen, con cierta frecuencia, cumplir no sólo **funciones manifiestas**, sino también **funciones latentes**: los efectos sociales que producen no son a veces declarados por sus autores —por los legisladores— bien porque éstos no son conscientes de los mismos, o bien porque no desean hacerlos explícitos. Muchos de quienes han estudiado con detenimiento la Ley de extranjería (Fernández Rozas, 1992; López Garrido, 1990; Lucas, 1992a) han llegado a la misma conclusión de que la verdadera finalidad de la misma —el objetivo al que acaban por subordinarse todos los otros— es el de impedir la inmigración ilegal; no asegurar los derechos y libertades de los extranjeros, sino controlar policialmente su entrada y permanencia en España. Eso no significa, claro está, que se trate de una ley contra los extranjeros, sino contra los extranjeros pobres; no contra los turistas o los ciudadanos de otros países de la comunidad europea que deseen establecerse aquí (y a quienes, en realidad, no se les aplica la ley en cuestión, sino otras normas mucho más favorables; básicamente, el Real Decreto 1099/1986, de 26 de mayo), sino contra los magrebíes, los latinoamericanos y demás extranjeros de países del tercer mundo que desean inmigrar a España o a Europa. De ser así las cosas, los trágicos sucesos con que abríamos el capítulo tendrían bastante que ver con la existencia de esta ley y de otras leyes de extranjería establecidas —democráticamente— en diversos países europeos en los últimos años.

Mostrar cuáles son las *verdaderas* funciones de las leyes (las consecuencias sociales que realmente producen) y distinguirlas de los objetivos declarados o de los previstos (pero no declarados) por sus autores es, por supuesto, de una gran importancia, pero normalmente es una tarea que envuelve dificultades muy considerables. Por un lado, es fácil equivocarse a la hora de atribuir «intenciones» a *grupos* de personas —los legisladores— que, además, poseen ideologías distintas y elaboran un texto que, muchas veces, es fruto de una transacción, esto es, no es querido realmente por nadie. Por otro lado, no siempre puede saberse —antes de su entrada en vigor— cuáles van a ser los efectos sociales que, de hecho, producirá la nueva ley. En todo caso, esa tarea no puede llevarse a cabo simplemente acudiendo a los trabajos preparatorios de las leyes —en particular a su discusión parlamentaria— y mucho menos quedándose en la exposición de motivos; es necesario echar mano también del conocimiento social disponible sobre la materia que, muchas veces, es inevitablemente impreciso y fragmentario. Pero eso, por cierto, no quiere decir que las exposiciones de motivos, esto es, la justificación expresa del contenido de la ley, sea inútil. Por el contrario, en muchas ocasiones constituye un valioso instrumento para la interpretación de las normas —como también lo es conocer cuál ha sido el proceso de su elaboración— y suministra además un criterio importante para su evaluación crítica.

Así, si volvemos de nuevo a las finalidades expresadas en el preámbulo de la ley, el balance que cabría hacer de la misma sería, poco más o menos, el siguiente. El primero de los objetivos puede considerarse cumplido, pues la propia existencia de la Ley de extranjería significa ya haber satisfecho el mandato constitucional. El segundo hace surgir mayores dudas: la Ley de extranjería ha contribuido obviamente a poner algo de orden en este intrincado territorio que, con todo, sigue presentando no pocas zonas de jungla; la normativa aplicable sigue estando compuesta de centenares de disposiciones de desarrollo de la ley —en general, circulares e instrucciones internas del Ministerio del Interior—, muchas veces de carácter reservado y de acceso restringido (Fernández Rozas, 1992, p. 39). Respecto del tercero de los objetivos, la sentencia del Tribunal Constitucional antes recordada es prueba suficiente de que se podía haber ido más allá en el reconocimiento de derechos y libertades. Tampoco parece que se haya acabado con las situaciones de ilegalidad de los extranjeros —como ya antes se indicó— aunque, desde luego, se ha dificultado considerablemente el ser inmigrante no documentado en España. No cabría decir tampoco que se ha favorecido la integración de los extranjeros, por lo menos, no sin excepciones; una de ellas —especialmente dramática— la constituyen los extranjeros en prisión —doblemente condenados: por haber cometido un delito y por ser extranjeros (Sánchez Yllera, 1990)— a los que se niega toda posibilidad de reinserción social (haber sido condenado —como hemos visto— es causa de expulsión). Y el trato preferencial a latinoamericanos y ecuatoguineanos de que habla el preámbulo es casi un escarnio, pues estas personas gozaban en nuestro país de un régimen legal privilegiado que la entrada en vigor de la nueva ley ha suprimido casi del todo.

4.5. Racionalidad ética

El último de los niveles desde el que puede evaluarse la **racionalidad** de una ley es el que proporciona la **ética**. Aquí se trataría de ver si los contenidos normativos y los fines de las leyes pueden o no justificarse éticamente. Por supuesto, el Derecho de las sociedades democráticas —y, en particular, las constituciones— incorporan muchas de las ideas morales vigentes socialmente. En ese sentido, los argumentos de que anteriormente nos hemos ocupado en relación con la Ley de extranjería y que apelaban a la Constitución serían también argumentos éticos, al igual que los que defendían un determinado contenido de la ley porque de esa forma se podía realizar mejor un objetivo social reconocido como valioso. Pero la moral no es sólo un fenómeno social, sino también de la conciencia individual. Las cuestiones de moral no se juzgan simplemente viendo si un determinado comportamiento, norma o institución concuerda o no con la moral (o las morales) vigente(s) socialmente. Además de ello, está también el juicio que cada individuo puede emitir desde su propia concepción de la moral y que coincidirá o no (y, con cierta frecuencia, coincidirá sólo en parte) con la **moral social**. Por eso, aunque la Constitución recoja los estándares morales socialmente vigentes, ella no proporciona necesariamente las **razones últimas** de la argumentación, tanto si se trata de argumentaciones en el proceso de aplicación de las normas jurídicas, como en el de su producción. Las razones últimas, para cada individuo, no pueden ser otras que las que le dicta su propia conciencia moral.

Por supuesto, últimas aquí no quiere decir definitivas ni infalibles (puesto que pueden ser cambiadas y es posible que estén equivocadas), pero significa que un individuo no puede —justificadamente— dar primacía a las razones no morales frente a las morales.

Y la Ley de extranjería plantea, por cierto, no pocos problemas de tipo moral que van más allá de la adecuación de sus contenidos a la Constitución. Dicho de otra manera, no puede excluirse la posibilidad de que la Constitución —no sólo la Constitución española, claro está— contenga normas que no pueden justificarse desde la perspectiva de una **moral crítica o esclarecida**.

La regla básica que nuestra Constitución establece en materia de extranjería viene expresada en el artículo 13. En su apartado primero, como hemos visto, señala que los extranjeros gozarán en España de las libertades públicas que garantiza el Título I («De los derechos y deberes fundamentales») en los términos que establezcan los tratados y la ley; y el segundo establece, aparentemente a modo de excepción, que «solamente los españoles serán titulares de los derechos reconocidos en el artículo 23 [derechos de participación política], salvo lo que, atendiendo a criterios de reciprocidad, pueda establecerse por tratado o ley para el derecho de sufragio activo en las elecciones municipales». Lo que no quedaba claro con este artículo era si la Constitución —con la salvedad indicada— consagraba, en materia de derechos y libertades públicas, el principio de igualdad entre extranjeros y españoles. Esa duda fue, *en parte*, resuelta por una importante sentencia del Tribunal Constitucional, dictada el 23 de noviembre de 1984, es decir, pocos días antes de la aprobación por el Consejo de Ministros del proyecto de Ley de extranjería.

En los fundamentos jurídicos de esa sentencia, el Tribunal Constitucional comenzó su argumentación sosteniendo que no existe un principio constitucional que proclame la igualdad de los extranjeros y españoles (el artículo 14 dice que «*los españoles* son iguales ante la ley...»), pero ello no significa tampoco que sea, sin más, constitucionalmente admisible la desigualdad de trato entre extranjeros y españoles. «Los derechos y libertades reconocidos a los extranjeros —indicaba el tribunal en su fundamento tercero— siguen siendo derechos constitucionales y, por tanto, dotados —dentro de su específica regulación— de la protección constitucional, pero son todos ellos sin excepción en cuanto a su contenido, derechos de configuración legal.» El problema, entonces, radica en fijar hasta qué punto el ejercicio y la titularidad de esos derechos puede modularse legislativamente tomando en consideración la nacionalidad o ciudadanía del titular. La respuesta que da el tribunal es que ello depende del tipo de derecho afectado y, al respecto, realiza una clasificación de los derechos en tres categorías. En primer lugar, «existen derechos que corresponden por igual a españoles y extranjeros y cuya regulación ha de ser igual para ambos»; aquí se incluirían «aquellos derechos que pertenecen a la persona en cuanto tal y no como ciudadano [...] que son imprescindibles para la garantía de la dignidad humana, que, conforme al artículo 10.1 de nuestra Constitución, constituye fundamento del orden político español»;

> Artículo 10.1 de la Constitución española: «La dignidad de la persona, los derechos inviolables que le son inherentes, el libre desarrollo de la personalidad, el respeto a la ley y a los derechos de los demás son fundamento del orden político y de la paz social.»

a título de ejemplo, se ponían «el derecho a la vida, a la integridad física y moral, a la intimidad, la libertad ideológica, etc.». En segundo lugar, «existen derechos que no pertenecen en modo alguno a los extranjeros (los reconocidos en el art. 23 de la Constitución según dispone el art. 13.2 y con la salvedad que contienen)». Y, finalmente, «existen otros que pertenecerán o no a los extranjeros según lo dispongan los tratados y las leyes, siendo entonces admisible la diferencia de trato con los españoles en cuanto a su ejercicio»; un ejemplo de ello sería el derecho al trabajo.

Si antes he dicho que el fallo del Tribunal Constitucional contribuyó sólo en parte a resolver el problema, es por estas dos razones. En primer lugar, porque el criterio establecido no brilla precisamente por su claridad. No es fácil, por ejemplo, entender qué quiere decir que los derechos de los extranjeros son «derechos constitucionales de configuración legal». ¿Acaso no son también de configuración legal los derechos de los españoles? Y tampoco es fácil saber, a partir de las indicaciones anteriores, qué derechos de los del Título I (o, mejor dicho, qué partes o aspectos de los mismos) caen en cada una de las tres categorías que el tribunal trazaba. Esta falta de claridad explica probablemente que esa decisión del alto tribunal pudiera esgrimirse en el transcurso de la discusión parlamentaria de la Ley de extranjería como argumento para justificar posturas encontradas: el diputado Pérez Royo —como antes se ha recogido— para defender la inconstitucionalidad de diversos artículos del proyecto que pasaron a ser ley, y el representante del grupo socialista, para todo lo contrario. Así, a propósito de la enmienda al artículo 7 que, como el lector recordará, pretendía suprimir el requisito de autorización previa para la realización de reuniones públicas, afirmaba este último: «No podemos estar de acuerdo con esta pretensión por cuanto es claro que estamos regulando un derecho de los que se refieren a la tercera categoría de las antes enunciadas [alusión a la sentencia del Tribunal Constitucional], y que las razones del trato desigual que el proyecto de ley indica no son otras que las de la soberanía territorial del Estado, de la salvaguarda de esos intereses frente a terceros y de situaciones, en definitiva, que pueden resultar alteradas por la actividad de ciudadanos extranjeros en el territorio nacional.» Se podrá decir que, de todas formas, la sentencia posterior del Tribunal Constitucional, la de 1987, que también nos es conocida, daba la razón al primero de los diputados. Pero esa sentencia tuvo un voto particular formulado por tres magistrados, uno de los cuales —Rubio Llorente— había sido, precisamente, el ponente de la de 1984. De acuerdo con esta opinión discrepante de parte del tribunal, el legislador español, al regular las libertades públicas de los extranjeros (entre las que se incluye la de reunión concernida por el art. 7 de la ley), no está limitado por «los enunciados constitucionales que consagran las libertades públicas de los españoles, sino [por] [...] los tratados internacionales»; y ni el artículo 7 ni el 8.2 vulneraban en absoluto —se concluía— lo establecido en dichos tratados.

Pero además de no ser claro, el criterio del Tribunal Constitucional es probablemente autocontradictorio. Por un lado, en ese voto particular —al igual que antes en la sentencia de 1984— se dice que las libertades públicas de los extranjeros «no tienen otro contenido que aquel que establezcan los tratados y la ley». Y a renglón seguido, como ejemplo de lo que esto significa, se aclara que el legislador puede «configurarlas del modo que juzgue más adecuado, excluyendo de su disfrute a conjuntos determinados genéricamente», como ocurre en el artículo 7 de la ley —en uno de los extremos no impugnados ni declarado inconstitucional—,

> Artículo 7 de la Ley de extranjería: «Los extranjeros podrán ejercitar el derecho de reunión, de conformidad con lo dispuesto en las normas que lo regulan, siempre que se hallen legalmente en territorio español. Para poder promover la celebración de reuniones públicas en local cerrado o en lugares de tránsito público, así como mani-

festaciones, los extranjeros deberán tener la condición legal de residentes [...].»

en donde se niega a los extranjeros no residentes la libertad de manifestarse o de celebrar reuniones públicas en lugar cerrado. Ahora bien, en su argumento, los redactores del voto particular parecen estar reconociendo que lo que no podría hacerse es, por ejemplo, excluir del disfrute de las libertades a extranjeros no determinados genéricamente (los «no residentes»), sino en forma individual o particular (por ejemplo, «los magrebíes», «los que hayan interpuesto recurso frente a la Administración española al amparo de la presente ley», etc.). Pero ello significa que se está aceptando un límite (el de no discriminación por motivos individuales o no genéricos —mejor, que no puedan ser universalizables—) y que ese límite es independiente de lo que pudieran establecer los tratados y las leyes; más claro, la razón de esa limitación no puede ser otra que la siguiente: de no respetarse, se atentaría contra el principio de igualdad establecido en el artículo 14, que prohíbe ese tipo de discriminación.

De todas formas, el carácter autocontradictorio del fallo no radica fundamentalmente en esto (además, podría quizás decirse que, más que autocontradicción, lo que hay es una diferente interpretación —por parte de diversos sectores del tribunal— de un mismo criterio), sino en algo considerablemente más grave. La justificación que se daba para sostener que existen derechos que corresponden por igual a españoles y extranjeros es el principio de la dignidad humana que, como también se decía, constituye —de acuerdo con la propia Constitución— el fundamento del orden político español. Ahora bien, el **principio de la dignidad humana** —si no se lo quiere entender en forma puramente retórica— plantea como exigencia fundamental la de tratar a las personas de acuerdo con sus acciones voluntarias y no según otras propiedades o circunstancias que escapan de su control.

>Así es como lo formula Carlos Nino en su obra *Ética y derechos humanos* (1989). De acuerdo con Nino, la justificación de los derechos humanos debe hacerse a partir de estos tres principios: el **principio de inviolabilidad** de la persona humana que prohíbe que se puedan imponer cargas o sacrificios a ciertos individuos sin contar con su consentimiento efectivo y sobre la base de que redundan en beneficio de la mayoría de la población; el **principio de autonomía** de la persona humana, que prescribe al Estado permanecer neutral respecto de los planes de vida e ideales de excelencia humana y limitarse a facilitar la persecución de dichos planes e impedir la interferencia mutua en el curso de la misma; y el **principio de dignidad** de la persona humana, según el cual debemos juzgar y tratar a las personas de acuerdo con sus acciones voluntarias y no según otras propiedades y circunstancias como su raza, su sexo, sus creencias, etc.

Y una de esas circunstancias es, obviamente, el hecho de ser extranjero. En consecuencia, se atenta contra la dignidad humana desde el momento en que el criterio para distribuir los bienes básicos en una sociedad —la atribución de derechos fundamentales— se hace depender de circunstancias que no tienen que ver con las acciones voluntarias de los individuos, como puedan ser su origen social, su sexo o su nacionalidad. Y no parece tampoco que pueda ponerse en duda que esos bienes básicos alcanzan también a cosas tales como las libertades políticas o el derecho al trabajo; esto es, los derechos humanos no se circunscriben a los derechos que el Tribunal Constitucional incluía en la primera de las categorías por él trazadas.

Lo anterior no significa exactamente que el Tribunal Constitucional haya interpretado *mal* la Constitución, es decir, que haya extraído de la misma algo que no estaba ni en su texto ni en su espíritu. Significa más bien reconocer que la Constitución, en este punto, fija, como principio que debe inspirar a la legislación, un criterio que carece de justificación moral y que, además, entra en contradicción con otros principios constitucionales. El principio de que se puede discriminar a las personas en lo concerniente al goce y disfrute de los bienes básicos por razón de su nacionalidad (y, ligado a ello, el principio de reciprocidad: condicionar el derecho al sufragio, a crear y dirigir centros docentes —artículo 9 de la ley—, a obtener permiso de trabajo, etcétera, de los extranjeros al hecho de que la legislación del país del que el extranjero es nacional conceda también esos derechos al español) es, pura y simplemente, inmoral. Algo que ninguna concepción racionalista de la ética puede justificar, porque entraña —en cuanto a su razón de ser— un atentado contra la dignidad humana semejante al que supondría la esclavitud o la discriminación sexual: el esclavo, la mujer y el extranjero han sido, quizás, las tres grandes categorías de seres discriminados por la «civilización occidental». Se me podrá decir que la conciencia moral de las gentes —nuestras «intuiciones morales»— propenden a no ver así las cosas, pero eso no es ningún argumento en contra de lo anterior. Si acaso, lo único que vendría a probar es que también las conciencias necesitan ser transformadas.

Como contribución a esa necesaria labor de transformación (o de intensificación) de las conciencias, quizás no esté de más recordar aquí las diferentes concepciones —expresadas además en una época de crisis generalizada en Europa— que, sobre el hecho de la extranjería, tuvieron dos de los mayores teóricos del Derecho y del Estado del siglo. Uno de ellos es Hans Kelsen, considerado por muchos como el jurista más importante de nuestra época, creador de la teoría pura del Derecho, inspirador de la Constitución austríaca de 1920 que estableció por primera vez la institución de un tribunal constitucional, y que tuvo que exiliarse de Alemania en la época del nazismo. Ya en 1929 había escrito un trabajo defendiendo la tesis de que la distinción nacional/extranjero no es necesaria al concepto de Estado. Y esa idea aparece incorporada también en una de sus obras capitales, la *Teoría general del Derecho y del Estado*: «No es requisito indispensable del orden jurídico nacional distinguir, entre los individuos sujetos a él, aquellos que son nacionales de los que no lo son: en una autocracia nadie tiene derechos políticos; en una democracia radical la tendencia es la de ensanchar cuanto sea posible el círculo de quienes poseen derechos políticos (1958, pp. 285-286).» Ésta es seguramente la razón que llevó a Kelsen —que fue también uno de los mayores y más agudos críticos del Derecho y del Estado soviético— a elogiar la primera Constitución soviética, en cuanto que, al equiparar en derechos políticos a nacionales y extranjeros residentes en el territorio por razón de trabajo, llevaba a cabo «un *acto de importancia histórico-universal* y un fuerte paso hacia la realización del concepto —absolutamente democrático— de humanidad (Kelsen, 1982, p. 328)».

El otro autor a que me refería es Carl Schmitt, seguramente el más agudo teórico del nazismo, y cuyas críticas al liberalismo político, por cierto, no han dejado de encandilar a muchos pensadores de izquierda empeñados igualmente en una crítica radical de esa ideología. La dialéctica entre amigo y enemigo es, para Carl Schmitt y en contraposición frontal al pensamiento político liberal, el rasgo definitorio de la política. El extranjero, el otro, es —para él— el enemigo real, el enemigo público al que está justificado combatir: «La distinción del amigo y el enemigo define la intensidad *extrema* de una unión o de una separación. Puede subsistir en la teoría y en la práctica sin que se den al mismo tiempo las demás distinciones morales, estéticas, económicas, etc. El enemigo político no es preciso que sea moralmente malo o estéticamente feo;

no es necesario que aparezca como concurrente económico y aun puede que fuera ventajoso y productivo hacer tratos con él. Pero sigue siendo *otro*, un extranjero. La posibilidad de que existan relaciones específicamente políticas se debe a que no sólo hay amigos —los de igual manera de ser y los aliados—, sino enemigos. El enemigo es, en un sentido singularmente intenso, *existencialmente*, otro distinto, un extranjero con el cual caben, en caso extremo, conflictos existenciales (Schmitt, 1941, p. 112).»

5. **Hacia una concepción unitaria y racionalista del Derecho**

Anteriormente se ha sugerido que la argumentación jurídica tiene características distintas según se desarrolle en el ámbito de la aplicación o en el de la producción del Derecho. Ahora, una vez que a lo largo del libro se ha tenido oportunidad de exponer y de analizar varios ejemplos de argumentaciones en uno y otro contexto, es el momento de precisar algo en qué consisten esas diferencias y cómo se relacionan ambos tipos de argumentación con la que desarrolla la dogmática jurídica.

El punto de partida para entender esas diferencias quizás pudiera consistir, un tanto paradójicamente, en darse cuenta de lo que ambos tipos de argumentación tienen en común. Y lo que tienen en común es que la **legislación** y la **jurisdicción**, la **producción** y la **aplicación** del Derecho, son momentos distintos de un mismo proceso que —si se quiere preservar su unidad— ha de estar regido por una misma noción de **racionalidad**. La prueba de que la racionalidad jurídica —y, por tanto, la argumentación jurídica— tiene un carácter básicamente unitario es que tendría pleno sentido trasladar el análisis de la racionalidad legislativa que se ha desarrollado en los anteriores apartados al contexto de la aplicación del Derecho.

Así, por ejemplo, una sentencia judicial también es, por regla general, un texto del que cabe exigir precisión y claridad; las técnicas para redactar correctamente una ley no difieren en mucho de las que habría que utilizar si se tratara de redactar contratos, sentencias, etc. Una exigencia fundamental de la interpretación jurídica —en cuanto operación previa a la de la aplicación— es la preservación del carácter sistemático del ordenamiento jurídico y, de hecho, no parece que exista un gran trecho entre las técnicas a utilizar para llenar las lagunas o resolver las contradicciones, una vez que éstas se presentan, y las que habría que emplear para evitar que surjan. Las sentencias judiciales o las resoluciones administrativas no pueden confundirse con los actos de ejecución de las mismas, por lo que la eficacia también es aquí un objetivo a perseguir, y a veces extraordinariamente difícil de lograr; por ejemplo, cuando es la propia Administración —como ocurre en el Derecho español— la encargada de ejecutar las sentencias contencioso-administrativas: en el momento de redactar estas líneas, la Administración autonómica valenciana no había ejecutado aún la sentencia del Tribunal Superior de Justicia de la Comunidad que analizamos con detenimiento en el capítulo tercero y que obligaba a modificar los criterios a utilizar para adjudicar las plazas docentes en litigio. La eficiencia —el logro de ciertos objetivos sociales— no puede, obviamente, ser un objetivo ajeno a la aplicación del Derecho: en varias ocasiones hemos visto la importancia que tienen los argumentos consecuencialistas en la resolución de casos difíciles; ahora cabe añadir que hay incluso una influyente dirección del pensamiento jurídico contemporáneo —el **análisis económico del Derecho**— que entiende que la maximización de la riqueza es la clave para comprender y evaluar la actuación de los jueces (especialmente de los del *common law*). Finalmente, en la aplicación del Derecho surgen con frecuencia —como hemos visto en capítulos anteriores— problemas de ética que no podrían resolverse apelando exclusivamente a criterios como la aplicación correcta del Derecho vigente, la obediencia al legislador o la eficiencia económica; el juez necesita también disponer —y dispone— de alguna concepción de la ética, aunque se trate de la más cruda de las **éticas del legalismo** o de la más ingenua de las **éticas del activismo**.

> La **ética del legalismo** consistiría en considerar como justo todo aquello que prescriba el Derecho positivo, sin entrar en ningún tipo de evaluación: lo ético —lo justo— se confunde así con lo jurídico. Por el contrario, la **ética del activismo** es la que caracteriza al juez que toma sus decisiones considerando únicamente sus propias concepciones éticas o políticas y prescindiendo, por tanto, de la existencia de normas autoritativas. Lo difícil, naturalmente, consiste en elaborar —y seguir— criterios de actuación que reconozcan el hecho de la autoridad sin eliminar por ello los dictados de la conciencia ética personal.

Pero no se trata sólo de que en ambos contextos entren en juego unos mismos criterios de racionalidad, sino de que ellos están estructurados u organizados de una misma forma. Así, por ejemplo, la **racionalidad ética** opera en ambos casos como el último nivel de racionalidad al que han de subordinarse los otros. Estos criterios —lingüístico, jurídico-formal, pragmático y teleológico— presuponen una noción de **racionalidad instrumental**: indican qué medios son técnicamente adecuados para conseguir ciertos fines. La racionalidad ética, por el contrario, señala qué fin es valioso perseguir y qué medios pueden o no pueden utilizarse (y el «pueden» tiene aquí un sentido normativo, no fáctico) en la persecución de objetivos sociales.

El que se trata de una misma noción de racionalidad y estructurada en la misma forma se advierte también a propósito de la **interpretación del Derecho** que, si se quiere, viene a ser el eslabón que une la producción y la aplicación de las normas jurídicas. Tradicionalmente se han distinguido diversas técnicas a utilizar para aclarar el sentido de los enunciados jurídicos cuando pueden surgir dudas al respecto. Vimos, por ejemplo, cómo en el título preliminar del Código civil español (que establece criterios de aplicación general para el ordenamiento jurídico español y no sólo para el de ámbito civil) se señala, en el artículo 4.1 que «las normas se interpretarán según el sentido propio de sus palabras, en relación con el contexto, los antecedentes históricos y legislativos, y la realidad social del tiempo en que han de ser aplicadas, atendiendo fundamentalmente al espíritu y finalidad de aquéllas»; y en el apartado 2 se añade que «la equidad habrá de ponderarse en la aplicación de las normas, si bien las resoluciones de los tribunales sólo podrán descansar de manera exclusiva en ella cuando la ley expresamente lo permita». Ahora bien, si se contempla este artículo desde el prisma de las diversas nociones de racionalidad que venimos considerando, no es difícil llegar a la conclusión de que, en el fondo, se trata de cinco tipos (o momentos) de la interpretación ligados respectivamente con cada uno de nuestros cinco niveles de racionalidad: tendríamos así la interpretación textual o lingüística, la sistemática, la pragmática, la teleológica y la ética o valorativa. E igualmente se advierte que esas formas o técnicas de interpretación están conectadas entre sí de manera que cada una de ellas presupone, por un lado, la anterior, y se subordina a la posterior, de acuerdo con la noción estructurada de la racionalidad de que hemos hablado.

Finalmente, la **racionalidad legislativa** —o, al menos, cierto grado de racionalidad legislativa— es un presupuesto necesario para poder hablar de **racionalidad en la aplicación del Derecho**. Eso es lo que explica que cuando no se da esta circunstancia, esto es, cuando las normas a aplicar son de dudosa justificación —como ocurría con los casos de insumisión que analizamos por extenso en el anterior capítulo— aparecen lo que hemos llamado «casos trágicos»: el Derecho —la aplicación del Derecho— deja de ser un medio adecuado para alcanzar la justicia.

Lo anterior quiere decir entonces que la diferencia entre la argumentación en el proceso de la producción y de la aplicación del Derecho tiene que descansar en una diversa forma de entender o de modular esa misma noción de racionalidad. El análisis efectuado en los apartados anteriores (concretamente, la consideración de los diversos elementos que entran en juego en la legislación —y en la jurisdicción—: los productores y los destinatarios del Derecho, el sistema jurídico, los fines y los valores) quizás pueda ayudarnos también aquí.

Desde el punto de vista de los participantes en la argumentación —de los autores y de los destinatarios de los argumentos— existen al menos un par de diferencias que merece la pena señalar. La primera es que la aplicación del Derecho está confiada en general —aunque no haya sido así históricamente, e incluso hoy en día sigan existiendo excepciones importantes— a órganos integrados por profesionales del Derecho; eso no ocurre —o, por lo menos, ocurre en mucha menor medida— con la producción de las normas. Así se explica que la argumentación judicial tenga un carácter más técnico, más especializado, que la de tipo legislativo y que esta última discurra por cauces más espontáneos (a lo que ayuda su carácter predominantemente oral —la discusión *ante* los tribunales y *en* el tribunal también es, en parte, oral pero, en general, no es registrada ni publicada—) que la primera. La segunda diferencia consiste en que los órganos jurisdiccionales asumen institucionalmente un rol de imparcialidad (por algo a la justicia se la representa con los ojos vendados), mientras que quienes forman parte de las cámaras legislativas representan intereses de sectores más o menos amplios de la sociedad; en ese sentido, cabría decir que la argumentación legislativa se parece más a la argumentación de los abogados que a la de los jueces.

Desde el punto de vista del sistema jurídico, la diferencia más importante podría expresarse así: en la argumentación legislativa, el Derecho vigente opera básicamente como un límite que no debe ser transgredido; así, una ley no debe contener normas que se opongan a la Constitución. Sin embargo, en la argumentación que desarrolla un juez, el sistema jurídico es algo más que un límite: no se trata sólo de que la decisión judicial no puede desconocer el Derecho vigente, sino de que éste —las normas aplicables— constituye la premisa mayor de su razonamiento. Por el contrario, para el legislador la premisa mayor está conformada por los objetivos sociales que se pretendan alcanzar con la ley. El esquema básico de la argumentación judicial —como ya antes hemos visto— sería éste: «Si es A, entonces debe ser B; A ha tenido lugar; por tanto, debe ser B.» Mientras que el de la argumentación legislativa podría expresarse así: «Se desea alcanzar el objetivo A; B es un medio (normativo) adecuado para alcanzar A; por tanto, debe ser B.» También en esto, la argumentación del abogado está más cerca de la del legislador que de la del juez; el problema que debe resolver el abogado —y en cuyo contexto cobra sentido su argumentación— es el de cómo obtener un cierto resultado (por ejemplo, una sentencia favorable para su cliente) utilizando medios adecuados (el conocimiento que tiene del Derecho positivo, de las circunstancias fácticas del caso, de las características profesionales del juez, etc.).

Lo anterior permite también entender cuáles son las diferencias que existen desde el punto de vista de los fines: La actividad judicial tiene, fundamentalmente, finalidades intrasistemáticas, en el sentido de que el juez aspira esencialmente a la realización del Derecho vigente. Por el contrario, la argumentación legislativa es, por así decirlo, extrasistemática: pretende lograr ciertos resultados en el mundo social, modificando el sistema jurídico. Eso explica que los argumentos a utilizar, según se trate de uno u otro contexto, difieran entre sí aunque se esté discutiendo *sobre lo mismo*. Por ejemplo, esta diferencia puede verse cuando se compara, a propósito de un mismo problema normativo —el que planteaba el artículo 34.2 de la Ley de extranjería— la argumentación parlamentaria con la desarrollada luego por el Tribunal Constitucional (o por el Defensor del Pueblo). El lector recordará que los representantes de los diversos grupos parlamentarios alegaron —según pretendieran que los recursos pudieran o no tener carácter suspensivo de las resoluciones administrativas impugnadas— la evitación de perjuicios de difícil o imposible reparación, la dureza que implicaba la medida o la necesidad de facilitar la expulsión de extranjeros del territorio nacional. En la argumentación del Tribunal Constitucional, sin embargo, esos factores no jugaron ningún papel: los únicos argumentos relevantes fueron los concernientes a la constitucionalidad o no del artículo en cuestión, esto es, si entraba o no en contradicción con otras normas de ordenamiento.

Finalmente, desde el punto de vista de los valores o de los criterios de corrección de la argumentación, cabría decir que los argumentos legislativos son correctos en la medida en que ofrezcan buenas razones (esto es, razones que deberían convencer —aunque *de hecho* no convenzan— a los otros participantes en la discusión o a la opinión publica) en favor de introducir un contenido normativo que se dirija objetivamente a lograr un fin social valioso. En cuanto a la argumentación judicial, su criterio último de corrección es que las razones ofrecidas deben poder mostrar que la decisión tomada es —dadas todas las circunstancias del caso— la que permite en una mayor medida hacer justicia por medio del Derecho ya establecido.

En forma sintética, podría quizás decirse que la argumentación jurisdiccional descansa sobre todo en la racionalidad jurídico-formal, mientras que la argumentación legislativa se basa en la racionalidad teleológica. En realidad, si la existencia de una legislatura significa históricamente un «progreso» en el desarrollo del Derecho, es porque en sociedades con un cierto nivel de complejidad, lo que se ha llamado la racionalidad teleológica no podría lograrse con mecanismos puramente jurisdiccionales. Ése es, precisamente, el sentido que tiene la mordaz frase de Bentham, dirigida a los jueces ingleses de su tiempo, a quienes acusaba de elaborar el *common law* «como un hombre elabora reglas para su perro» (le va diciendo en cada caso qué es lo que tiene, o no tiene, que hacer). Y de ahí también su tesis de que el principio de utilidad —lograr la máxima felicidad para el mayor número— es lo que debe presidir la legislación, mientras que el principio que debe guiar la labor de los jueces es el de la certeza jurídica; esto es, la legislación se orienta de acuerdo con una concepción teleológica de la racionalidad, mientras que la jurisdicción se basa en la racionalidad formal. La misma idea, en cierto modo, está presente en Max Weber cuando considera que la racionalidad formal es propia de los juristas y de los operadores jurídicos, mientras que el legislador o quien crea el Derecho se orienta generalmente hacia lo que él llama una racionalidad respecto a los fines (es decir, una racionalidad teleológica).

Una vez aceptado que la diferencia entre estos dos contextos argumentativos (el legislativo y el jurisdiccional) no puede trazarse de una forma muy radical (sino que es más bien una cuestión de perspectiva y de énfasis), podemos pasar ahora al último de los problemas a tratar: ¿cómo se relacionan ambos tipos de argumentación jurídica con la que lleva a cabo la **dogmática jurídica**?

Antes de (o para) contestar a esta cuestión, conviene caracterizar muy brevemente a esta rama del conocimiento que a veces se denomina también Jurisprudencia, doctrina jurídica o ciencia del Derecho. La existencia de un conocimiento especializado del Derecho se remonta por lo menos a la época clásica o preclásica del Derecho romano (al siglo I a.C.) y se vincula con la aparición del jurista profesional, que es una figura que no habían conocido los otros pueblos de la Antigüedad (en Grecia, por ejemplo, no existieron profesionales —técnicos— del Derecho). Sin embargo, lo que hoy se entiende por dogmática o doctrina jurídica es una forma de elaboración y análisis del Derecho que surgió en Europa desde comienzos del siglo XIX, una vez que se consumó el proceso de positivización del Derecho y éste fue concebido como un orden de la conducta humana diferente en cada sociedad e históricamente mudable. Cada uno de los Derechos positivos (y cada una de las ramas que lo componen: el Derecho penal, el civil, el constitucional, el administrativo, etc.) plantean una serie de problemas cognoscitivos y prácticos a los que las diferentes dogmáticas (penal, civil, constitucional, administrativa, etc.) pretenden hacer frente. Por eso, las dos funciones características de la dogmática jurídica son: 1) suministrar criterios para facilitar y orientar la aplicación y producción del Derecho; 2) presentar de una manera ordenada y sistemática cada uno de los sectores del ordenamiento jurídico. El hecho de que quienes elaboran la dogmática (por lo menos, en la tradición del Derecho continental; no así, o no tanto, en el *common law*) sean los profesores de Derecho (el estudio del Derecho en nuestras Facultades se circunscribe de manera casi exclusiva al estudio de la dogmática) explica quizás la tendencia a sobrevalorar la segunda de estas funciones. Pero, en realidad, la transmisión de conocimientos y la descripción ordenada de un cierto sector del ordenamiento jurídico son funciones subordinadas a la primera o, si se quiere decirlo de otra manera, constituyen el punto de partida o una meta intermedia en la elaboración dogmática, pero no su punto de llegada, su objetivo final.

Vistas así las cosas, la actividad del dogmático del Derecho —que no consiste en otra cosa que en producir argumentos— parece estar muy cerca de la del legislador o del juez. Y, en efecto, a lo largo de los distintos capítulos de este libro hemos examinado (o recurrido a) argumentos dogmáticos con cierta frecuencia. Si el lector no es muy consciente de ello, eso se debe seguramente a la gran proximidad que existe entre la argumentación dogmática y la que se desarrolla en la práctica del Derecho. La diferencia fundamental es que la primera está libre de determinadas «limitaciones» que caracterizan la actividad legislativa y la jurisdiccional: a diferencia del legislador, el dogmático puede asumir una actitud no comprometida políticamente y posee además un conocimiento especializado en el campo de Derecho en que se legisla; a diferencia del juez, él no tiene que tomar una decisión frente a un caso determinado, en un tiempo limitado y con medios también limitados. Este mayor distanciamiento en relación con el Derecho positivo que caracteriza la labor de la dogmática hace que ésta pueda jugar —y que haya jugado con frecuencia— un papel muy importante en el proceso de racionalización del Derecho.

Todo ello no debe llevar, sin embargo, a pensar que la actividad del dogmático es una actividad estrictamente técnica, en el sentido de neutral, no comprometida valorativamente, etc. Como hemos visto en cada uno de los seis capítulos de este libro, la resolución de casos jurídicos y el establecimiento de normas jurídicas para resolver problemas sociales no puede hacerse sin plantearse —y sin resolver: mejor o peor— cuestiones morales, a veces considerablemente complejas. Algo que distingue a la actividad del jurista —teórico o práctico— con respecto a los otros técnicos sociales es, precisamente, el lugar destacado que los juicios de valor ocupan en la elaboración y el análisis del Derecho, lo que no tiene por qué resultar extraño. Como ocurre con los legisladores, con los jueces y con el resto de los operadores jurídicos, el horizonte del jurista teórico no se cierra con el Derecho positivo. El Derecho vigente no es más —ni menos— que la senda que el jurista ha de recorrer tras la justicia.

Cuestiones

1. Muchas veces se dice que una de las causas principales de la crisis del Derecho es la enorme profusión de normas jurídicas. Piense, por ejemplo, en la gran cantidad de normas nuevas que se dictan a diario. ¿Pero es esto —la creciente juridificación de la sociedad— algo negativo o no? ¿Sería bueno que el Derecho estuviera integrado por un número relativamente pequeño de normas? ¿Sería posible? De algunos ejemplos de normas jurídicas que debieran desaparecer. ¿Es cierto que el Derecho está en crisis?

2. Trate de precisar la diferencia existente entre la moral social y la moral crítica. ¿Qué principios o reglas de la moral social chocan con su moral personal? ¿Hay una única moral social? ¿Qué significa ser tolerante? ¿Es lo mismo tolerancia que relativismo moral? Véase Garzón Valdés, 1992.

3. ¿Le parece bien que se reconozca el asilo por razones políticas, pero no por razones económicas? ¿Cuál es la razón de ello? Precise lo que debe entenderse, en su opinión, por solidaridad internacional. ¿Tenemos la obligación de ser solidarios? ¿Con quién? ¿Tenemos obligaciones morales más fuertes con los connacionales que con los extranjeros? ¿Por qué? ¿Qué piensa del nacionalismo? Consúltese Laporta, 1990.

4. Haga un esquema que contenga el *iter legislativo* de una ley en nuestro país. ¿Qué momentos le parecen los más importantes? ¿Le parece bien que existan leyes que sean pactadas fuera del Parlamento? ¿Conoce algún ejemplo de ello? Revise los conceptos de *decreto-ley, decreto-legislativo, ley orgánica* y *reglamento*. ¿En qué se diferencia un decreto-legislativo de una ley de bases? Ponga algún ejemplo reciente de ley orgánica.

5. Tome el texto de alguna ley y léala con atención para ver si está redactada con la mayor claridad y precisión posible. ¿Están bien puestos todos los signos de puntuación? ¿Hay algún artículo excesivamente largo? ¿Tienen título los artículos? ¿Debería alterarse el orden de los mismos? ¿Hay algún ejemplo de expresión ambigua o vaga?

6. Analice con algún detenimiento la normativa que regula el régimen interno de su lugar de trabajo. ¿El grado de cumplimiento de esas normas es alto o bajo? ¿A qué se debe que algunas normas no se cumplan? ¿Sería mejor que se cumplieran? ¿Qué podría hacerse para ello? ¿Es bueno educar a la gente en el cumplimiento estricto del Derecho?

7. ¿No le parece sospechoso que la ciencia del Derecho reciba el nombre de «dogmática»? ¿Puede una dogmática del Derecho ser crítica? ¿En qué sentido? ¿Existen realmente dogmas en la ciencia? ¿Qué diferencias existen, en su opinión, entre la actividad del científico o dogmático del Derecho y la de científicos sociales como los sociólogos, los psicólogos o los historiadores? ¿Encuentra justificado que existan tantos juristas que ocupen puestos rectores en nuestra sociedad? Véase Calsamiglia, 1986.

8. ¿Cree realmente que la actividad de los juristas se orienta a alcanzar la justicia por medio del Derecho? ¿Piensa que esto es así o que debería ser así? ¿Entiende por justicia una noción relativa o una idea objetiva?

BIBLIOGRAFÍA

Albi 1992: Julio Albi de la Cuesta, *El yo y el nosotros*, en «El País», suplemento *Temas de nuestra época*, 9-IV-1992.

Alchourrón/Bulygin 1974: Carlos Alchourrón y Eugenio Bulygin, *Introducción a la metodología de las ciencias jurídicas y sociales*, Astrea, Buenos Aires, 1974.

Alexy 1989: Robert Alexy, *Teoría de la argumentación jurídica. La teoría del discurso racional como teoría de la fundamentación jurídica* (trad. de M. Atienza e I. Espejo de la ed. alemana de 1978), Centro de Estudios Constitucionales, Madrid, 1989.

Allen 1980: Layman E. Allen, *Language, Law and Logic*, Cambridge University Press, 1980.

Atienza 1988: Manuel Atienza, *Discutamos sobre paternalismo*, en «Doxa. Cuadernos de Filosofía del Derecho», n.º 5, 1988, pp. 203-214.

Atienza 1989a: Manuel Atienza, *Contribución para una teoría de la legislación*, en «Doxa», n.º 6, 1989, pp. 385-403.

Atienza 1989b: Manuel Atienza, *Sobre lo razonable en el Derecho*, en «Revista española de Derecho constitucional», n.º 27, 1989.

Atienza 1991: Manuel Atienza, *Las razones del Derecho. Teorías de la argumentación jurídica*, Centro de Estudios Constitucionales, Madrid, 1991.

Atienza/Ruiz Manero 1991: Manuel Atienza y Juan Ruiz Manero, *Sobre principios y reglas*, en «Doxa», n.º 10, Alicante, 1991, pp. 101-120.

Bajo/Suárez 1990: Miguel Bajo y Carlos Suárez González,

Huelga de hambre y respeto a la libertad, en «El País» de 4-II-1990.
Calsamiglia 1986: Albert Calsamiglia, *Introducción a la ciencia jurídica*, Ariel, Barcelona, 1986.
Calvo 1992: Manuel Calvo García, *Teoría del derecho*, Tecnos, Madrid, 1992.
Cámara 1992: Gregorio Cámara, *La reforma necesaria*, en «El País», suplemento *Temas de nuestra época*, 9-IV-1992.
Capella 1970: Juan R. Capella, *Sobre la extinción del Derecho y la supresión de los juristas*, 1970.
Carrió 1976: Genaro R. Carrió, *Notas sobre Derecho y lenguaje*, Abeledo-Perrot, Buenos Aires, 1976.
Díaz 1981: Elías Díaz, *Estado de Derecho y sociedad democrática*, Taurus, Madrid, 1981.
Díaz 1982: Elías Díaz, *La sociedad entre el derecho y la justicia*, Salvat, Barcelona, 1982.
Díez Picazo 1983 : Luis Díez Picazo, *Experiencias jurídicas y teoría del Derecho*, Ariel, Barcelona, 1983.
Díez Ripollés 1986: José Luis Díez Ripollés, *La huelga de hambre en el ámbito penitenciario*, en «Cuaderno de Política Criminal», n.º 30, 1986, pp. 603-659.
Díez Ripollés 1990: José Luis Díez Ripollés, *La huelga de hambre en el ámbito penitenciario*, en «El País» de 30-I-1990.
Dworkin 1984: Ronald Dworkin, *Los derechos en serio* (trad. de M. Guastavino, introducción de A. Calsamiglia), Ariel, Barcelona, 1984.
Dworkin 1986: Ronald Dworkin, *A mater of Principles*, Clarendom Press, Oxford, 1986.
Ezquiaga 1990: Francisco J. Ezquiaga, *El voto particular* (estudio introductorio de J. Igartua), Centro de Estudios Constitucionales, Madrid, 1990.
Fernández 1987: Eusebio Fernández, *La obediencia al Derecho*, Civitas, Madrid, 1987.
Fernández Rozas 1992: *Legislación básica sobre extranjeros* (ed. preparada por José C. Fernández Rozas y Aurelia Álvarez Rodríguez), Tecnos, Madrid, 1992.
Fisas 1992: Vicens Fisas, *Desarme y defensa en Europa*, en «El País», suplemento *Temas de nuestra época*, 9-IV-1992.
Frank 1963: Jerome Frank, *Law and the Modern Mind*, Anchor Books, Nueva York, 1963; la ed. original es de 1930.

García de Enterría/Fernández 1990: Eduardo García de Enterría y Tomás Ramón Fernández, *Curso de Derecho administrativo*, Civitas, Madrid, 1990.

García Morillo 1992: Joaquín García Morillo, *El respeto a las leyes*, en «El País», suplemento Temas de nuestra época, 9-IV-1992.

Garzón Valdés 1986: Ernesto Garzón Valdés, *Los derechos positivos generales y su fundamentación*, en «Doxa», n.º 3, 1986, pp. 17-33.

Garzón Valdés 1992: Ernesto Garzón Valdés, *«No pongas tus sucias manos sobre Mozart». El concepto de tolerancia*, en «Claves de Razón Práctica», n.º 19, enero-febrero 1992, pp. 16-23.

Gretel 1989: Gretel (Grupo de Estudios de Técnica Legislativa), *Curso de técnica legislativa*, Centro de Estudios Constitucionales, Madrid, 1989.

Guibourg 1980: Delia T. Echave, María E. Urquijo y Ricardo A. Guibourg, *Lógica, proposición y norma*, Astrea, Buenos Aires, 1980.

Hart 1963: Herbert L. A. Hart, *El concepto de Derecho* (trad. de G. Carrió de la ed. inglesa de 1961), Abeledo-Perrot, Buenos Aires, 1963.

Hohfeld 1968: W. N. Hohfeld, *Conceptos jurídicos fundamentales* (trad. y nota preliminar de G. Carrió), Centro Editor de América Latina, Buenos Aires, 1968.

Holmes 1881: Oliver H. Holmes, *The Common Law*, Boston, 1881.

Kelsen 1958: Hans Kelsen, *Teoría general del Derecho y del Estado* (trad. de E. García Maynez), UNAM, México, 1958.

Kelsen 1979: Hans Kelsen, *Teoría pura del Derecho* (trad. de R. Vernengo de la 2.ª ed. alemana de 1960), UNAM, México, 1979.

Kelsen 1982: Hans Kelsen, *Socialismo y Estado. Una investigación sobre la teoría política del marxismo* (trad. de A. García Ruiz), Siglo XXI, México, 1982.

Kelsen 1987: Hans Kelsen, *Teoría pura del Derecho* (trad. de M. Nilve), Eudeba, Buenos Aires, 1987.

Landrove 1992: Gerardo Landrove, *Objeción de conciencia, insumisión y Derecho penal*, Tirant lo Blanc, Valencia, 1992.

Laporta 1987: Francisco Laporta, *Sobre el concepto de derechos humanos*, en «Doxa», n.º 4, 1987, pp. 23-47.
Laporta 1990: Francisco Laporta, *La quimera del nacionalismo*, en «Claves de Razón Práctica», n.º 14, julio-agosto 1990, pp. 36-44.
Latorre 1985: Ángel Latorre, *Introducción al Derecho*, Ariel, Barcelona, 1985.
López Garrido 1990: Diego López Garrido, *El hecho inmigratorio en Europa*, en «Jueces para la Democracia», n.º 10, septiembre 1990, pp. 57-64.
Lucas 1992a: Javier de Lucas, *Europa: ¿Convivir con la diferencia? Racismo, nacionalismo y derechos de las minorías*, Tecnos, Madrid, 1992.
Lucas 1992b: Javier de Lucas, *El castigo de los insumisos*, en «Claves de Razón Práctica», n.º 25, pp. 32-40.
MacCormick 1978: Neil MacCormick, *Legal Reasoning and Legal Theory*, Clarendom Press, Oxford, 1978.
MacCormick 1982: Neil MacCormick, *Legal Reasoning and Practical Reason*, en «Midwest Studies in Philosophy», n.º 7, 1982.
MacCormick 1984: Neil MacCormick, *On reasonableness*, en Ch. Perelman y R. van der Elst, *Les notions à contenu variable en Droit*, E. Bruylant, Bruselas, 1984.
Malem 1988: Jorge Malem, *Concepto y justificación de la desobediencia civil*, Ariel, Barcelona, 1988.
Mill 1970: John Stuart Mill, *Sobre la libertad* (prólogo de I. Berlin, trad. de P. de Azcárate), Alianza, Madrid, 1970.
Muguerza 1989: Javier Muguerza y otros autores, *El fundamento de los derechos humanos*, Debate, Madrid, 1989.
Muguerza 1990: Javier Muguerza, *Desde la perplejidad (Ensayos sobre la ética, la razón y el diálogo)*, Fondo de Cultura Económica, México-Madrid-Buenos Aires, 1990.
Nino 1983: Carlos S. Nino, *Introducción al análisis del Derecho*, Ariel, Barcelona, 1983.
Nino 1989: Carlos S. Nino, *Ética y derechos humanos. Un ensayo de fundamentación*, Ariel, Barcelona, 1989.
Peces-Barba 1991: Gregorio Peces-Barba, *Curso de derechos fundamentales*, Eudema, Madrid, 1991.
Perelman/Olbrecht-Tyteca 1989: Chaim Perelman y Lucie Olbrecht-Tyteca, *La nueva retórica. Tratado de la argu-*

mentación (trad. de J. Sevilla Muñoz), Gredos, Madrid, 1989; la ed. original francesa es de 1958.
Pérez Luño 1984: Antonio E. Pérez Luño, *Los derechos fundamentales*, Tecnos, Madrid, 1984.
Pérez Luño 1991: Antonio E. Pérez Luño, *La seguridad jurídica*, Ariel, Barcelona, 1991.
Prieto 1990: Luis Prieto, *Estudios sobre derechos fundamentales*, Debate, Madrid, 1990.
Puig Brutau 1980: José Puig Brutau, *Introducción al Derecho civil*, Bosch, Barcelona, 1980.
Rawls 1979: John Rawls, *Teoría de la justicia* (trad. de M. D. González), Fondo de Cultura Económica, Madrid, 1979.
Raz 1991: Joseph Raz, *Razón práctica y normas* (trad. de J. Ruiz Manero), Centro de Estudios Constitucionales, Madrid, 1991.
Rois 1992: Juan Carlos Rois Alonso, *El dedo en la llaga*, en «El País», suplemento *Temas de nuestra época*, 9-IV-1992.
Ross 1963: Alf Ross, *Sobre el Derecho y la justicia* (trad. de G. Carrió), Eudeba, Buenos Aires, 1963.
Roxin 1989: Claus Roxin, Gunther Arzt y Kluas Tiedemann, *Introducción al Derecho penal y al Derecho penal procesal* (trad. de L. Arroyo Zapatero y J. L. Gómez Colomer), Ariel, Barcelona, 1989.
Sánchez Yllera 1990: Ignacio Sánchez Yllera, *Extranjeros en prisión*, en «Jueces para la Democracia», n.º 10, septiembre 1990, pp. 65-70.
Schmitt 1941: Carl Schmitt, *El concepto de la política* (trad. de J. Conde), Ed. Cultura Española, Madrid, 1941.
Toulmin 1958: Stephen E. Toulmin, *The Uses of Argument*, Cambridge University Press, 1958.
Viehweg 1964: Theodor Viehweg, *Tópica y jurisprudencia* (trad. cast. de L. Díez Picazo, prólogo de E. García de Enterría), Taurus, Madrid, 1964; la ed. alemana original es de 1951.
Von Wright 1970: George H. von Wright, *Norma y acción. Una investigación lógica* (trad. de P. García Ferrero), Tecnos, Madrid, 1970.
Wroblewski 1974: Jerzi Wroblewski, *Legal Syllogism and Rationality of Judicial Decision*, en «Rechstheorie», n.º 5, 1974, pp. 33-46.

ÍNDICE DE MATERIAS

a contrario, 130 (v. argumentación)
a fortiori, 103, 130 (v. argumentación)
a pari (a simili), 130 (v. argumentación)
abogado, 4 (v. letrado)
abuso de Derecho, 95, 108 (v. derecho fundamental; derecho subjetivo)
acción obligatoria, 93, 207
acción procesal, 55
acción supererogatoria, 105, 151
acción; acto; 25 (v. delito)
  antijurídica, 25
  culpable, 25
  punible, 25
  típica, 25
  y omisión, 92, 105
activismo judicial, 164
acto administrativo, 68
  y negocios jurídicos, 68
  y reglamentos, 68
ad absurdum (por reducción al absurdo), 106, 131 (v. argumentación)
Administración (v. función administrativa)
ambigüedad; expresión ambigua, 31, 201, 204

análisis económico del Derecho, 239-240
analogía, 91, 130 (v. argumentación analógica)
antecedentes de hecho, 7 (v. sentencia)
anteproyecto, 193 (v. legislación)
antijuridicidad; antijurídico, 25, 93, 153 (v. acción antijurídica; delito)
antinomia, 210 (v. contradicción; sistema jurídico)
anulación, 63, 68, 69 (v. nulidad)
aplicación (del Derecho); aplicar, 76, 164, 173
  y producción, 76, 186, 238
argumentación; argumento, 49, 121, 130 (v. razonamiento)
  analógica, 91, 130
    a contrario, 130
    a fortiori, 103, 130
    a pari (a simili), 130
  de autoridad, 51, 173
  de la coherencia, 154, 166 y ss.
  de la corrección, 154, 170 y ss.

de la «pendiente resbaladiza», 113
de la universalidad, 154 y ss.
de las consecuencias, 82, 116, 154, 158 y ss.
de principio, 116
por reducción al absurdo, 106, 131
práctica, 49
argumento correcto, 131
artículo, 202 (v. parte dispositiva)
Audiencia Territorial, 37, 38
auto, 26 (v. resolución judicial)
aclaratorio, 62
autointegración, 91 (v. laguna)
y analogía, 91
y principios generales del Derecho, 91
autoridad, 51, 172

bien jurídico, 93, 150, 176 (v. antijuridicidad; tipicidad)

calificación, 129 (v. caso difícil)
capacidad de obrar, 39
y capacidad jurídica, 44
y legitimación, 39
capítulo, 201 (v. parte dispositiva)
carácter normativo, 206 (v. operador deóntico)
caso normativo, 206 (v. propiedades relevantes; supuesto de hecho)
casos jurídicos, 24
difíciles, 128 y ss., 149
calificación
interpretación
prueba
relevancia
fáciles y difíciles, 32, 127, 177
individuales y genéricos, 120
trágicos, 177
circunstancia eximente, 153 (v. delito)
codificación, 6 (v. Derecho continental)
coherencia, 51, 106, 137
argumento de, 154, 166 y ss.
narrativa y normativa, 137
y consistencia, 51
comisión por omisión, 92 (v. omisión)
comisión, 175
common law, 5
y Derecho continental, 5
comunidad jurídica, 136, 178
conclusión, 121 (v. argumento)
condición de aplicación, 206 (v. supuesto de hecho)
congruencia; congruente, 74
consecuencia jurídica, 206-207
consecuencias, 108, 110, 158
y resultados, 108, 110, 158
Consejo General del Poder Judicial, 147
consenso, 178 (v. racionalidad; comunidad jurídica)
fáctico y racional, 179
consistencia, 12, 137, 189 (v. contradicción)
y coherencia, 51
Constitución, 17, 63
contenido normativo, 206 (v. norma, estructura de la)
contradicción, 12, 189 (v. consistencia)
costumbre (jurídica), 63, 190
y ley, 191
y uso social, 190

Critical Legal Studies, 160
cuestiones fácticas, 28 (v. hechos; antecedentes de hecho)
  y normativas, 28
culpa, 10, 25 (v. imprudencia; delito culposo)
culpabilidad, 25, 146 (v. culpa; negligencia; delito)

deber, 46 (v. obligación; acción obligatoria)
  jurídico, 46
  positivo, 133
  positivo y negativo, 104-105
decreto
  decreto legislativo, 64
  decreto-ley, 64
definiciones, 12
  y normas, 12
delito, 25
  concepto de, 25
  de mera actividad y de resultado, 92
  de omisión pura y de comisión por omisión, 92
  dolosos y culposos, 25
demanda, 37, 74
  civil, 55
demandado, 37
demandante, 37
derecho a la vida, 103, 107, 115 (v. derecho fundamental; derecho subjetivo)
Derecho continental (o romano-germánico), 5
  y *common law*, 6
derecho de asociación, 212 (v. derecho fundamental, derecho subjetivo)
derecho de manifestación, 211 (v. derecho fundamental; derecho subjetivo)
derecho de reunión, 211 (v. derecho fundamental; derecho subjetivo)
Derecho internacional privado, 197
Derecho natural, 90, 100
  y positivismo jurídico, 100-101
Derecho objetivo, 46
  y derecho subjetivo, 46
  y moral, 56 y ss.
Derecho privado/Derecho público, 197-198
  teoría de los intereses, 198
  teoría de los sujetos, 198
Derecho procesal/Derecho material, 72
derecho subjetivo, 42, 46, 94, 95, 107-109
  e interés, 42
  y derecho a la vida, 107
  y Derecho objetivo, 46
  y obligación jurídica, 94
Derecho transitorio, 79
Derecho vigente, 2, 16 (v. entrada en vigor; norma jurídica válida)
derecho-deber, 134 (v. deber; derecho subjetivo; obligación)
derechos fundamentales, 45, 84, 112, 134 (v. derechos humanos; derecho subjetivo)
  abuso de, 95
  derecho subjetivo en sentido estricto, 46
  inmunidad, 46
  libertad, 46
  poder (potestad), 46
derechos humanos, 46
derogación; derogar, 186
  expresa y tácita, 187
desobediencia civil, 151
  y objeción de conciencia, 151
destinatarios, 199

desviación de poder, 108 (v. abuso de derecho)
dictamen (de la comisión), 195
diligencias previas, 2 (v. proceso penal)
directrices, 27, 50, 173 (v. principio jurídico)
discusión racional, 217 (v. racionalidad)
disposición (v. ley, estructura de la; parte final)
  adicional, 202
  derogatoria, 202 (v. derogación)
  final, 202
  transitoria, 202
doctrina jurídica, 191 (v. dogmática jurídica; fuentes del derecho)
dogmática jurídica, 120, 191, 246 (v. doctrina jurídica)
dolo, 10, 25 (v. delito doloso)

economía (normativa), 12 (v. redundancia)
edictores, 199
eficacia; Derecho eficaz, 163, 218, 223
eficiencia social, 223
  y eficacia, 223
encabezamiento, 4 (v. sentencia)
enmienda, 195
entrada en vigor, 196
especialidad, 189 (v. contradicción)
Estado de Derecho, 154
  y división de poderes, 166
  y principio de legalidad, 166
estado de necesidad, 153, 171, 179 (v. circunstancia eximente; delito)
ética (v. moral)
  del activismo, 240
  del legalismo, 240

eutanasia, 106, 111
excepción (procesal), 40
explicar, 31
  y fundamentar (justificar), 31, 125
exposición de motivos, 202 (v. ley, estructura de la; preámbulo)

facultativo, 207 (v. operador deóntico)
falacia, 103, 146, 148 (v. argumentación)
fallo, 9 (v. sentencia)
fines, 199
fuentes del Derecho, 63, 189
función jurisdiccional, 5, 76 (v. jurisdicción)
  y función administrativa, 76
  y función legislativa, 76
función social del Derecho, 186
  latente, 55
  manifiestas y latentes, 226
fundamentar (justificar), 31
  y explicar, 31
fundamentos de Derecho, 9, 29 (v. sentencia)

hechos, 24 (v. antecedentes de hecho)
heterointegración, 90 (v. laguna)

ilícito, 12-13, 43
imprudencia, 25 (v. culpa)
incompetencia; incompetente, 46
incongruencia, 74
indemnización, 45
iniciativa legislativa, 194
inimputable, 145-146 (v. culpabilidad)
inmunidad, 46, 94

institución, 49-50, 132
 y norma, 49-50
interés, 42
 legítimo, 43
 y derecho subjetivo, 42
interpretación; interpretar, 30, 129, 241 (v. caso difícil)
iter legislativo, 193

jerarquía normativa, 12, 189 (v. contradicción)
jueces, 15 (v. jurisdicción)
 y legisladores, 14, 186, 188
juicio oral, 2 (v. proceso penal)
juicios de hecho, 47 (v. cuestiones fácticas; hechos)
 y juicios de valor, 47
juicios de valor, 47
 y juicios de hecho, 47
jurado, 17
jurisdicción, 19 (v. jueces)
 y legislación, 19, 238
 y negociación, 83
jurisprudencia (de los tribunales), 45, 188, 191 (v. precedente)
justicia
 formal, 137
 y seguridad, 81
justificación; justificar, 11, 58, 122 (v. razones)
 externa, 128
 interna, 127
 interna y externa, 125
 y explicar, 125
Juzgados (v. función jurisdiccional)
 y tribunales, 5

laguna, 12, 90, 189, 210 (v. plenitud)
 axiológica y normativa, 90
 legal y jurídica, 90

legislación, 19, 192 y ss. (v. legislador)
 delegada, 64 (v. ley de bases)
 y jurisdicción, 19, 238
 y razón práctica, 197 y ss.
legislador(es), 14 (v. legislación)
 y jueces, 15, 186, 188
legitimación, 39
 activa, 43
 y capacidad de obrar, 43
legítima defensa, 153 (v. circunstancia eximente; delito)
letrado, 4 (v. abogado)
ley, 63, 188
 de bases, 64 (v. legislación delegada)
 en sentido estricto, 63-64
 estructura de la, 202
  parte dispositiva
  parte final
   disposiciones adicionales
   disposiciones derogatorias
   disposiciones finales
   disposiciones transitorias
  preámbulo (exposición de motivos)
 orgánica, 63, 64
 y costumbre, 191
 y principios generales del Derecho, 63
 y reglamentos, 63
libertad, 46, 94 (v. derecho fundamental)
 negativa, 133
lógica deductiva, 125

medida paternalista, 111
Ministerio Fiscal, 4
moral (v. razones últimas)

crítica, 230
social, 229
y Derecho, 56 y ss. (v. norma jurídica y moral)
motivar, motivo (v. explicar) y razones, 31

necesidades básicas, 105
negociación, 83
  y jurisdicción, 83
negocio jurídico, 68
norma(s), 12
  consuetudinarias, 19 (v. costumbre)
  estructura de la, 205-206
    consecuencia jurídica, 206 (v. solución)
    supuesto de hecho, 205, 206 (v. condiciones de aplicación; caso)
  fundamental, 15
  generales y abstractas, 13, 33-34
  jurídicas y morales, 52
  particulares y concretas, 14
  primarias y secundarias, 15
  reglas y principios (v. principio jurídico)
  secundarias, 15
    de adjudicación
    de cambio
    de reconocimiento
  y definiciones, 12
norma jurídica válida, 11 (v. Derecho vigente)
núcleo normativo, 206
  condición de aplicación
  contenido
  operador deóntico
nulidad, 69 (v. anulación)

obiter dicta, 189 (v. *ratio decidendi*)

objeción de conciencia, 151, 168
  y desobediencia civil, 151
obligación, 46, 93 (v. deber)
  jurídica y moral, 93
  y sanción, 94
obligatorio, 207 (v. acción obligatoria; operador deóntico)
omisión, 92, 105
operador deóntico, 206
  facultativo
  obligatorio
  permitido
  prohibido
orden, 62 (v. norma jurídica)
ordenamiento jurídico, 11 (v. sistema jurídico)
órgano, 43-44 (v. persona jurídica)

parte dispositiva, 202 (v. ley, estructura de la)
  artículos
  capítulos
  secciones
  títulos
paternalismo (v. medida paternalista)
permitido, 207 (v. operador deóntico)
persona jurídica; personalidad jurídica, 43-44
  natural (física) y jurídica, 44, 47
petición de principio, 205 (v. falacia)
plenitud, 12, 189 (v. laguna)
pleno (parlamentario), 195
poder legislativo, 192 (v. legislación)
poder; potestad, 46, 94 (v. derecho fundamental)
ponencia, 195

positivismo jurídico; concepción positivista del derecho, 100
　conceptual o metodológico, 100-101
　ideológico, 101
　y iusnaturalismo, 100-101
preámbulo, 202 (v. exposición de motivos; ley, estructura de la)
precedente, 19, 188 (v. *ratio decidendi*)
premisa, 121 (v. argumento)
principio (jurídico), 27, 50
　de autonomía, 235 (v. derechos humanos)
　de coherencia, 137 (v. coherencia; racionalidad práctica)
　de consistencia, 137 (v. consistencia; racionalidad práctica)
　de inviolabilidad, 235 (v. derechos humanos)
　de la dignidad humana, 234-235 (v. derechos humanos)
　de *non bis in idem*, 214
　de proporcionalidad, 169
　de seguridad jurídica, 81 (v. seguridad jurídica)
　de universalidad, 137, 154 y ss., 176 (v. justicia formal; racionalidad práctica)
　principios en sentido estricto y directrices, 27-28, 50, 173 (v. directrices)
　reglas y principios, 27-28, 108, 173 (v. norma)
principios (del proceso)
　acusatorio, 2, 37 (v. proceso penal)
　dispositivo, 37, 74
　inquisitivo (v. proceso penal)

principios generales del Derecho, 63, 91, 101 (v. principio)
proceso/procedimiento, 72
proceso penal, 2
　juicio oral; vista oral; 2
　sumario; diligencias previas, 2
　y principio acusatorio, 2
　y principio inquisitivo, 2
procurador, 4
producción; creación (de Derecho), 76
　y aplicación, 186, 238
promulgación, 196
providencia, 26 (v. resolución judicial)
proyecto, 193 (v. legislación)
prueba, 26, 129 (v. caso difícil)
publicación, 196
punibilidad, 25 (v. delito; sanción)

racionalidad, 137, 238
　en la aplicación del Derecho, 242
　ética, 139, 199, 229 y ss., 240
　formal, 174 (v. razonabilidad)
　instrumental, 138, 240
　legislativa, 199, 241
　　ética, 199, 229 y ss. (v. racionalidad ética)
　　lingüística, 199, 201 y ss.
　　jurídico-formal, 199, 209 y ss.
　　pragmática, 199, 218 y ss.
　　teleológica, 199, 223 y ss.
　práctica, 137
　　principio de coherencia
　　　narrativa
　　　normativa

principio de consistencia
principio de universalidad
ratio decidendi, 47, 53, 155-156, 188-189 (v. precedente)
razón; razones, 31, 122 (v. fundamentar; justificar; racionalidad)
  excluyente, 173
  formales y sustantivas, 174
  últimas, 229 (v. ética)
  y motivos, 31
  y pasión, 140
razonabilidad; razonable, 175 (v. racionalidad formal)
razonamiento jurídico, 23 (v. argumentación)
real decreto, 63 (v. fuentes del Derecho)
realismo jurídico, 123
recurso
  de aclaración, 68
  de amparo, 28-29
  de apelación, 28, 38
  de casación, 28
    por infracción de ley, 38
    por quebrantamiento de doctrina legal, 38
    por quebrantamiento de forma, 38
reducción al absurdo, 106 (v. argumento)
redundancia, 12 (v. economía normativa)
reglamento, 63 (v. fuentes del Derecho)
  y acto administrativo, 69
reglas, 173 (v. principio)
relación jurídica, 94
relevancia, 129 (v. caso difícil)
resolución judicial, 26
  auto, 26
  providencia, 26
  sentencia, 26
responsabilidad; responsable, 10
  directa e indirecta, 10
  subjetiva y objetiva, 10
  y acto ilícito, 10
  y sanción, 10
resultado, 108, 110, 158
  y consecuencias, 108, 110, 158

sanción (ratificación), 195-196
sanción, 12-13, 43, 94, 218-219
sección, 201 (v. parte dispositiva)
seguridad jurídica, 14, 80, 173, 210
  y justicia, 81
sentencia, 4, 26
  antecedentes de hecho, 7
  encabezamiento, 20
  fallo, 9
  fundamentos de Derecho, 9
sistema jurídico 12, 166, 189, 199, 210 (v. ordenamiento jurídico)
  economía, 12
  plenitud, 12
  y definiciones, 12
  y jerarquía normativa, 12
  y normas, 12
solidaridad, 105
solución (normativa), 206
  carácter normativo
  contenido normativo
sujeto de derecho, 43, 46 (v. derecho subjetivo; personalidad jurídica)
sumario, 2 (v. proceso penal)
supererogatorio (v. acción supererogatoria)
supuesto de hecho, 205, 206 (v. casos; condiciones de aplicación; norma, estructura de la)

temporalidad, 189 (v. contradicción)
testamento vital, 111 (v. eutanasia)
texto articulado, 202 (v. parte dispositiva)
tipicidad, 25, 176 (v. acción típica; delito)
título, 202 (v. parte dispositiva)
tópica, 124 (v. argumentación)
Tribunal Constitucional, 5, 17, 38
Tribunal Europeo de Derechos Humanos, 40
Tribunal Supremo, 37-38

última instancia; tribunal de última instancia, 17, 38, 132

única respuesta correcta, 137 (v. racionalidad práctica)
universalidad; universalización (v. principio de universalidad)
uso alternativo del Derecho, 160
uso social, 190

vaguedad; expresión vaga, 201, 204
valores, 199 (v. juicios de valor)
vista oral, 2 (v. juicio oral; proceso penal)
voto particular, 17 (v. sentencia)

ÍNDICE

Presentación IX

CAPÍTULO PRIMERO. **Una visita a la Administración de Justicia** 1

1. Cómo se resuelven los casos rutinarios 1
2. Sentencias y jueces 4
3. De la jurisdicción a la legislación. El sistema jurídico 11
4. Un voto particular 20
5. Pero, ¿hay casos rutinarios? Primera aproximación al razonamiento jurídico 23
   - 5.1. ¿Cuándo es difícil un caso? 24
   - 5.2. Problemas de prueba 24
   - 5.3. Problemas de interpretación 29
   - 5.4. Algunas distinciones útiles 31

   Cuestiones 33

CAPÍTULO SEGUNDO. **Sobre los límites de la libertad de expresión** 36

1. El caso y las soluciones judiciales 36
2. La respuesta del Tribunal Constitucional 41

2.1.	Problemas a resolver	41
2.2.	Legitimación activa	42
2.3.	Tutela judicial efectiva	44
2.4.	Derecho al honor	45

3. Por qué se equivoca el Tribunal Constitucional: argumentación jurídica y argumentación moral ... 48

    3.1. El carácter institucionalizado de la argumentación jurídica ... 49
    3.2. ¿Es coherente la *ratio decidendi* de la sentencia? ... 52
    3.3. Un criterio ineficaz ... 55
    3.4. Sobre el Derecho y la moral ... 56

    Cuestiones ... 60

CAPÍTULO TERCERO. **¿Qué significa igualdad de oportunidades?** ... 62

1. El problema ... 62
2. Antecedentes: una orden discutible ... 63
3. Primera respuesta del Tribunal ... 65
4. ¿Algo más que una aclaración? ... 68
5. Argumentos y contraargumentos ... 71
6. Una decisión difícil ... 84

    Cuestiones ... 86

CAPÍTULO CUARTO. **Cuestiones de vida o muerte. Sobre el alcance del derecho a la vida** ... 88

1. El problema. La huelga de hambre de los presos del GRAPO ... 88
2. Las soluciones judiciales ... 89
    2.1. Derecho a vivir y obligación de mantener la vida ... 89

	2.2. Derecho a vivir y autonomía del individuo: la obligación de mantener la vida en estados de inconsciencia	96
3.	... Y su crítica	99
	3.1. Por qué es equivocada la primera solución	99
	3.2. De cómo las soluciones a medias no suelen servir como solución	109
4.	Derecho a vivir y derecho a morir	114
5.	El Tribunal Constitucional entra en escena	117
6.	Excurso: sobre la teoría de la argumentación jurídica	119
	6.1. Derecho y argumentación	119
	6.2. ¿Qué significa argumentar?	121
	6.3. Lógica formal y argumentación	123
	6.4. Cómo se argumenta frente a un caso difícil	128
7.	¿Puede equivocarse el Tribunal Constitucional?	131
8.	¿Existe siempre una respuesta correcta? Los límites de la racionalidad práctica	136
	Cuestiones	141

CAPÍTULO QUINTO. **Un dilema moral** 144

1.	El caso del insumiso	144
2.	Una sentencia controvertida	149
3.	¿Quién se equivoca?	153
	3.1. El argumento de la universalidad	154
	3.2. El argumento de las consecuencias ...	158
	3.3. El argumento de la coherencia	166
	3.4. El argumento de la corrección	170
	Cuestiones	180

CAPÍTULO SEXTO. **Nacionales y extranjeros. Las (sin)razones de una discriminación** 182

1. Xenofobia, racismo y emigración en Europa 182
2. Legisladores y jueces. ¿Qué son las fuentes del Derecho? 187
3. El proceso de la legislación 192
4. Razón práctica y legislación 197
    4.1. Racionalidad lingüística 201
    4.2. Racionalidad jurídico-formal 209
    4.3. Racionalidad pragmática 218
    4.4. Racionalidad teleológica 223
    4.5. Racionalidad ética 229

5. Hacia una concepción unitaria y racionalista del Derecho 238

Cuestiones 248

Bibliografía 251

Índice de materias 257